三转一响

张维杰　张子礼　王雁　编著

SAN ZHUAN YI XIANG

中国海洋大学出版社

·青岛·

图书在版编目（ＣＩＰ）数据

三转一响 / 张维杰, 张子礼, 王雁编著. — 青岛:中国
海洋大学出版社, 2020.12
　ISBN 978-7-5670-2732-9

Ⅰ. ①三… Ⅱ. ①张… ②张… ③王… Ⅲ. ①电子
工业－工业史－淄博 Ⅳ. ①F426.63

中国版本图书馆CIP数据核字(2021)第011742号

出版发行	中国海洋大学出版社
社　　址	青岛市香港东路23号　　　**邮政编码**　266071
网　　址	http://pub.ouc.edu.cn
出 版 人	杨立敏
责任编辑	魏建功　林婷婷
电子信箱	wjg60@126.com
电　　话	0532-85902121
印　　制	淄博华义印刷有限公司印制
版　　次	2020年12月第1版
印　　次	2020年12月第1次印刷
成品尺寸	210mm×285mm
印　　张	16
字　　数	462千
印　　数	1—3000
定　　价	108.00元
订购电话	0532-82032573（传真）

序

　　"三转一响"，是一个时代的记忆符号。它源于婚嫁，是一个时期婚嫁陪嫁物品的代名词。它指代的是自行车、手表、缝纫机和收音机，又被称为"四大件"，是我国计划经济时代极具典型意义的轻工业产品，也是当时全国人民最青睐的高档消费品。

　　"三转一响"的时代，是中华人民共和国成立初期国家物资极其匮乏的时代，代表着中国轻工业发展的一段历史，伴随着中华人民共和国从站起来、富起来到强起来的伟大历程，是中华人民共和国发展史的有机组成部分。在此期间，中国共产党带领全国人民，展开了轰轰烈烈而又艰苦卓绝的奋斗，更好地解决人民日益增长的物质文化需要和落后的社会生产之间的矛盾，创造了许多奇迹，人民生活水平日益提高。在不足 30 年的岁月中，在我国"三转一响"从以依靠进口的"洋货"变为国产，并在全球拥有量和出口量双第一。在人们追求美好生活的进程中留下了许许多多有关"三转一响"的故事。

　　《三转一响》的编辑出版工作自 2018 年 5 月启动，两年多来，由张子礼同志统筹协调，淄博盛康"三转一响"博物馆馆长、我校退休教师张维杰和我校教师王雁带领数名大学生先后寻访了近 40 位淄博市"三转一响"工业产品的典型见证者，录制视频、音频资料 2000 多分钟，搜集整理近 100 万字的文字资料和上万件图片、实物，撰写文稿 15 万余字。他们对淄博市"三转一响"工业文化遗产进行了抢救性地发掘和保护，并创新性地开展了"三转一响"生产与消费口述史研究。今天付梓出版，在此表示诚挚的祝贺！

　　张维杰老师潜心于对"三转一响"器物的收藏，已经收集了几千件藏品，并于 2017 年公益创办了淄博盛康"三转一响"博物馆，为保护和利用工业文化遗产搭建了良好平台，也为文化和旅游融合发展开辟了新型项目，受到社会各界的关注和赞誉。该博物馆是截至目前全国唯一一家有意识、有目的、有规模地保存"三转一响"工业文化遗产，以"三转一响"为主题的综合性博物馆，于 2018 年 12 月被国家工业和信息化部吸纳为全国工业博物馆联盟理事单位。2019 年 12 月 24 日，我专程到博物馆参观调研，深刻感受到"三转一响"博物馆的创立实属不易，每件藏品都包含着张维杰老师的心血和付出。这个博物馆对于 50 岁以上的人来讲，是回味乡愁的好去处；对于大学生来说，是开展爱国主义教育的好场所，可以帮助他们了解中国轻工业发展的历史。

　　淄博盛康"三转一响"博物馆的工业文化藏品是我国独立自主发展民族工业艰难历程的有力见证，也是淄博市作为一个老工业基地服务于国家建设和人民生活的生动记录，它承载了一代人的民族情怀和青春记忆，也为快速奔跑在高科技发展道路上的当代人和后代人提供了精神家园的历史谱系。《三转一响》的编辑出版，正是对"三转一响"文化意义的清晰阐释，因此具有重要的价值。该书的问世，也是山东理工大学促进校城文化融合、服务淄博发展的又一成果。今后，山东理工大学将一如既往地支持淄博盛康"三转一响"博物馆的发展，支持淄博市的科技进步与文化建设，并努力拓展工业文化研究的新空间。

　　传承历史，启迪未来！愿这段不太久远的流年时光，成为一个时代的永久见证！

　　是为序。

2020 年 11 月

三转一响 时代记忆

新泰 书

目 录

上卷·记

下卷·忆

上卷·记

青年们要充分认识自
己所负的重任，祖国在
期待你们，人民在期待
你们，革命在期待你们

新
闻
报
道
篇

吕传毅到"三转一响"博物馆调研

2019 年 12 月 24 日下午，山东理工大学党委书记吕传毅带领党委（校长）办公室、离退休工作处相关负责人，到位于周村古商城内的"三转一响"博物馆调研。

"三转一响"博物馆由全国工业博物馆联盟专家委员会成员、我校退休干部张维杰于 2017 年创立，拥有统称为"三转一响"的自行车、缝纫机、手表、收音机等藏品几千件。

在周村区古商城管委会主任马明峰陪同下，吕传毅详细听取了张维杰对重要藏品的介绍以及藏品背后的动人故事。

吕传毅指出，"三转一响"曾经是中国轻工业的主力军，代表着中国轻工业发展的一段历史，伴随着中华人民共和国从站起来、富起来到强起来的伟大历程，是中华人民共和国发展史的有机组成部分。同时，"三转一响"也与人民生活息息相关，围绕它们发生了许多故事，成为大家的乡愁记忆。"三转一响"曾经有过辉煌的历史，这些产品至今还在使用，也将会有美好的未来。"三转一响"博物馆的创立，对于佐证中国轻工业发展的历史具有重要意义，一件藏品就是一段故事，通过藏品我们可以更加直观深切地感受那段历史。

吕传毅表示，创立"三转一响"博物馆实属不易，每件藏品都包含着张维杰老师的心血和付出，张维杰老师老有所为，退休后全身心投入博物馆建设，希望他把这项有意义的事业做下去。学校也将尽力帮助解决在博物馆建设和相关研究中遇到的困难和问题，让博物馆发挥更大作用。

原载 2019 年 12 月 27 日《山东理工大学报》

撰文／范卫波

吕传毅到"三转一响"博物馆调研（摄影：范卫波）

吕传毅到"三转一响"博物馆调研（摄影：范卫波）

吕传毅到"三转一响"博物馆调研（摄影：范卫波）

"三转一响"博物馆馆长
当选全国工业博物馆联盟专家委员会成员

2019年5月30日，全国工业博物馆联盟第一届理事第一次会议在"瓷都"景德镇中国陶瓷博物馆召开，会议审议了《全国工业博物馆联盟章程》的修订及说明，通过了专职、兼职秘书长和专家委员人选，全国工业博物馆联盟成员单位负责人参加了本次会议。

为了提高联盟工作效率，调动各个联盟单位的积极性，建立和完善科学高效的决策机制，此次大会还就聘请专职秘书长、设置联盟兼职副秘书长、专家委员会组建工作等进行了讨论。会议一致推选唐明山为联盟秘书长，投票推选段勇等

31名专家组成专家委员会。我校退休职工、淄博盛康"三转一响"博物馆（筹）馆长张维杰入选为专家委员会成员。

本届专家委员会人员包括主任一人、副主任5人、专家成员25人。专家委员会由工业博物馆、工业遗产、工业旅游等领域研究咨询、规划设计、管理运营、文物鉴定修复等方面的专家组成。每届任期三年，可续聘。"三转一响"博物馆馆长张维杰作为唯一一位来自非国有博物馆的人选入围。

全国工业博物馆联盟第一届理事会第一次会议（摄影：张维杰）

工信部工业文化发展中心主任罗民（右）
与"三转一响"博物馆馆长张维杰（左）

工信部工业文化发展中心副主任孙星（右）到访"三转一响"博物馆

全国工业博物馆联盟第一届第一次理事会议现场

工信部工业文化发展中心政策规划部副主任、副研究员付向核（右三）到访"三转一响"博物馆

工信部工业文化发展中心副主任孙星（右三）到访"三转一响"博物馆

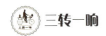
张维杰和他的"三转一响"梦

61岁的张维杰2017年刚从山东理工大学退休。在教育战线摸爬滚打了一辈子的他,终于有机会去实现他创办"三转一响"博物馆的梦想了。2018年3月13日,在淄博盛康"三转一响"博物馆筹备处,品着温煦的新茶,身披春日暖阳,张维杰和记者讲起了自己打儿时就怀揣着的"三转一响"梦。

张维杰出生于1957年,老家在当时的周村区大姜镇。从十几岁起,每逢村里有新媳妇娶进来,他都能从大人的嘴里听到"三转一响"这个词。那时候,村里不论哪家娶媳妇,"三转一响"几乎是必需的。而那带着新鲜油漆味的缝纫机和座钟,也成为张维杰对童年和家乡幸福回忆的代名词。

"三转一响"又称"四大件",是20世纪六七十年代的流行词,指的是手表、自行车、缝纫机和收音机。那时候一般家庭有了"三转一响",就算是过上了"小康"的幸福生活。"三转一响"是那个时代生活水平的最高代表,也是大部分女性择偶的重要标准,反映出那个时代中国的经济状况和人们的生活水准。

张维杰记得,在当时人们的心目中,心仪的缝纫机品牌是"飞人"牌、"工农"牌及"熊猫"牌,自行车较好的品牌是"凤凰"牌、"永久"牌、"飞鸽"牌和"大金鹿",手表较好的品牌要属"上海"牌,收音机则是"红灯"牌,淄博产的"宝灯"牌也很抢手。

当时走亲访友、赶集吃席都靠自行车代步,自行车是那时最方便快捷的交通工具。年轻人谈恋爱时要有辆自行车,就能占很大的优势。自行车更是年轻人耍帅装酷的工具,而"永久"牌自行车算得上是普通人的"法拉利"。那时候结婚若能置办一辆自行车,就很有面子。要是有两辆自行车,就更加出风头。家里一辆男式车一辆女式车,夫妻双双骑自行车上班,是那个时候非常令人羡慕的情景。

当时人们的结婚过程很简单,似乎就是去婚姻登记处领个结婚证书。婚姻登记处不搞什么仪式,结婚证书也很简朴,上面甚至没有新郎新娘的照片。新人们去照相馆拍结婚照不会花很多钱,就拍几张而已,最时尚的莫过于穿一身婚纱捧一束假花。

20世纪90年代,工作稳定下来的张维杰有了更多的闲暇时间,儿时的"三转一响"梦开始在他心里萌动起来。当时正逢张店附近的新农村建设红红火火,很多农民都搬进村里统一盖起的新楼房。楼房的空间自然比不上带院子的平房,许多当年被当作"宝贝"买进家的自行车、缝纫机、钟表、收音机等,这时又一股脑地进入各类旧货市场,甚至被当成废铁卖掉。有一次,张维杰在马尚大集看到一架座钟,正是自己儿时梦寐以求的样式。经过一番讨价还价,这架座钟被他以40元的价钱买回家。

从此,张维杰一发不可收。20多年来,他的足迹遍布山东和几个临近省份,他的"三转一响"藏品也呈爆炸式增长。2016年,他产生了将藏品向社会展出的意愿。退休之后,他便开始紧锣密鼓地筹办"三转一响"博物馆。

参观结束时,张维杰脸上挂着不变的微笑,与身边和煦的春风、温暖的阳光格外和谐。而他身后古香古色的"三转一响"博物馆筹备处,确实像极了现代都市里的古旧文化遗存带着几分神秘、几分拙朴,倔强地挺立在车水马龙的现代世界。让我们祝福张维杰的"三转一响"博物馆早日对外开放,成为人们寻找城市记忆的好去处、好模板。

原载2018年3月16日《淄博日报》,有删节

撰文/苏向阳

淄博市"三转一响"文化研究会第一次筹备会议

周村古商城景区筹建"三转一响"博物馆

2018 年，周村古商城景区的重点建设项目中出现了一个名字比较奇特的博物馆——"三转一响"博物馆。究竟是什么样的博物馆能够写进古商城的工作报告？日前，在淄博盛康"三转一响"博物馆筹备处，笔者采访了该馆的创始人张维杰。

张维杰出生于 1957 年，周村区北郊镇人，早年毕业于淄博师范学校，2017 年从山东理工大学退休。20 世纪 90 年代，在张店区马尚大集，张维杰看到了一架座钟，正是自己儿时梦寐以求的样式。经过一番讨价还价，这架座钟被他以 40 元的价格买回了家。从此一发不可收，20 多年来，张维杰的足迹遍布山东和临近省份，他的"三转一响"藏品也呈爆炸式增长。

"三转一响"是指自行车、缝纫机、手表、收音机，这些物件都是当时普通老百姓渴望拥有，却比较稀有的家庭物品，一般需要凭票购买。而缝纫机、自行车和手表都是会转的，收音机是会响的，故称"三转一响"，也叫"四大件"。20 世纪六七十年代的"四大件"会让上了年岁的人如数家珍，因为一块手表可能就是她的嫁妆，一辆崭新的"飞鸽"牌或"永久"牌自行车也许可以使他当上新郎，而他们一生中的某段经历已经和这"四大件"产生了难以割舍的联系，在其头脑中留下了不可磨灭的烙印。

2016 年，张维杰便有了将藏品向社会展出的意愿。在筹办博物馆的过程中，张维杰发现"三转一响"和 1949 年后淄博工业发展的轨迹竟然不谋而合。于是在他已经布置好的展室里，游客便看到了按照当时工作人员回忆复原的"周村区广播站"，看到了淄博几个无线电厂生产的样品，看到了淄博人生产的收音机、自行车，看到了淄博无线电五厂仿制的"北京"牌电视机。

而一张收音机登记证，更是瞬间将人们的记忆拉回到 20 世纪 50 年代……

张维杰有很多珍贵的藏品，如 100 多年前瑞士专门为中国皇室生产的钟表、欧美国家最早在中国设立领事馆时使用的留声机，这些藏品仿佛一个个鲜活的生命，在张维杰的精心布置下，向人们讲述着社会的变迁和人们生活的改变……

原载 2018 年 5 月 15 日新华网山东频道
撰文 / 梦中五岳 张红霞

山东省老教授协会、淄博执委会、山东理工大学关心下一代工作委员会领导到访"三转一响"博物馆

淄博师范专科学校原党委书记张惠清率校友到访"三转一响"博物馆

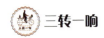

"三转一响"博物馆让往昔记忆定格

2018年9月28日，在周村古商城，记者来到一家名字很特别的博物馆——淄博盛康"三转一响"博物馆。这家博物馆是由退休职工张维杰自己出资筹建的，运转费用也全部"自掏腰包"。即使花掉了全部退休金都还不够，但张维杰依旧乐此不疲，一讲起来便如数家珍，这有赖于根植于他内心的信念和情怀——通过这些老物件，让历史被铭记、让文化被传承。

在这里，钟表、自行车、缝纫机、收音机等展品一应俱全。这些快要被扔进历史尘埃里的东西，在张维杰的悉心呵护下，鲜活生动地展示在记者眼前。据他介绍，"三转一响"是20世纪六七十年代的流行词，指的是手表、自行车、缝纫机和收音机。"这些物件都是当时普通老百姓渴望拥有的，却比较稀有，一般要凭票购买。那时一般家庭拥有了'三转一响'，就是过上小康生活的标志。"张维杰说。"三转一响"贴着计划经济的标签，伴随着中国百姓走过一段历史，他们人生中的某段经历已经和这些物件产生了难以割舍的联系。

张维杰出生于1957年，他十几岁时，每逢村里有新媳妇娶进来，都能从大人嘴里听到"三转一响"说法。那时，村里不论哪家婆媳妇，"三转一响"几乎是必不可少的。随着年龄的增长，那带着新鲜油漆味的缝纫机和钟表，便成了张维杰对于童年和家乡幸福回忆的代名词。

今年61岁的张维杰，收藏历程已达25年，目前有藏品1386件。2016年，他的"三转一响"博物馆开张了，藏品免费向社会公众，以让更多的人重温或了解那个特殊的年代。

除了这些，张维杰还拥有很多来自世界各地的藏品，如100多年前瑞士专门为中国皇室生产的钟表，"二战"后德国生产的自带发电机、打气筒和维修工具的自行车等。它们生动地向人们讲述着社会的变迁、生活的进程。

原载2018年10月1日大众日报手机客户端"新锐大众"，有删节

撰文／程芃芃 马景阳

山东世纪天鸿董事长任志鸿到访"三转一响"博物馆

淄博市科协副主席张胜利（右四）周村区政府副区长马谦
（右三）到访"三转一响"博物馆

周村区科协机关党支部在"三转一响"博物馆
开展主题党日活动

山东理工大学副校长易维明博士（右三）
到访"三转一响"博物馆

山东省党校原常务副校长李新泰教授（左三）
到访"三转一响"博物馆

淄博市"蓝丝带"骑行团参观"三转一响"博物馆

"三转一响与大上海"赴沪展出筹备会

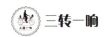

"三转一响"博物馆运营遇上难题

讲解员是每个博物馆的"标配"，有了他们，观众才能了解展品背后的故事。在周村，有一家与众不同的博物馆，普通市民一走进这家博物馆，就会立即成为讲解员，开始讲述有关自行车、缝纫机的那些往事，毕竟刚刚过去的那个时代并不遥远。可以说，这家名为"三转一响"的博物馆，本身就是一个时代的讲解员。记者了解到，这家2017年3月刚开始运营的博物馆，目前已经接待了几十所学校的数千名学生前来参观。

"除了博物馆的租金，这些藏品需要耗费大量人力物力进行日常维护，我目前考虑最多的是如何更好地保护这些时代的见证。"由于博物馆全靠退休教师张维杰个人维持运营，今后这个博物馆办不办，以后怎么办，成了他遇到的大难题。

收集时代的细节

2018年10月9日，记者在周村大街"三转一响"博物馆，见到了馆长张维杰先生。张维杰生于1957年，老家在周村区北郊镇，2017年他刚从山东理工大学退休。

一进博物馆，迎面就是一个玻璃橱窗的展柜，展柜里面是"三转一响"的代表——"工农"牌缝纫机、"上海"牌手表、"大金鹿"自行车、"红灯"牌收音机。"这几个牌子是当年淄博家庭里最常见的，大家都非常熟悉。"

记者看到展柜中的"大金鹿"自行车前叉位

置有一个牙膏盖，于是问张维杰先生，这个牙膏盖是"原装"的吗？

"呵呵，你看得很仔细，这个就是'原装'的，我收来的时候，自行车上面就带着。你看看这个牙膏盖的成色，基本上与这辆车子的成色是一样的，是在经过日晒雨淋之后自然老化褪色。"

在20世纪70年代，买一辆自行车是一个家庭的大事，相当于现在一般家庭购置一台轿车。自行车买来之后，不但要仔细保养，还要加以装饰保护。例如很多人会缝一个绒布的保护套在横梁上做装饰，有的人会很细心地将牙膏盖拧在自行车前叉上面裸露的螺丝上。因为以后这辆自行车，驮着的就是一个家庭的梦想和幸福。

回忆遗忘的时光

张维杰告诉记者，在20世纪70年代初期，"三转一响"属于奢侈品，如果家里有一样就很了不起了，四样都凑齐，那可是相当富裕的家庭。

"如果有人戴着'上海'牌手表，骑着'大金鹿'自行车，在那时是很抢眼的。别人看你的眼神不光是羡慕，有时还会对你产生怀疑，甚至会因此而遭到举报。"

见记者好奇，张维杰从抽屉里拿出一张"检举揭发小字报"，上面大意是，某某戴着新手表，骑着新自行车，别人问是谁的，他说是自己家的，检举者认为他是撒谎。"这也不能怪检举者，按照当时大多数家庭的收入水平，根本不可能凑齐'三转一响'，一个人戴着新表、骑着新车，很明显与其收入不符，一般家庭也买不起表。"

"三转一响"博物馆钟表展厅让淄博职业学院的王厚利教授回忆起儿时的故事。

因为普通农村家庭没有钟表，计时常常会用"一袋烟的工夫""一炷香的工夫"来替代。王厚利儿时，母亲蒸窝头，让他添柴，因为没有钟表计时，这添柴要添到什么时候，窝头才能熟呢？王厚利的母亲点上一炷香，叮嘱儿子，什么时候这炷香烧完，就可以不用添柴了。

"小伙伴们都在门口等着我一起出去玩呢，这可怎么办？"王厚利想了个主意——把香给掐掉了一截，香很快就烧完了。时间不够，窝头没蒸熟，王厚利因此挨了母亲的责罚。现在说起来很好笑，当时却是大事，那一锅窝头可是一家人好几天的口粮。

保护好这些"时代讲解员"

"三转一响"反映了一段时期内人们的衣食住行水平，张维杰对"三转一响"的迷恋，不光是基于对生活的怀念，也见证了一段历史。"我走过很多地方，包括新疆、广东等，这些地方也有'三转一响'这种表述。"看来"三转一响"是计划经济时代的一种特殊产物，这些生活必需品带着共同的时代烙印，成了一个全国通用的名词。

"收集这些物品，开始是一种爱好，现在已经成为我生活的一部分。"张维杰不光是简单收集物品，也收集这些物品背后的故事。比如收集一辆自行车，如果有可能，他会把这辆自行车收购的地点和相关的人物故事记录下来。因为每一件物品都曾经是一个家庭的重要成员，它们给这个家庭带来的欢乐和改变，不应该被遗忘。这也成了张维杰创办"三转一响"博物馆并展出这些藏品的初衷。

"开始，我觉得挺简单的，现在感觉有点坚持不下去了。"因为藏品越来越多，张维杰的博物馆维护费用越来越高。前段时间，因为缩减费用，张维杰收藏的一台大型收音机因受潮难以修复。

"现在还是应该以保护为主，这个博物馆依靠我个人的力量，实在难以维持。"张维杰告诉记者，他现在考虑的不是扩大展馆的规模，而是如何保存、保护好这些时代的见证。

只有存在下去，才能继续充当时代的讲解员。

原载 2018 年 10 月 10 日《鲁中晨报》

撰文／李波

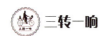

"三转一响"走进高等学校校园

2019年4月19日,学校与淄博盛康"三转一响"博物馆签订合作协议。学校党委副书记、院长孙志斌与淄博盛康"三转一响"博物馆馆长张维杰签订合作协议,"三转一响"博物馆正式入驻高校校园。

张维杰先生从20世纪90年代开始收集"三转一响"藏品,目前在周村古商城建有淄博盛康"三转一响"博物馆,拥有藏品几千件。根据协议,双方将共同筹建淄博市轻工业博物馆(暂定名)。学校现有的丝绸特藏馆藏品与张维杰先生的"三转一响"藏品相得益彰,使轻工业产品结构更加完整。

轻工业博物馆将以保护和弘扬优秀的轻工历史文化遗产为宗旨,以反映当地轻工业发展历史为主线,以科学技术进步史、轻工教育发展史、轻工企业发展史和轻工机构发展史为辅线,着重展现当地轻工行业和学校办学走过的历程及取得的成就。届时,博物馆将向社会开放,周村将添一个新的景点。

学校将依托淄博市轻工业博物馆(筹建)、1960丝绸文化创意村(在建)等设施,科学设置教育项目,增强趣味性和体验性功能,积极服务我市文化名城建设,着力打造亮丽的文化名片。

原载2019年4月26日山东轻工职业学院"国梦之媒"客户端

撰文/刘扬

山东轻工职业学院与"三转一响"博物馆
合作协议签约仪式

山东轻工职业学院与"三转一响"博物馆合作协议签约仪式

旅美科技工作者吴隆武捐助"三转一响"博物馆 5 万元
——1970 年他参与组装淄博最早的电视机

吴隆武先生（左三）向淄博市工信局、山东理工大学、周村区古商城的领导介绍当年他们组装的淄博第一台电视机

今天，在周村古商城淄博盛康"三转一响"博物馆举行了一场令人难忘的捐助仪式，75 岁的旅美科技工作者吴隆武先生向馆长张维杰捐助人民币 5 万元，帮助他将这个特色博物馆办得更好。据了解，吴隆武先生曾经于 1970 年来到淄博，在这里整整工作了 8 年，并亲自参与了淄博最早的电视机的组装。

"这次我从美国回来，本来是去老家荣成参加一个活动。我想回北京的时候，顺便到淄川原来工作过的地方看看，没想到从网上一搜，就看到了张维杰先生的'三转一响'博物馆。"今天，旅美科技工作者吴隆武先生在周村区淄博盛康"三转一响"博物馆，接受了鲁中晨报记者的采访。"我在网上搜了很多有关"三转一响"博物馆的资料，发现他还有一台'北京'牌14英寸电子管黑白电视机，那是我在 1970 年亲手组装的电视机，当时

我们组装了两台，这也是淄博市最早的电视机。"

吴隆武告诉记者，1970 年，他从哈尔滨工业大学毕业，来到了淄博无线电五厂工作，被分配到了钳工车间干钳工。半年后，五厂设立了电视机项目，包括吴隆武在内的 3 个人成立了一个小组，仿照天津电视机厂生产的"北京"牌电视机，组装了两台电视机。

"电视机组装好了之后，上面那些调整图像的方块格都可以正常显示，但是在淄川却收不到任何电视台的信号。当时泰山上有一个接收器，可以把济南的信号接收过来，再换一个频道转发出去，但这个信号在淄川收不到。"回忆当时的情景，吴隆武表示，"我们就想办法做了一个鱼骨式的老式天线，把它架到了很高的地方。我们厂买了 3 根木制电线杆，两根在下面，一根在上面。我穿着铁鞋爬到电线杆上面，下面的人调电视，

13

周村区老年书协会员参观"三转一响"博物馆

我在上面调天线的方向，在上面待了很久，最后勉强找到一个比较清楚的角度，下面的人勉强看到图像，听到声音。大家都高兴得不得了，因为所有人之前都没看过电视。下来之后，我的腰疼了两天，因为在上面太紧张了。"

吴隆武先生在淄博工作了8年，1978年恢复研究生考试，他考上了首批研究生，随后公费出国留学。"看到近50年前我亲手组装的产品，我非常激动。张维杰先生收集的这些产品让我非常敬佩，我想为此做出一点自己的贡献。"

吴隆武跟记者提到自己在淄博生活的一些记忆，"那时候我们都喜欢骑'大金鹿'自行车，用淄博当地的土话说，'大金鹿'自行车'出道'，就是说同样的距离'大金鹿'花八分力气，'飞鸽'、'永久'要花九分力气。同样力气，它'出道'。就像你干活用了趁手工具，出活一样。"

淄博市工业和信息化局党组成员邱万勇表示，淄博是座老工业城市，到目前已经有200多年的历史，经过一代又一代的艰苦努力，逐步建立了门类齐全、功能先进的完整的工业体系，成为年产值过万亿元的现代化工业城市。中华人民共和国成立以后，特别是20世纪七八十年代，是淄博工业发展的鼎盛时期，吴隆武和张维杰两位先生正是这段历史的参与者、见证者。吴隆武先生在淄博工作了8年，参与了各项电子产品的研发和

生产，为淄博市电子产业的发展奉献了宝贵的青春年华，出国之后仍然心系祖国，无时无刻不关注着国家和淄博的发展，这次特意从大洋彼岸赶来向"三转一响"博物馆捐献资金，为淄博工业发展再次做出了贡献，令人敬佩。张维杰先生用业余时间进行"三转一响"产品的搜集和整理，可谓倾其一生财力，历尽艰辛，打造了享誉中外的"三转一响"博物馆，将这段历史以实物的形式，打造成中国工业发展史上一段辉煌的记忆。现在的这一幕，历史是不会忘记的。吴隆武先生对牵线搭桥的媒体——鲁中晨报特别表示感谢，正是看了媒体的报道之后，才找到"三转一响"博物馆，在此也感谢《鲁中晨报》对宣传淄博工业文化所做的努力。

邱万勇表示，"三转一响"博物馆不仅是张维杰先生自己的，也是整个社会的一笔财富，打造好这个博物馆，既是对历史的尊重，也是对前人的肯定，更是对后人的激励，我们的文化自信、工业自信也源于此。"三转一响"博物馆在各级部门的支持下，在周村区委区政府的帮助下，一定会越办越好。

随后，在各位领导和来宾的见证下，吴隆武先生和夫人韦海华女士向张维杰先生转交了5万元的支票。

据了解，出席本次活动的有淄博市工业和信息化局党组成员邱万勇、山东理工大学党委宣传部部长张子礼、周村古商城管委会主任马明锋、周村区文化和旅游局副局长王生华。

原载2019年7月3日《鲁中晨报》

撰文／李波

张维杰和他的"三转一响"博物馆

20世纪70年代,家庭有了"三转一响",就标志着这个家庭是富裕的,这也是那个时期大部分青年女性在择偶时的"标配"。"三转一响"是自行车、手表、缝纫机和收音机,当时也称之为"四大件"。

山东理工大学退休教师张维杰今年62岁,他很早就想创办一个以"三转一响"为主题的博物馆。为了收集这些20世纪六七十年代的藏品,张维杰走街串户,奔波在各地的文化收藏市场,每当有自己心仪的藏品,他都会讨价还价坚持买下。随着藏品的增多,家里的仓库已摆放不下这些东西。经过多年的筹备,2017年"三转一响"博物馆在淄博周村古城正式开张了。

最近,记者有机会来到淄博周村古城参观,走进了这个"三转一响"博物馆。这个博物馆是一个沿街二层小楼,一楼和二楼摆满了各式各样的钟表、缝纫机、自行车、收音机等物件,靠近窗口的一套20世纪六七十年代周村广播站的播音设备引起我极大的好奇心。据张维杰讲,这套播音设备虽然很陈旧了,但现在依然可以播音。面对记者,张维杰如数家珍地一件一件讲解着博物馆里的藏品。

很多藏品都是中华人民共和国成立后的首款产品,比如"红星"牌收音机、"大金鹿"牌自

山东理工大学组建"三转一响"文学社团

行车、"蝴蝶"牌缝纫机、"上海"牌手表,这些20世纪六七十年代表着中国每个家庭梦想的产品,凝聚着多少人的悲欢故事。张维杰收藏的20世纪三四十年代的一辆日本造自行车,是张维杰从东北一农民手里收购的。这辆自行车的车铃、车灯等零部件齐全,后座采用加重方式,一车可载重几个弹药箱,从这辆自行车的配置上看,日本的民用产品都有军用的目的。张维杰的收藏引起社会的广泛关注,他被全国工业博物馆联盟专家委员会吸收为专家委员,在纪念改革开放40周年举办的全国工业博物馆联盟成立大会上,淄博"三转一响"博物馆被评为理事单位,张维杰也当选为联盟理事。

"三转一响"博物馆是我国工业发展的一个重要缩影,博物馆不仅有主题、有文化,还贴近民生。张维杰表示,他会努力将"三转一响"博物馆打造成代表"全国时代民生"的特色博物馆。

原载2019年10月25日《山东工人报》

撰文／田锋国

淄博市科协老干部集体到访"三转一响"博物馆

"三转一响"博物馆：承载时代记忆

小时候妈妈巧手裁剪做新衣服的缝纫机，年少时和朋友一起上下学骑的自行车，谈恋爱结婚组建家庭时他（她）送的手表，曾经听过流行歌曲的"半头砖"录音机，看过《霍元甲》《上海滩》等电视剧的黑白电视机……走进淄博盛康"三转一响"博物馆，看着那一件件似乎昨天还在使用却已远离我们的生活、蒙上岁月沧桑的老物件，记忆就这样在不经意间被唤醒。

近日，记者走进坐落于周村古商城芙蓉街13号的淄博盛康"三转一响"博物馆，倾听博物馆创始人张维杰的"三转一响"情缘以及与藏品有关的故事。

张维杰馆长部分同学聚于"三转一响"博物馆

乡愁情怀：催生特色民间博物馆

"'三转一响'又称四大件，指的是手（钟）表、自行车、缝纫机和收音机，是20世纪六七十年代一般家庭渴望拥有的奢侈品，代表的是那时人们理解的小康生活。那时小伙骑上一辆崭新的自行车去相亲约会，成功率会大大提高。"张维杰告诉记者，他生于1957年，结婚时家里生活不算富裕，只有一台"双喜"牌木壳收音机。手表、自行车、收音机是爱人李凤华娘家陪送的。或许是那个物资匮乏年代留下的记忆太过深刻，张维杰对于这些老物件，有着一份无法割舍的情怀。

20世纪90年代末，张店区马尚大集上，张维杰以40元的价格买到一架儿时曾梦寐以求的座钟后，心情久久不能平静。他发现，随着经济的发展和生活水平的提高，缝纫机、手表、自行车、收音机正在淡出人们的生活。昔日需要"耗费巨资"、还得有票证才能买到的"稀罕物"，被当作废品处理甩卖，他感到十分痛惜。

从此，一有空闲张维杰便赶大集、逛旧货市场，碰上心仪的老物件，就花钱买下。20多年来，他几乎将所有"私房钱"和时间、精力都投入"三转一响"收藏与研究中。从百年前的洋车、怀表、座钟、留声机，到新中国成立后自主生产的自行车、手表、收音机、缝纫机，从带有浓重的历史色彩的"三转一响"日用工业品，到改革开放初期的电子电器产品，靠着一份执着和坚守，张维杰不断丰富着自己的藏品。从山东理工大学退休后，他更是全身心地投入博物馆的筹建中。2017年3月，恰逢他60岁生日，淄博盛康"三转一响"博物馆在周村古商城开馆，张维杰自豪地告诉记者，"这是目前为止全国唯一一座收藏、陈列展示'三转一响'时代记忆的民间综合性博物馆"。

张维杰老家在周村，有着深厚的恋乡之情。博物馆游览的第一站，是张维杰用藏品按照当时工作人员回忆复原的"周村区广播站"。一台油漆剥落的设备吸引了记者的注意。张馆长介绍说，这是周村区广播站的第一台播音机。他告诉记者，一位名叫宋丽的播音员（后来任周村区广播站站长）来博物馆参观时，一见广播机工作台就噙着泪花扑了上去，"这就是我用过的那个（广播机）"。宋站长还说起当年的一件趣事：有一年冬天，她错将本该定在早上五点的闹钟定在了三点，闹了个"乌龙播音事件"，让不少人天不亮就起床上班出工。2018年11月，在周村区广播站做了一辈子技术工作的曹忠老先生，亲笔题写了一首诗抒发自己参观"三转一响"博物馆的感想和对博物馆创始人张维杰的钦佩之情："三转一响展历史，实物告知当年事。件件知识示众知，奉献精神令敬之。"

实物记录：传承本土工业文化记忆

500多平方米的展室，却被琳琅满目的展品显得有些拥挤狭小。其实，张维杰目前拥有"三转一响"及相关书籍、票证、音像制品等藏品万余件，而展示的只是其中的一小部分。

每个博物馆都有自己的镇馆之宝，淄博盛康"三转一响"博物馆也是一样。这里有很多珍贵的藏品，比如开国大典同款立式麦克风，100多年前瑞士专门为中国皇室生产的钟表，欧美国家最早在中国设立领事馆使用的留声机，"一战"后德国生产的自带发电机、打气筒和维修工具的自行车……但在张维杰眼中，真正促使他全身心投入的，却是这些老物件背后的故事和承载的时代记忆。他最看重的镇馆之宝是一辆自行车。1998年，听说白云山下一户农家有据说是抗日英烈"一马三司令"的马耀南骑过的自行车，张维杰亲自登门，软磨硬泡，终于"淘换"回来。如今配以相关资料，放在专柜中陈列展示。

张维杰告诉记者，在收藏的过程中，他惊喜地发现，自己的"三转一响"藏品承载的是中华人民共和国成立以来淄博轻工业的发展历史，更体会到了对本地老物件的收集对于一家民间博物馆的特别意义。"淄博作为一座老工业城市的历史已有200多年，经过一代又一代人的艰苦努力，逐步建立起了品类齐全、功能先进的完整工业体系。中华人民共和国成立后，特别是20世纪七八十年代，淄博工业发展进入鼎盛时期，轻工业制造也颇具规模。作为这段历史的参与者与见证者，我有义务进行抢救式收藏与研究，以实物的形式记录辉煌的淄博记忆。"周村生产的限量版手表、"双喜"牌电视机、"千里马"自行车、淄博无线电一厂到十三厂所生产的各类电子产品……除专设"淄博无线电工业溯源"展区、"周村音韵"展窗外，馆中其他展区也时常可见淄博乃至周村的标识，其中都寄托着张维杰那份浓浓的乡愁。

尤其值得一提的是淄博无线电五厂当年仿制的"北京"牌电视机的故事。这台电视机的设计者之一是旅美科学技术工作者吴隆武先生。他从哈尔滨工业大学毕业，曾经在淄博无线电五厂工作了8年。期间他和另外两位同事组装设计了淄博最早的两台"北京"牌电视机，机缘巧合之下被张维杰收藏。得知消息后，吴先生专程携夫人回淄博来博物馆看望自己参与设计、亲手组装的电视机，并欣然捐赠5万元支持博物馆发展。在捐赠仪式上致辞时，吴先生由衷地说："非常感谢张馆长能这样有心，把这台电视机保留下来。张维杰先生做了大量细致的工作，把展品有层次、有深度、有序列地进行陈列，我非常佩服。"

正如中央人民广播电台原台长杨波来博物馆参观留下的题词"弘扬和传承民族文化"，通过这些老物件，人们可以走近民族工业那些渐行渐远的时代，这不仅是对历史应有的尊重，也是文化传承中不可缺少的一部分。

美好心愿：让博物馆成为淄博名片

张维杰平时话不多，可一谈起他的"三转一响"却总是神采飞扬，滔滔不绝。任何有关"三转一响"的问题，他都能给你满意的解答。围绕任意一件藏品，他都能将其背景、文化内涵乃至背后的故事娓娓道来。

"观旧物宿容情牵往日身家计，辟偏隅博馆诠注今朝社稷昌"，这副对联道出了张维杰开办博物馆的初心和宗旨。三年来，淄博盛康"三转一响"博物馆不收门票，免费对游客开放，基本由张维杰个人出资运营，仅日常运营开支每年就要十几万元，投入可谓巨大。为了节约成本，从藏品的征集到维修、保护等馆里的一切事务，全由他和内弟李跃训两人悉心打理。但张维杰初心不改，无怨无悔，对未来也满怀酬志。在家人、社会各界有识之士的支持和自身的不懈努力下，淄博盛康"三转一响"博物馆已享誉国内外，被列入2018年周村古商城景区的重点项目，是全国工业博物馆联盟、全国纺织博物馆联盟第一届理事会理事单位、山东理工大学大学生通讯社社会实践基地、山东轻工职业学院教育实践活动基地。张维杰个人也破格被吸纳为全国工业博物馆专家委员会专家组成员，成为该组织唯一一名以个人名义加入的成员。2020年11月淄博盛康"三转一响"博物馆将在上海纺织博物馆参加"三转一响与大上海"专题展览。

把"三转一响"博物馆做成淄博老工业城市的一张名片，是张维杰最大的心愿。"希望以博物馆为交流平台，让大家记住乡愁，分享老物件连接的集体记忆。无论有多大的困难，我都要把博物馆办下去，办成精品，为促进淄博地方文化的繁荣和发展做出贡献。"张维杰如是说。

原载2020年6月13日《淄博晚报》

撰文/谭晓娟 丁兆云

"三转一响"博物馆展厅（摄影：李咸堂）

综

合

篇

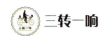

一名志愿军战士的"三转一响"历程

■专访：朱福全，抗美援朝老战士

朱福全，1933年1月18日出生，河南省社旗县人，离休。小时候，母亲只身一人拉扯着姐姐和年幼的他艰难度日。在期盼早日解放中，母亲毅然送年仅15岁的他参了军。1948年2月朱全福便踏上了南下的征程，解放全中国就有着这位小战士的一份付出和骄人的记忆。中华人民共和国成立后，还未成年的朱福全，对文化知识如饥似渴地学习。随后，朝鲜战争爆发，为保家卫国，17岁的他随军开赴朝鲜战场。

朱福全与夫人王敏

战争期间，朱福全不怕困难，不怕吃苦，英勇作战。在一次战斗中，在排长、班长都牺牲了的危急关头，他自告奋勇带领战士们奋力反击，打退了敌人的进攻，受到部队嘉奖，荣立二等功。朝鲜战争结束后，大部队撤离战场回到了祖国，但帮助朝鲜抚平战争创伤、建设家园成为志愿军的又一光荣任务。他毫不犹豫报名跟随部队继续留在朝鲜参加新的"战斗"，直到1955年7月才回到了阔别5年之久的祖国。回国后，他复员回家，见到了阔别已久的亲人。

回到家乡河南后，凭借着在部队学的文化知识，他被社旗公社录用为公社记录员。工作一段时间后，国家对原来参加朝鲜战争立功人员重新安置，1956年他服从安排第二次离开了家乡赶赴沈阳抚顺机械厂工作。1960年，27岁的他有缘结识了山东青州籍姑娘王敏，在相依相恋中两人结婚了。结婚时他们只是办理了结婚登记的合法手续，然后买了点喜糖分给了同志们，把双方点滴的生活用品凑到一起，就完成了婚礼。在组建家庭后，随着国家的强大，供给的日趋丰富，便发生了购买、使用"三转一响"的故事。

1968年家里买了第一台座钟。夫人王敏的弟弟结婚，家里没有什么好送的，就把这台座钟送给了弟弟作为结婚礼物。1969年朱福全在抚顺机械厂工作期间，购买了第一块"上海"牌手表，那时能戴上"上海"牌手表让人羡慕不已。1971年朱福全分配到淄博市煤建公司工作，生活水平略有改善。有一次到北京旅游时他下决心买了家里第一台收音机，小儿子喜欢得不得了，挂在脖子上舍不得拿下来，姐弟三个还在北京天安门广场合影留念，记录下了这一难忘时刻。1973年朱福全调到市公安局劳教所工作，王敏也一起调到了公安系统工作。家庭条件虽然好了，但是买辆自行车还是不那么容易。1975年王敏大姐得知他们还没有自行车时，便从福建寄来一辆"永久"

朱福全与夫人王敏

抗美援朝时的朱福全

朱福全立功证书

朱福全（前排右一）和战友与朝鲜老乡合影

牌自行车，家里从此拥有了第一辆自行车，而且还是名牌的，一家人爱不释手，出门做事方便多了，不仅是朱福全的骑行交通工具，更成为家中的运输工具。不论带着家人走亲串友，还是采购生活用品，都离不了这辆自行车。家庭条件比较好的大姐于1977年又寄来了"上海"牌缝纫机，这台缝纫机成为几个姑娘学手艺做针线的重要家当，手巧的二姑娘用它为家人缝补、做衣服。

　　一个参加过解放战争和抗美援朝的老战士，在部队里多次立功，在工作上勤勤恳恳，勤俭节约，任劳任怨，克己奉公，他是时代的楷模，也是后生的榜样。

撰文／王建忠　朱萍

朱福全（右）和战友

省劳模的"现代化"生活

■自述：李跃训，原周村棉纺织厂职工、山东省劳动模范李式业之子

父亲李式业1922年生于周村区胥家村。中华人民共和国成立前，他为了个人和家庭的生存吃尽了苦头，受尽了磨难。中华人民共和国成立后，他成为一名纺织工人，迎来了生命中的黄金时代。20世纪60年代，父亲所在的企业改为周村棉纺织厂，他成为织布车间的一名带头人。他领着工人们埋头苦干、奋勇争先，创造了喜人的业绩，被评为山东省劳动模范。他所在的车间被山东省纺织工业厅命名为"李式业小组"，这是继"郝建秀小组"之后第二个以人名命名的先进集体。在当年周村照相馆的沿街橱窗里，曾展示着父亲在车间操作织布机的巨幅照片，成为当时一道引人驻足的风景。

李式业被评为省劳模时影照　　李式业与妻子樊桂兰

在父亲的工作经历中，守时是第一要务。由于他在生产中经常加班，作息没有规律，掌控时间成了一件大事。为了能更好地工作，他在家庭生活还较为困难的情况下，和母亲商定买了一架烟台生产的"宝字"牌座钟。尽管在没有钟表前父亲也从未误过点，但有了这架座钟后，他就可以踏实地睡个安稳觉了。

父亲一心扑到工作上，平常很少回家，有时一两个月才回家一次。最初没有自行车，都是步行回家，从工厂到家要走两个多小时。回家时往往已经很晚，我们都睡着了，早上我们还没醒他又走了。1966年，父亲从周村旧货委托部花70多元钱买了一辆旧"国防"牌自行车。从此我们家有了第一辆自行车，虽然比较破旧，可我们都很高兴，因为有了自行车后父亲就可以常回家了。

父亲对这辆自行车非常爱护，夏天怕被雨淋了，冬天怕被生炉子的烟熏了。那时的路都是土路，很不好走，遇到下雨天泥巴塞住车轮子无法骑行，他就用肩膀扛着车子走。有一年夏天，洪水肆虐，父亲害怕家里的土房子倒塌，就冒雨回家查看。在淄水经过孝妇河的梅家河桥梁后，又扛着自行车走了8里路才到家。次日为了能准时上班，凌晨3点就起床上路了。到了梅家河，发现水流湍急并漫过桥梁，根本没法经过。只好又转至6里路之外的南营桥，趟着齐腰深的激流过了桥面，终于正点赶到厂里。当时的情景他后来想起来就后怕。

在"文化大革命"期间，上级就选调一部分政治上可靠的工人组建"工人阶级宣传队"（简称"工宣队"）进驻学校，对学校实行全面领导，这在当时叫"工人阶级领导一切"。父亲这个没有多少文化的省劳模被从工厂调到"工宣队"管理学校，担任芙蓉街小学"工宣队"队长。

为了适应在学校工作的需要，父亲购买了一只"上海"牌A-581手表，这只手表陪伴他一直到退休。退休后，为了让母亲也感受一下戴手表的"滋味"，父亲又购买了一只聊城产的"泰山"牌手表自己戴，而把陪伴了他多年而又较为昂贵的"上海"牌手表送给了母亲。母亲去世后，父亲又把这只"上海"牌手表作为装殓母亲的珍贵礼物，亲手戴在陪伴他一生的母亲手腕上。一只手表成了见证他们爱情的永恒纪念。

周村棉纺织厂早期工人合影（图片由张维梓提供）

1970年的春节，父亲放假后带回家一台收音机，这给全家人带来了意外的惊喜。原来，这是他们"工宣队"所在学校的一位物理老师自己制作的。这位老师对无线电很精通，组装一台收音机，只花37.5元钱买了些零件，其他的附属材料都是这位老师自己加工的。当父亲在全家人面前打开收音机时，只听声音洪亮清晰，可以播放京剧、歌曲、新闻等好多节目，这令全家人兴奋不已。恰逢这一年我们村用上了电，家里有了电灯，又添置了收音机，一家人聚在明亮的灯光下，伴着优美的歌声，这个年过得特别高兴。春节期间，家里高朋满座，大家都争先恐后地来听我们的"戏匣子"。

1972年，我们都长大了，大哥到了谈婚论嫁的年龄。我们一家住的土房子在村里显得颇为寒酸，于是父亲就考虑再盖座房子。在当时的农村，盖房子可不是一个简单的问题。当时父亲的工资也就30多元，扣除全家人的日常生活费用后所剩无几。为了盖房子，父亲就把自己的旧自行车卖了，此后只好又步行上班。

没骑自行车前，父亲步行20多里上班没感到路程特别遥远。但骑过几年自行车后又步行，父亲还真有点不适应。于是在盖起新房子后，抓紧时间攒钱买自行车又成了家里的重要事项。可在计划经济年代，购买工业品都需要用工业券，买自行车这样的"大件"需要十几个工业券。当时每个工人每季度只发放一个工业券，有时甚至半年才发放一个工业券。父亲拿出了几年来积攒的全部工业券还不够，只好又向同事借了6个工业券才凑齐。工业券有了，但钱又是一个更大的难题。为此，我家卖掉养了几年的一头大肥猪，七凑八凑才把买车子的钱凑起来。

李式业肩扛自行车过河赶班

买自行车那天，父亲把钱和工业券包了一大包，跑到周村五金交电门市部，总算把车子买回来了。当父亲骑着崭新的青岛产"大金鹿"自行车回家时，有半个村的人都跑过去瞧新鲜。父亲告诉母亲说，花了151.3元钱。母亲通情达理地说，挺好，以后上班就不用步行走了。

淄博第一棉纺织厂宿舍

20世纪70年代中期，国家政局相对稳定，学校也恢复了正常的教学秩序，父亲结束了"工宣队"的工作，重新回到了自己日思夜想的工厂。这期间，农村的温饱问题基本解决，我们家也增加到了十几口人。家里的针线活激增，于是他就盘算着买一台缝纫机，让长大的姐姐妹妹学习缝纫，以减轻母亲的劳动强度。一个在公社农村信用社当主任的本家哥李德训，平时感佩父亲的为人，在自己家还没有缝纫机的情况下，就把分得的一个购买指标让给了父亲。这在当时是一个很大的人情，以至于多年以后，我们全家人提到这台缝纫机时还会提到这个本家亲戚。

父亲卖了4棵大杨树，凑齐了所需的137.5元钱，买下一台"工农"牌缝纫机。这台缝纫机在我们的大家庭中发挥了很重要的作用。逢年过节时，全家人都能穿上用缝纫机"匝"的新衣服，乡亲们也不断地送来缝补活让我家帮忙。在当时，穿上件用缝纫机补过的衣服都觉得很体面。

这台缝纫机还出过一个事故。就是我妹妹在做活的空隙，没有及时把机头放下，年仅4岁的侄子到缝纫机旁乱摸，不小心让机针扎到了食指。这让当爷爷的父亲心疼不已，把妹妹和我们狠狠训斥了一顿。这也是他一生中对孩子们最严厉的批评。

1979年，父亲怀揣着大小不等、款式各异的荣誉证书，享受着全厂唯一的六级工人待遇，光荣退休了。退休后的父亲回到了老家周村区胥家村，但他并没有闲下来，而是继续为厂里、为村里贡献余热。

1994年，父亲因病去世，享年72岁。或许，自行车、收音机、手表、缝纫机这些被称为"三转一响"的老物件，就是父亲那一代人所认识的生活"现代化"的全部内容。

上甘岭老兵"三大傻"

■专访：孙广瑞，上甘岭战斗英雄

孙广瑞在讲述上甘岭战役经过

在 2019 年庆祝"七一"的前夕，我听说周村区在庆祝"七一"的文艺演出中有一个节目叫"三大傻"，描写的是我的孙叔叔孙广瑞。我带着好奇来到孙叔叔家，询问他老人家何为"三大傻"？孙叔叔便笑语道来：

"人们称我'三大傻'，是源于我人生的三个大的转折点，在选择的过程中我都以人们看似常人不看好的'傻'为目标，并在以后的人生道路征程中未曾后悔，痴心追逐在路上，还乐在其中。"

在孙叔叔的笑语连篇中，我晓得了何为他的人生"三大傻"。

（一）"傻"选战场

孙广瑞 1931 年出生，山东菏泽人。1949 年入伍。参军后，在解放战争中，加入中国人民解放军第 13 军一路随军南下，势如破竹，直抵抗法援越的前线。在短暂的战事后便开始了在云南一带戍守边关的平静军旅生活。由战争的硝烟弥漫到守边的平淡，年轻的他显得有些寂寞。1950 年，中国准备派出志愿军，抗美援朝。这下激起了他的斗志。在组建赴朝参战部队的过程中，他向部队首长连写 7 封请战书尚未得到批准。他按捺不住自己的性子，直接找到了部队首长陈述了自己的赴朝参战请求。"首长，我现在是部队卫生员，还擅长文艺，我能够英勇作战，还能够鼓动宣传，就让我去吧！"

部队首长面对他的执着请求，同时也考虑到他的多种才能——有很好的医疗技术，又有文艺才能，确实能起到多方面的作用，就应允了他的请求。1951 年 1 月，领导批准了他的请求，将其由 13 军调入 15 军任卫生班班长，入朝参战，"雄赳赳、气昂昂、跨过鸭绿江"奔赴了前线。在朝鲜战场上，孙叔叔亲历了世界战争史上举世闻名的上甘岭战役。持续鏖战 43 天，敌我反复争夺阵地达 59 次，我军击退敌人 900 多次冲锋，上甘岭一战，打出了国威军威，向世界展示了志愿军英勇顽强的战斗作风。

在战斗之余，孙广瑞还忘不了用文艺形式鼓舞士气。在战斗间歇的短暂时间内，他与战友们一起在坑道里、悬崖边、大树下，为连队指战员说唱快书《一车高粱米》《侦查英雄韩起发》等，给战友们鼓舞士气。

1954 年，孙广瑞光荣加入了中国共产党。"履行党员义务，执行党的决定"成为他的唯一选择。"对党忠诚，积极工作，为共产主义奋斗终生，随时准备为党的利益牺牲一切"成为他的终极目标。

在朝鲜的战争岁月，他们使用了中国人自力更生的通讯新产品。当时，战场上使用的都是新的国产无线报话机和有线磁石手摇电话机。后来，才知道这是国家"依靠自己的电信工业装备志愿军，支援抗美援朝战争"的重要决定。在《英雄儿女》电影中，王成用的报话机发出的"我是八五一""向我开炮"的怒吼就是使用的国产的"71型"电子管电台。孙广瑞领导的卫生班除配备专用电话外，也配备了国产报话机。

2019 年 6 月，周村区排练的《第一傻》节目就是以此为素材，以一个军人妻子家中盼夫回家为背景，塑造了这个军人 7 次请战后奔赴朝鲜前线以及战争经过和 8 年后夫妻相见的喜剧场面。这就是舍生忘死的"第一傻"。

（二）"傻"选从政

朝鲜战争是在极端天气下实施的战争。他和参加过抗美援朝战争的人，都深知战争的残酷性和战时救亡之重要。当看到同一条战壕的战友因救治不及时而倒下的时候，他更加意识到医疗在战争中的重要作用。在家读过几年书的孙广瑞，能歌善舞，会说书唱戏，是一个能持枪打仗的正式列入部队编制的非专职宣传员。但是在朝鲜战争中，他又觉得军医的急救包与枪杆子同样重要。

朝鲜战争结束后，凭着这种体验，他一次次请求加入医疗的行列，最终来到了中国人民解放军第一四八医院。功夫不负有心人，他很快成为

山东理工大学记者采访孙广瑞先生

一名优秀的内科军医，并在医疗行业一干就是十几年。

正当在医疗岗位上如鱼得水时，由于在战时曾从事过宣传工作，1965 年党组织找他谈话，让他弃医从政。他由一个从医 16 年的军队大医院的内三科大夫，调到了医院政治部，从事宣传工作。这在地方上看似是提拔重用，但在医院中，可是另外的权衡。在医院当大夫有地位，在地方有用处。而在政治部工作，有人称之为不务正业。这虽然不是自己的情愿，但出于军人的天职，他服从了组织的安排。这称之为他人生的"第二傻"。

在这段人生历程中，他便和政治、新闻、文化、演艺结下了不解之缘。他刚刚从事政治工作的时候，需要及时了解时事政治，购买收音机成了一种必需。一开始他对收音机好像不是很入迷，甚至有一种不信任感。这是因为 1950 年，他在云南边境时曾经好奇地买过一台收音机。那时年轻好奇，在一个星期天几个战士在集市上碰到一台旧收音机，就买回去了。谁知装上电池后光能听到吱吱啦啦的电流声，收不到电台。后来才知道这是一台一只管的矿石收音机，那时的云南边境距离电台很远，根本就不可能收到信号，于是就将其扔掉了。从事宣传工作后，收音机是必须有的家当。因此，就下本钱买了我国生产的最好的"上海"牌电子管收音机。收音机买来后，成为整个医院最好的收音机。他以听新闻为主，有时还听些样板戏或革命歌曲等等。

（三）"傻"选文化

孙广瑞参加过解放战争、抗法援越战争和抗美援朝战争，是我党、我军目前尚存不多的经过战争考验的离休老干部。1978 年从部队转业时，

他本来可以在部队离休颐养天年，但他却志愿转业做了周村区的文化馆长。当时部队有个政策，年龄在35岁以上的营级干部或45岁以上的营级以下一般干部都可进入部队干休所离职修养。也可转业到地方安排相应职务的工作。这时他选择了比进部队干休所收入低一半的后者。根据正常的人事安排，地方组织部门根据他从事部队医疗事业多年的情况，安排他在地方医院当院长，继续从事医院管理工作。但让组织部门都感到意外的是他选择了一个大家都认为是"清水衙门"的周村区文化馆任馆长、书记，这一干就是14年，直至1991年离休。这就是他的人生选择"第三傻"。

在周村区文化馆的14年间，孙广瑞可以用"如鱼得水、成绩卓著"来形容。军旅生涯30多年，用幽默唤起战士的斗志，用作品记录时代的旋律、用演艺感召人们的心灵成为他始终不渝的追逐目标。他在各种媒体中发现文艺作品都是他创作的灵感，在民间百姓中发生的具有积极向上的素材均纳入了他的创作内容。

改革开放初期，用收音机收听刘兰芳说的评书《岳飞传》成为大家的一大爱好。刘兰芳的艺术魅力使孙广瑞如痴如醉，听书引领了他下半生的艺术生涯。

正在痴迷于刘兰芳高超艺术造诣的时候，1986年，受淄博市邀请，刘兰芳代表鞍山市曲艺团到淄博演出。时任淄博市曲艺家协会主席的孙广瑞正是参与接待的主要人员。多年的"傻"字精神驱动他对刘兰芳先生的接待细致入微。详尽的安排使整个演出过程非常成功。刘兰芳也对孙广瑞细微周到的安排和积极热情的服务深感敬佩。使刘兰芳敬佩的还有孙广瑞的曲艺功底和对曲艺的创作贡献。更让刘兰芳感到惊讶的是孙广瑞是参战"上甘岭"的老战士。当刘兰芳和丈夫王印权与孙广瑞一起合影时，时任中国曲艺家协会主席的刘兰芳执意让孙广瑞站在中间，并称他是"中国的功臣"。孙老多次谈及此事，都用周村方言"我站在中间觉得太上晃"来描述。在孙广瑞出版《幽默人生》时，刘兰芳为此作序并题词。1991年，也是孙广瑞离休的当年，他的儿子孙静（现任北京石景山区公安局政治部副主任、三监，2018年全国相声比赛获"最佳逗哏奖"）继承父业从艺，并拜著名艺术家孙振业为师，刘兰芳前来祝贺并致以热切的讲话。

（四）"傻"花似锦

"三大傻"的绰号，名符其实。在孙广瑞的工作生涯中，他以"傻"到底，以"傻"为荣。与其说是"傻"，倒不如说他是党员的本色未变，老兵的传统未改。"与朝鲜战场上牺牲的那些战友相比我不知幸福多少倍。"这是孙老的"傻子"境界。因此，他从不计较职务高低、待遇多少，从不给组织出难题。他生活简单，饮食清淡，居住简陋，出行自驾摩的，日子过得清风随意。他为革命事业付出很多，但对于自己的生活却要求极低。

在兼任淄博市曲艺家协会主席的22年中，他从未额外领取过该协会的任何报酬。往返于张店到周村的交通工具依旧是1965年在一四八医院时购买的"永久"牌"28大杠自行车"。后来，随着年龄增长，在骑自行车让他逐渐吃力的情况下，他就乘坐公共汽车，但也从未报销一次交通费用，就连到区县指导工作的交通费也是个人掏腰包。

他在艺术创作中，有时到基层体验生活或去基层帮助拍戏的经历，此期他也从不给下级添麻烦，也从不动用下属的机动车辆，中午不吃宴请，晚上不住旅馆，这已经形成基层聘请孙主席的接待惯例。有一次淄川区聘请孙主席担任导演，在排戏过程中午餐安排了宴请。正巧他发现稿子有些内容需要修改，否则下午的排练工作就要耽误，所以他没去吃桌饭只要求别人在吃饭后带点咸菜和馒头回来。下午排练结束后，淄川区的领导安排车送孙主席，他仍然婉言谢绝，而骑着自己的嘉陵50摩托车回到了周村。

孙广瑞的心胸宽广，不计小事。凡是在利益面前与老百姓或群众有关系的，严格履行当年军人的光荣传统，一定不让他们一点利益受损。1995年一家商业影视厂家在淄川拍摄《马鞍山保卫战》，孙广瑞从周村找到十几名群众演员进行场景拍摄，说好了是按照人、天开支报酬。结果几天拍摄完毕后，厂家喝醉了不认酒钱，以经费紧张而拒付，一走了之。群众演员找到负责人讨个说法，孙广瑞面对此情此景二话没说，把自己的2000元钱付给了群众。

孙广瑞性格豁达，待人谦和，平易近人，心地善良。他有很多荣誉，却从不摆架子，把自己永远置身于群众之中。他的退休生活，用丰富多彩来描述恰如其分。年近90岁的孙广瑞目前是周村区关工委讲师团成员、周村区关工委五老艺术团总监、淄博职业学院曲艺协会辅导员、周村区市南中学校外辅导员。这些不挣钱的"官衔"，在孙广瑞的心中都是沉甸甸的责任，他仍在"傻"中奋斗耕耘着。

孙广瑞是一个只认工作的工作狂，因而对家的照料就显得太不到位。在和孙老的交谈中，提及此事，他潸然泪下。"老伴自春节前得了脑溢血，手术后一直在医院昏迷不醒，我还背着家人为周村迎接'七一'排练节目。"他的回忆让我们晚辈对他更加肃然起敬。

1957年孙广瑞从前线来到了周村一四八医院，于1959年元旦与淄博制丝厂工人蔡凤云相恋结婚。在风风雨雨的60余年夫妻生活中"老伴的贡献非常之大"。这是孙老的哽咽之声。在20世纪60年代，妻子操持着这个家实属不易。当时他的母亲、岳母都在家中，下有三个孩子。妻子的企业对上班时间要求非常严格。为了解决上下班的时间问题，孙广瑞买了一块"上海"牌手表，夫妻两人轮换着共用这一块表。由于当时的工资比较低，一家人的生活仅能填饱肚子。大人孩子的衣服就指望妻子缝缝补补，有时他一觉醒来深夜了妻子还在做着针线活。"再紧也要给妻子买台缝纫机"就成了他当时的最大目标。1966年买了家中第一个值钱的家当——"蜜蜂"牌缝纫机。这台缝纫机不仅减少了妻子的工作量，而且到过年的时候三个孩子还能穿上母亲亲手做的新衣裳。

他走到哪里就把欢乐和正能量带到哪里，同志间的一点小误会或小尴尬，往往被他一句幽默话而化解。大家都亲切称呼他"欢乐大叔""幽默老爷子"。

农民的儿子、"上甘岭"战场上的优秀士兵、精干的战地卫生班长、兼职的战地文艺宣传员、医术精湛的内科军医、部队政治工作的优秀宣讲员、地方文化工作的杰出奉献者、退休后关心下一代的贴心志愿者……构成了孙广瑞五彩斑斓的桂冠。我们称之为"傻"花之冠。

（五）"傻"果累累

他是中国戏剧家协会会员、中国曲艺家协会会员、淄博市曲艺家协会主席，在淄博有很高的声望，有众多的追随者。

（左）刘兰芳　（中）孙广瑞　（右）王印权

在战争年代，1954年他荣立抗美援朝三等功，获通令嘉奖两次，1954年被评为志愿军先进工作者并出席全军代表大会，1954年被评为优秀党员，出席中国人民志愿军后勤二分部（师级）党代会。

在和平年代中，孙广瑞得到了很多荣誉和褒奖。1990年4月被淄博市委、市政府授予"建设淄博立志立功三等功"，1991年淄博市文联、淄博市曲艺家协会授予"繁荣淄博曲艺事业一等功"，中国关工委、中国司法局授予"优秀宣讲员"，2009年"淄博十佳模范老人"，2012年"淄博十佳五老志愿者"，2012年被评为淄博市"全市关心下一代工作先进工作者"，2016年被评为淄博市全市"十佳志愿者"，2016年被评为"山东省最美老干部志愿者"，2017年被评为全国"关爱明天、普法先行"青少年普法教育活动"优秀辅导员"。

他在主持日常工作的同时，先后编写戏剧、小品、广播剧、电视剧、电影文学剧本、曲艺等文艺作品400余件，先后出版了《真真假假》《孙广瑞小品曲艺集》《幽默人生·戏剧小品曲艺》《幽默人生·影视》《幽默人生·吕剧》等五部作品集。上述作品，纵情讴歌真善美，无情鞭挞假恶丑，让人们在谐趣讽刺中，含泪带笑。他的作品分别在全国曲艺比赛中荣获一、二、三等奖，在山东省获一等奖。与人合作的四集广播连续剧《高大妈轶事》，经中央台广播，获山东省"精品工程奖"。

整理／张维杰

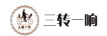
全能"修理家"

■专访：赵振法，张店区最早的修理专业户

赵振法在回忆自己的从业历程

赵振法，1926 年生于邹平县明集村。1938 年，年仅 13 岁的他在一个亲戚的带领下，去烟台当了童工，从事小型物件的修理。干了几年后，听说青岛的生意好做，又在亲戚的带领下去了青岛。经过几年的历练，赵振法的修理技术逐步娴熟，涉猎的领域从单一的锁具修理，扩展到钢笔、手电筒、自行车、缝纫机等的修理。

抗日战争期间，青岛的生意一直不好做，亲戚便带领赵振法回了老家。因长期在外"漂"着，赵振法不知不觉间熬成了"剩男"。直到回老家后，他才于 1954 年和一个比他小 6 岁的姑娘结了婚。至今夫妻俩已经共同生活了 60 多年，膝下有两男一女。

后来，赵振法又到上海修理过钢笔，生意还不错。但因为成家后长期在外生活也不是长久之计，于是干了一段时间后他就回来了。起先在老家邹平附近做些流动的修理营生，但考虑到还是在城市"活路"多、市场大，于是他又于 1955 年来到了张店。

才到张店时，赵振法主打修锁生意。他的这项技术主要得益于在上海时的学习和实践。上海人用的锁具比较齐全，也比较先进，因此他掌握的修锁技术相对过硬，当时还修理过比较稀有、贵重的保险柜。

在张店落脚后，有一次公安局的工作人员找到他，问他会不会修理保险柜。赵振法说："我在上海干过这种活，你们拿来我试试吧。"工作人员把保险柜抬来后，赵振法鼓捣了不一会儿就排除了故障。从此，他赢得了公安局工作人员的信任，也在张店扎下了根。

1958 年，赵振法在公安局工作人员的帮助下，在当时的张店公社开了一个专营修理业务的门店，开始位于现在的玫瑰大酒店西侧，经营几年后又搬迁到洪沟路上。1962 年 7 月 30 日，淄博市公安局专门为他颁发了"特种营业许可证"。

由于赵振法从事的行业和技术较为特殊，加之拥有公安局的营业许可证，因此在公私合营时未被合并。曾经有一段时间，他被合并到张店公社电器制修厂上班，但没过多久这个厂就解散了。他于是重操旧业，干起了老本行。赵振法回忆说，在电器制修厂上班时，每月只开 30 块钱，家里人口较多，根本就不够花的。个人干修理挣钱就多了，可供家里盖好几套房子。

赵振法（90 岁）

赵振法的工作照

赵振法的工作照

许可证

赵振法获"诚信文明业户"奖

赵振法工作照

由于赵振法合法经营、技术精湛、收费合理，因而深受百姓欢迎。他修理的门类也逐步扩展，从原来的主要修理锁具，扩展到修理手电筒、钢笔、自行车、缝纫机等，生意也越来越红火。位于张店西一路13号的淄博人民商场开业之初，就为赵振法设立专柜，专门开辟修理业务。

赵振法一生以修理为业，靠技术和人缘赢得了很好的口碑，并渐渐形成了"名人效应"。但老实低调的他却从没想到过"经营"自己，甚至没想到为自己从事的业务起个专门的名字。在1962年7月30日，淄博市公安局专门为他颁发了"特种营业许可证"、工商部门于1992年12月1日给他颁发的营业执照上，连个经营名称都没有，注册资金只有50元。在税务部门于1993年12月30日给他颁发的税务登记证上，企业名称是赵振法。

默默地耕耘，赢得了满满的收获。1983年4月，张店区工商行政管理局、张店区个体经营者协会表彰赵振法为"先进个体经营者"。1989年3月，张店区工商局车站工商所、张店区个体协会车站分会表彰他为"诚信文明业户"。2014年2月23日，《淄博晚报》以"坚守75年修理钢笔 九旬老翁的独门生意"为题，报道了他的事迹。2017年8月23日，《鲁中晨报》以"小巷深处怀旧者为书写坚守78年"为题，对时年已92岁的他再次进行了报道。

随着人们生活水平的迅速提高，修理业务逐渐减少。但为了力推赵振法的"品牌"效应，张店区在进行新华街改造时仍然为其专设了修理门面房。从此，新华街3甲3号既成了赵振法的经营场所，又成了他的起居住所。由于年事已高，他的经营范围也就限定了只修钢笔了。人们知道的是新华街有个知名的专门修钢笔的老人，但对他的其他修理技术大概知者甚少。

时至今日，已是94岁高龄的赵振法和他的老伴仍幸福美满地住在新华街3甲3号。里面各种修理工具依旧琳琅满目，从1962年至今的营业执照、税务登记证悬挂在墙上，与登载他事迹的报纸、经营中获得的证书以及他和老伴的合影浑然一体，带着多年炉烟熏炝的痕迹，尽显岁月的沧桑和时代的变迁。当年走街串户时用的"大金鹿"自行车停放在醒目的位置，就像个忠实的伙伴守护着主人一生积累的宝藏。

撰文·图/张维杰

整理/王 雁

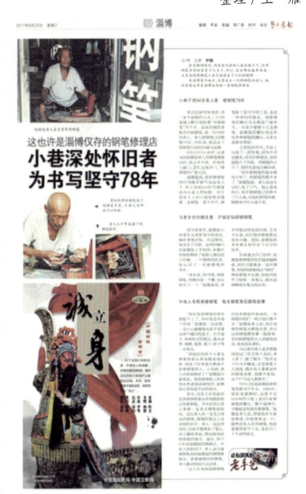

淄博晚报

山东人喜爱的"大金鹿"牌自行车
"三转一响"博物馆藏品

自行车篇

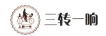

马耀南的自行车

马耀南在南通纺织学院当教授时留影
照片摘自《抗日先驱马耀南》
（中共党史出版社 2012 年 6 月第一版）

马耀南（1902—1939），长山县第三区（今周村区北郊镇）人，领导了黑铁山抗日武装起义，成立了清河平原上中国共产党领导下的第一支抗日武装，后在抗日战争中壮烈殉国，名列全国第一批 300 名著名抗日英烈和英雄群体名录。

马耀南骑过的一辆日本"富士"牌自行车，如今珍藏在"三转一响"博物馆中。这辆自行车的确切来源很难说清，但在李忠俊所著《艺园耕耘》一书中，山东快书《白云山开胜利花》是如下这样记载的：

说的是一九三八年，二月四日这一天，
八路军马耀南司令一百多人驻防三官庙，
突然间有四百多鬼子来围歼，
有步兵有马队轻重机枪小钢炮，
骑自行车的是汉奸。
马耀南司令闻讯后，

临危不惧定方案，
廖容标副司令员命令部队分散伏击把敌歼。
……
拂晓打到日西落，
杀声枪声冲破天，
鬼子尸体丢山野，
一百多个全完蛋。

记载中没说明有几个汉奸骑自行车，但从"全完蛋"的结果看，汉奸骑的自行车成为战利品肯定无疑。

杨国夫（时任山东清河军区司令员）所写的《清河平原奋战六年》（原载 1943 年 7 月《群众报·纪念抗战六周年暨追悼阵亡烈士大会特辑》）中记载："我军缴获……自行车七一五辆。"

王涛（长山县立中学十二级学生，曾参加黑铁山起义，曾任山东大学武装部部长）所撰《武装其以前的长山中学》载："（1937 年）12 月 24 日（农历十一月二十二日）长山逢集。早晨，我从家中送出同班同学房允玉，刚走出门来，突然听到飞机声，抬头见两架单翼飞机由东南飞来，从我村南旋绕过去……不多一会，从东北方向又飞来三架日机，朝着西南、东南两个方向飞往县城、集场。一会儿听到飞机俯冲的呼啸声、炸弹的爆炸声。村里人跑出来躲藏，赶集的人也四处跑散，有些人边跑边喊：'集上炸死人了！''中学被炸了！'听到学校被炸，我心里猛地一震，担心起老师和同学的安全来，也没顾上和家里人说一声，就沿村西小道朝学校跑去……走近门口一看，校牌被炸碎，西厢房和自行车棚被炸坏，校园里冷寂寂不见人影。"

高元盛在《马耀南司令伟大的一生》一文中，对当日的马耀南进行了解读："早已料到日军不久即将进犯长山的马耀南，一边快步穿行于办公室、教室之间，指挥教员们安排学生隐蔽和疏散，一边将姚仲明、廖容标找来，果断地商定：趁国民党军队刚刚撤退、日本鬼子尚未到达这一时机，进行武装起义。……12 月 24 日晚上，马耀南在朱

马耀南骑行的自行车"三转一响"博物馆藏品

《白云山开胜利花》《马晓云进城》和相声《一马三司令》等多个作品，在淄博市周村区一带广为传唱。这些作品中多次出现马耀南骑自行车抗战的故事情节。

为了多方验证这辆自行车的来源，李忠俊和"三转一响"博物馆馆长张维杰专门拜访了马耀南的儿子马立修先生。马先生说，在他的记忆中，父亲转战长白山和黑铁山一带，骑行自行车是常有的事情，有时还骑着自行车回家。但自行车的形状和品牌就记不清了。长山中学被炸的时候，父亲就在学校中，飞机轰炸自行车厢房，学校的多处设施被炸，父亲全力组织老师帮助学生撤离学校。日本对学校的轰炸，促使父亲组织了长白山起义。

家墓田送走了前往长山去的起义队伍后，骑着自行车赶回北旺庄，到家时天已很晚。"

侯家福在《马耀南武装抗日起义几个有关问题的探析》一文中记载了赵明新的回忆："当耀南知道部队拉走后是很生气的。我找人到石桥给部队送信，我陪马司令骑自行车赶到石桥，把部队又拉回来。"

从上述资料可以推断，马耀南在抗日战争中常使用自行车，而自行车即是从日军手中缴获的战利品。

"三转一响"博物馆收藏的马耀南所骑日本"富士"牌自行车，为 PA28 型小飞轮自行车。于1988 年秋天购于白云山下西庵村一老翁家中，老翁介绍："这是当年马司令骑的自行车。"

这辆自行车由于遭受日本飞机的轰炸，在车架前部的横梁和斜梁上都有被挤压弯曲后又被整形的痕迹，仔细观察，可见整个车架有一点倾斜。车把是被炸后整形又用铜焊工艺焊接而成的，稍微有点左低右高。车子现在仍可自如骑行，但因为受损的缘故，在骑行时总是向里（左）偏行，必须在前行中随时调整方向。

这辆自行车收入"三转一响"博物馆后，原淄博市"曲艺魔术团"团长李忠俊对此产生了深厚的兴趣。李忠俊曾以马耀南抗战故事为背景创作过山东快书《小清河上显神威》《刘家井战斗》

得知"三转一响"博物馆收藏了马耀南的自行车后，马耀南的长孙马卫国专程到博物馆瞻仰了爷爷抗日时骑过的自行车。并和这辆自行车合影留念，以示对先人的敬仰。

这辆自行车在收藏整理以及考证过程中，得到了淄博市博物馆、淄博市文物局、周村区文物局等领导、专家、学者的几次集体论证，都给予肯定的答复，而且都视为我们进行革命传统教育不可多得的历史文物。

撰文 / 张维杰

选自《抗日先驱马耀南》

马耀南儿子马立修先生（左一）听李忠俊先生（中）
用评书说《马司令骑自行车》的故事

马耀南长孙马卫国先生与爷爷骑过的自行车

马耀南骑过的自行车（特写）

众里寻"它"千百度

■自述：李国经（耕夫），原周村区人大常委会副主任

20 世纪 70 年代末，村村户户都往好日子奔。可是，吃的、穿的、用的，没有一样不紧缺。那年头，谁家要是有一辆"大金鹿"自行车，足以令四邻八舍刮目相看。

"大金鹿"对庄户人家太重要了，它结实、耐用，又能载重。赶集上店，看病串亲，后边驮一大人，前边载一孩童，稳稳当当。进城卖青菜，一百五六十斤的垛篓往座上一搁，从不闻吱悠声。卖猪买羊，先在后座上搁一托架，百十斤的猪羊往上一捆，上车就走，任凭它挣扎叫唤，车子仍然一路向前。

在老百姓眼中，"永久""飞鸽"虽是名牌，但那是城里人代步的工具，花拳绣腿，干不了重活。还是"大金鹿"最吃苦耐劳，就像头老牛。更重要的是，"大金鹿"还是政治地位的折射呢！

从 1975 年到 1980 年，我在周村区大姜公社机关工作，还代理过三年党委秘书。当年公社分配自行车指标的事，至今仍历历在目。

那时候，自行车指标是从区商业局分配到各公社的，一年分配一两次，每次有五六辆。自行车由供销社经销，供销社一辆都不敢擅动，只有收到公社党委的介绍信，才能凭信卖出。

可是，全公社都在盯着这五六辆自行车。公社机关有四五十号人，整天在领导鞍前马后效力，自然是近水楼台。大姜公社社直社办单位有五六个，医院、工办、粮所、供销社、信用社、兽医站，它们的正副职都是有职有权的人物，应该优先照顾。全公社有 17 个大队，60 个生产队，大队的一二把手，加上生产队长，算起来有百十个。

这样一算，应该享受自行车指标的就有小 200 人了。可一年到头，上级也就分配十来辆自行车，僧多粥少，于是公社就定下制度：分配指标由党委集体研究；分给单位，不分给个人。

自行车指标一分下来，消息马上不胫而走，全公社"上层建筑"的人立即骚动起来。小队长找大队书记，大队书记跑公社，加上社直社办、公社干部，至少有几十个人要"抢"一杯羹。书记、副书记、常委、党委秘书，都是下边争取的对象。到了党委会上，往往为着分给哪个单位而激烈争论。

记得有一位姓吕的副书记，分管社办工业。那时候社办工业一无材料，二无技术，三无设备，靠的是投亲靠友，"井里无水四限里淘"，处处求人。半年前，某社办企业与国营企业的供销科长挂上了钩，对方数次批给钢材、车床等，都是十分紧俏的物资。这边社办企业十分感激，就问供销科长家里有何困难，表示一定全力解决。对方说，如果有可能，帮着买辆"大金鹿"就行了。当时社办企业的厂长就拍了胸脯；厂长找到工办主任，主任又拍了胸脯；最后，这位分管的吕副书记又拍了胸脯。可是到了党委会上，经反复平衡，工办的自行车落了空。气得吕副书记猛地一摔本子说："工业我不管了！爱谁管谁管！"

李国经

"三转一响"博物馆场景

分配指标闹矛盾,买车子也能出矛盾。某村有一位生产队长,竖电线杆砸伤了脚,当然算是工伤,要求买一辆"大金鹿"。大队书记反映到公社,公社领导答应了。分配指标时便给了该村一辆,谁知半路杀出个程咬金,村里一位副书记抢先一步,让村里的会计写了介绍信,到公社盖了章,抢先去供销社买回了"大金鹿"。"工伤队长"气得团团转,二人吵了一架,红了脸,竟然有两年互不说话。

"大金鹿"有时还成为公社领导攻坚克难的"利器",并且这件"利器"还蛮管用。某村三队是落后队,队长一年换一个,但面貌依旧。有一年,一进冬天队长就"躺"下了,也就是辞职不干了。开会没人来,上坡没人敲钟。大队干部使尽浑身解数,还是没人愿意当队长。

过了春节,该育地瓜苗了,仍然群龙无首。公社党委派王秘书去建队,这时他已经是党委常委、革委副主任了,全公社依然称他王秘书。王秘书走村串户,找党员,走访贫下中农,看中了吴某。可和吴某一谈,他是高低不干。吴某不是

党员,不能硬压着干。于是王秘书来了个以柔克刚,就问:"老吴,家里还有啥困难,我能帮着解决的,一定尽力。"

这一句话惊醒了梦中人。老吴愣怔了一下,怯怯地说,"我想买辆'大金鹿'。"王秘书笑了笑说道:"哎呀,你是个一般社员,咋能把车子批给你呢!你们村就是分10辆,也轮不到你呀!你要是队长,而且还是落后队的队长,担子重,那就可以考虑照顾。"第二天,三队就响起了敲钟声。老吴上任3个月,就骑上了崭新的"大金鹿"。到了秋前拔地瓜草的时候,他又找个理由"躺"下了。为"官"半年,挣了一辆"大金鹿",有人戳他脊梁骨,有人羡慕他,老吴成了全公社的"新闻人物"。

人民公社时期,男婚女嫁,自由恋爱的很少,媒妁之言居多。谈婚论嫁之时,多是男求于女,女方总要开出一些条件,比如几身衣料、几件嫁房。有些姑娘胆子更大,就要"大金鹿",否则不嫁。一辆新"大金鹿",国家牌价是151.3元,推到市场上去卖,能卖到二百二三十元,可以涨七八十元,那可是区长一个月的工资啊!即使有钱,在黑市上也买不到新的"大金鹿"。因为那时候,谁要是买了新自行车,接着到黑市上卖高价,就是"套购国家计划物资牟取暴利",是典型的"投机倒把",必然会人财两空,因此谁也不敢去碰"高压线"。

有些家庭穷,兄弟多,找媳妇自然困难一些。女方若是提出要"大金鹿",那可真是犯了难。我有一位小学同学,家里兄弟四人,他是老大,二十七八岁了尚未婚配,生产队是落后队,一工只有三四毛钱。1979年,有人给他提亲,双方相看,倒也没有意见,只是女方要的嫁妆中有一辆

"大金鹿"，新的。这下可难坏了一家老小，父母都是老实本分的庄稼人，弟弟们还在念书，上哪里去找"救世主"啊！他听说我刚刚买了一辆"大金鹿"，便找上门去，恳求我和他换自行车。他是一辆八成新的"红旗"，平把的。他说一定要再贴上一些钱，决不让我吃亏。当时，我的新车子还没"满月"，还没稀罕够呢。可转念一想，人家那是终身大事啊，错过此村，何处找店？便只好忍痛割爱。他贴的钱，我一分没要。40年后想起来，仍觉得这件事是办对了。

新车不好买，有人就设法自己"插"自行车，就是零零星星地买配件，凑齐了再找修自行车的人组装起来。这样的自行车很难保证所有零件都出自一个厂家，也没有商标品牌，就像"杂牌军"一样，名声不好，战斗力很差，在市场上自然低人三等。

可是，要想"插"一辆自行车也极不易，车架、链条、"葫芦"等都是极紧缺的，只有在五金交电站有实权的几个人才能搞到，一般老百姓只能望洋兴叹。自行车链条是易损件，尤其紧缺。有人为了买一条链条，请客送礼，在所不惜，甚至"铤而走险"。1975年秋天，固玄店二队耩麦子的播种机放在机井房里，翌日早晨出工时，播种机上的链条却不翼而飞。公安特派员查来查去，也没查出下落。大家心里都明白，肯定是有人偷走链条，准备安到自己的自行车上。由于零件紧俏，"大金鹿"的"器官"便成了炫耀的资本。在自行车市场上，常常听到卖家标榜："这可是原装的车架，原装的'葫芦'，'大金鹿'的，一动没动！"

1979年以后，淄博自行车厂开始生产"千里马"牌自行车，质量、信誉远不如"大金鹿"，可仍是供不应求。大姜公社一年能分两次指标，一次十来辆车子。春节后开人代会，区人大代表还能每人分一辆"千里马"指标。1983年以后，物资渐渐充裕，"大金鹿"开始自由买卖，终于能"飞入寻常百姓家"了。

周村区大街街道办事处原主任吕丕贵先生回忆当年的自行车指标分配过程

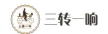

骑"公家"自行车的人

■专访：赵文贞，原周村供电局职工

据史料记载，自1971年9月至1985年12月，周村供电局曾经创造过淄博市供电系统电费回收率100%的骄人业绩。这样的业绩是怎样实现的呢？带着疑问，笔者采访了业绩的创造者之一——赵文贞。

赵文贞先生到访"三转一响"博物馆

赵文贞今年83岁了，耳不聋，眼不花，思路清晰，身体灵活。他每天早上骑自行车锻炼一小时，然后骑自行车去买菜，饭后再骑自行车去公园打牌。总之，赵文贞的老年生活中一天也离不开自行车。他说，这主要是因为退休前几十年如一日骑自行车工作，习惯了。

1959年2月，赵文贞被调到周村供电局工作，从此就与自行车结上了缘。他当时具体负责抄表收费工作，随着用电户数的增加，工作量也越来越大。为了提高工作效率，上级部门给周村供电局配发了一辆德国产"飞鹰"牌自行车，作为抄表收费的专用交通工具。赵文贞因此成为周村供电局第一个骑"公家"自行车的人。

自从配发了自行车，赵文贞的业务范围由城区扩大到了所辖乡镇、工矿，最北至与邹平、桓台交界的地方。当时的道路绝大多数是土路，雨天泥泞不堪，晴天坑洼不平。有时遇上大风，就只能推着自行车走。遇到下雨天，他怕泥巴阻塞车轮，专找水洼子走。车轮被塞后，就只好边走边用树枝抠。后来，他干脆把挡泥瓦拆了。下大雪时，他就把自行车放到道路较好的地方，步行去四处抄表，等路上被踏压出路辙后，再骑车返回。

1978年以后，周村供电局的业务管辖范围扩大到了国企八三厂、省属王村耐火材料厂、省属王村铝土矿以及萌水、王村两个乡镇。周村海拔24.2米，王村海拔351.8米，相差327.6米，坡度将近1.8%，已经超过了自行车爬坡上限。但前去王村抄表收费，交通工具照样依赖自行车。

赵文贞说，去王村抄表收费时，他一早出发到周村火车站乘火车到王村火车站，每次都把自行车随乘坐的火车托运，人到站后，自行车也到站。他随后取出自行车，骑车逐一对八三厂、王村耐火材料厂、王村铝土矿及王村镇所辖村、企进行抄表收费。中午就找一个避风的地方，解下自带的干粮和水壶，草草地用过午餐，然后就地靠墙休息一会儿。那时，说他"风餐露宿"一点也不过分。

在工作结束返程时，为了节省费用，赵文贞不再乘坐火车，而是借着从王村到周村的一路下坡，骑自行车顺势而归。当行至坡度较大的路段时，他就俏皮地把两脚放到车把上，享受一番飞车滑行的感觉，那可真够刺激的！一天下来，虽然非常劳累，但看到沿途步行的人们，用羡慕的眼光看着自己骑车疾行时，疲劳也就飞到了九霄云外。

有了轻便灵活的自行车做交通工具，赵文贞的抄表收费工作如虎添翼，他的责任感也更加强了。当时民间流传着自行车有"三快"：顺风快、

"三转一响"博物馆馆藏德国产"钻石"牌自行车

下崖头快、带着新媳妇快；而他们的抄表收费工作有"三勤"：勤跑、勤催、勤联系。"不怕跑断腿，不怕磨破嘴，宁肯自己跑千遍，不让用户一时难"，这是他们一直坚守的工作原则。由于抄表到位，收费及时，周村供电局月月电费回收率百分之百，年年在同行业处于领先地位，连续11年被市局评为先进单位，赵文贞本人也多次被评为局级"先进工作者"。

赵文贞回忆说，到了20世纪80年代，供电部门就配备了计量专用车，专门用于变电站和路途较远的配电室抄表收费。但在城区内的背街小巷抄表收费、装换表、检修等，还有赖于自行车。轻便灵活的自行车，对电业人来说始终是得心应手的代步、运输工具。在当今拥堵的城市里，自行车能抄近路、便于停放，而且环保节能、成本低廉，因此至今供电部门有关班组还在为工作人员配发自行车。

赵文贞从事电业工作40年，自行车与他始终相伴，助他一路前行，早已成为他生命中不可缺少的一部分。如今，虽然已至耄耋之年，仍然与它朝夕相处。

"三转一响"博物馆藏品

撰文／尚和生

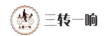

驰骋淄博的"千里马"

■专访：袁本昌，原张店自行车厂厂长、淄博自行车厂副厂长

袁本昌先生（中）和夫人张秀云（左一）到访"三转一响"博物馆

1978 年 5 月，袁本昌被张店区委安排到张店自行车厂工作，担任党委副书记、厂长，从此，他的一生与自行车结下了不解之缘。

张店自行车厂由张店机械厂更名而来，其前身是张店区白铁社，厂址在当时的张店五马路北首，占地 15 亩。1970 年，张店机械厂转产自行车零部件，主要生产车圈、车把、车叉、挡泥板等。至 1976 年完成自行车零部件总产值 90 万元，生产车叉 3000 件，车把 21900 件，车圈 24600 件。挡泥板 44100 件，链盒 152000 件，这些产品均在省内销售，主要作自行车修理用。

1971 年，张店机械厂组装了第一辆"泰山"牌 ZA-21 型自行车。同年 6 月，张店机械厂更名为张店自行车厂。1977 年生产整车 2665 辆。1978 年生产 ZA-21 型"泰山"牌自行车 1 万余量，产品质量达到合格。

尽管当时张店自行车厂已经能生产整车，但由于生产设备不配套、工艺落后等原因，企业连年亏损。袁本昌上任后，带领职工在原有设备的基础上进行了技术改造，一方面不断购置配套通用设备，另一方面强化了专用设备的引进。共添置通用、专用设备 40 余台（套），同时从青岛自行车厂购进旧专用设备 18 台（套），经修复改造后，形成了冲压、制作、酸洗、电镀、烤漆五条生产线。

随着生产规模逐步扩大、职工人数逐步增多，企业管理要求也相应提高。袁本昌在征求大家意见的基础上，推行了工厂、车间、班组三级成本核算，使产品的成本降低、质量提高。在车间内部建立起党支部和团支部，并在全厂提倡真抓实干、艰苦奋斗的创业精神，职工的生产积极性大大提高。

1978 年，该厂计划生产自行车 1 万辆，实际生产 1.201 万辆，质量分为 60.25，被国家一轻工

"三转一响"博物馆馆藏淄博产"千里马"牌自行车

业部批准为全国生产自行车定点厂家。同年，产品品牌由过去试生产时的"泰山"牌改为"千里马"牌，质量达到省优质产品标准，在省内4家自行车生产企业中，张店自行车厂位列第二。1979年生产自行车3.4万辆，质量分为72.337。1980年计划生产自行车7万辆，实际生产9.082万辆，质量分为78.695。1981年计划生产17万辆，实际生产17.0333万辆。

1980年，张店自行车厂更名为张店自行车总厂。1981年5月，淄博市又将张店自行车总厂改为淄博自行车厂。从此这家企业脱离张店区，成为市属一类区县级企业。厂址在现在的张店张桓路南首，占地面积200余亩。市委直接任命了厂级领导班子，袁本昌担任党委委员、副厂长，主管生产和基建，后又分管经营。袁本昌根据当时的实际情况，采取"多劳多得"等措施激励职工的生产积极性，促进了生产发展，提高了经济效益。

1981年以来，淄博市加大了对淄博自行车厂的投资力度，并大力支持新厂房的建设和新设备的引进。该厂引进了具有国内先进水平、年生产能力达1800吨的高频焊管机，自制多刀割管机，建成了年产50万辆自行车的烤漆生产线。改造旧厂房1080平方米，扩大了电镀生产线，购置了全套硅整流电器设备，制作了200台磨光机，安装了磨光生产线，使自行车电镀件、车圈、车把的产量、质量有了很大提高。

在此基础上，淄博自行车厂积极贯彻以质量为

中心的生产方针，狠抓产品质量的升级。购买和自制了自行车鉴定仪器和设备，委托青岛自行车厂培训了自行车鉴定人员，对自行车生产全程进行抽检，还定期参加全省自行车产量鉴定评比。1983年生产自行车26.0808万辆，完成年计划的100.3％，创造了建厂以来的最高纪录。质量分平均达到82.894分，较1982年提高了6.694分。实现工业总产值3327.13万元，利税631.85万元。

1984年又针对影响烤漆、电镀、焊接三大生产环节的工艺设备进行了全面改造，使产品质量分平均达到91.84，比1982年提高了15.65分。特别是年底生产的"金鹿"牌自行车质量分达到98.6分，创全省自行车行业历史最高水平记录。从1978年到1985年，该厂累计生产自行车111.92万辆。

从1979年到1981年，淄博自行车厂开发并生产了ZA-30型和ZA-28型"千里马"牌自行车。特别是ZA-30型"千里马"牌自行车，加重了后座支架，加厚了车圈，车辅条也加大一号，使其载重量大大提高，更适合农村运输的需要，因而深受农村群众欢迎。

在1985年之前，"千里马"牌自行车的销售情况非常好，一直供不应求。起初，产品由省五金交电公司全部合同收购，然后分配给各地市五金交电公司来厂提货，再由他们分配到各区县五金交电站零售。后来，淄博市内进城打工和跑买卖的人越来越多，对"千里马"牌自行车的需求更加迫切，供需矛盾进一步增大。于是淄博自行车厂与淄博市轻工局的领导向省一轻工业厅提出请求，专门给淄博市一部分自行车销售指标，以缓解当地群众急需，并照顾企业业务关系。省一轻工业厅最后同意给淄博市每月200辆左右的自行

"三转一响"博物馆藏品

"三转一响"博物馆馆藏淄博产"千里马"牌自行车

1979年4月，淄博自行车厂生产的ZA-28大飞轮"千里马"牌自行车

袁本昌（中）带领技术人员共同研究改进生产工艺

车零售指标。市里便将这部分零售指标印票发放，让当地群众凭票来该厂的自行车销售门市部购买。在销售形势很好的情况下，淄博自行车厂加强了售后服务工作，在省内各区县五金交电站都选定"三包"服务部，对质量问题及时进行处理。

这一时期，淄博自行车厂的新产品研发也有了很大进步。在ZA-28、ZA-30男式"千里马"牌自行车的基础上，又研制出内变三速自行车和QA-26弯梁女士自行车。弯梁女士自行车是该厂为扩大生产品种、满足用户的多样化需求而设计的。当时天津、青岛等地都已生产女式轻便车，但他们生产的都是斜梁自行车，而淄博自行车厂创新性地设计并生产出弯梁自行车，这样女性穿裙子上下车更方便了，因而受到广大女性的普遍欢迎。

在生产品种不断增多的同时，淄博自行车厂的产品质量也有了很大提高，达到省优标准，并符合青岛大"金鹿"牌自行车技术标准。1984年，

经省政府批准，淄博自行车厂挂牌生产"金鹿"牌加重自行车。同年8月，整体加入山东省青岛自行车联合公司。1985年，该厂共生产自行车220148辆，并研制成功QF-85、QZ85型"天使"牌自行车。

随着社会的发展，市场的供需关系发生了很大变化。为了应对这种变化，淄博自行车厂扩大了销售队伍，参加了全国自行车订货会，并组织研制"天使"牌三轮车等产品。还先后与上海自行车三厂、上海自行车四厂联合生产自行车，1987年生产"飞达"牌24英寸高档彩色自行车，1988年生产"天使"牌系列轻便彩色自行车，1989年生产"安琪儿"汽油助力自行车。后来又与枣阳自行车厂联合生产儿童、学生用车。还与上海凤凰自行车厂签订了合作协议，加强了技术研发，进一步提高了产品质量。1995年成立专门科研小组，开始研制并生产电动自行车。该厂在不断发展的过程中，占地面积扩大到250多亩，并开设了7个分厂，生产的自行车销往全国各地。

自1978年进厂到2002年退休，淄博自行车厂领导班子共换届5次，但袁本昌始终留在班子里，为企业发展做出了贡献，也赢得了职工的信任。1992年，袁本昌当选为张店区人大代表，出席了张店区第十二届人代会。谈起与自行车打交道的一幕幕往事，他如数家珍，脸上写满了自豪。

撰文／向谊萱 王尉伊

淄博自行车厂生产的"天使"牌自行车

漫话自行车管理

在自行车出现之前的几千年间，中国人一直慢条斯理地生活着。自行车的出现，加快了人民的生活节奏，为道路交通增添了新的色彩，同时也给社会管理带来了新的课题。

新、旧两种交通工具同时出现在街道上，彼此的抵触是不言而喻的。快捷而时尚的自行车嫌弃旧式交通工具妨碍了它前行，而旧式交通工具又责怪这种"洋玩意儿"给路人带来了危险。说来也是，自行车碰人、自行车与别的交通工具相撞、自行车被盗事件时有发生。如何管制这种新生事物，成为当时的一个重要问题。

在中国，最早与自行车相关的管理规定出现在上海的公共租界。当时，外滩公园张贴的《游览须知》中写道："脚踏车及犬不得入内。"这个规定是针对自行车践踏公园的植物而做出的。随着自行车数量日益增加，对它的管理越来越严格，规则也越来越完善。1946年9月出台的《上海脚踏车管理规则》，被称为中国近代最完备的自行车管理规则。

中华人民共和国成立初期，对自行车实行登记管理，签发自行车证。1964年，山东省出台了《山东省非机动车辆管理办法》，开始对自行车进行全面登记、发证工作。1978年，公安部下发《关于自行车管理工作的通知》，要求停征自行车牌照税，由公安机关、交通部门建立机构，制发自行车牌照和行车执照，进一步加强自行车管理。同年，山东省革委根据上述通知要求，下发了《加强自行车管理的通知》。1980年12月，山东省各区县公安局设立自行车管理所，对公用、私用自行车全面进行登记、检验、砸钢印和更换牌照工作。

20世纪80年代后，淄博市自行车数量急剧增长。据统计，1985年底，淄博市自行车拥有量为95万辆。是年，淄博市人口总量为2752176万人，平均每一百人便拥有自行车35辆。

为了加强对自行车的管理，淄博市公安局于1981年出台《关于自行车验证工作的通知》5条规定，对全市自行车进行了验证工作，车牌、执照、钢印三者相符发给验条，不相符或丢失者，必须登报声明，补发牌照，才能发给当年验条。此后每年进行一次验证工作。

1981年5月，淄博市自行车管理工作由交通队移交公安机关，随即成立了5个区县公安分局自行车管理所，配备专职公安干部，选聘多名车管员，设置79个自行车管理站。打印、发照、迁出、

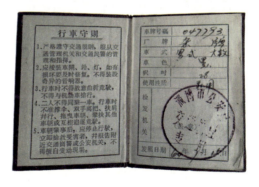
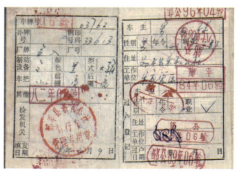

牌照"三转一响"博物馆藏品

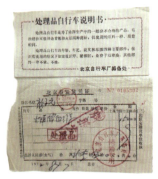

"三转一响"博物馆藏品

迁入、过户、验证等工作由自行车管理所统一办理，并把车管员分配到各派出所加强日常管理工作。在城区设置看车点，专门安排看车员，轮流到看车点看守自行车。有些大的商店，还在门前设义务看车员。制止了到处乱放自行车的行为，维护了交通秩序，有效防止了自行车被盗事件的发生。

各区县公安分局自行车管理所成立后，由原来单一的自行车管理逐步扩展为以自行车管理为主渠道，实施全面的社会治安管理。在进行自行车管理过程中，通过自行车的涉案起源，发现了许多社会治安案件线索，并破获了一些大案要案。

例如，淄博市1981年发生的张店钢铁厂人武部枪支被盗案和张店区供销社5000元现金被盗案、1983年5月发生的张店钢铁厂出纳员韩晓光被杀案，都是从作案凶手丢弃的自行车入手，根据自行车档案巡查一举破获的。

据淄博市公安局周村分局编写的《周村公安志》（1840-1985）记载，1985年底，周村区共有自行车115139辆，平均2.31人有一辆自行车。在上下班时间，主要路口自行车流量可达9000余辆。如不加强管理，势必影响社会治安和交通秩序。

于是，周村区公安分局根据上级相关要求，拟定了《关于加强自行车管理的执行意见》，提出具体管理办法。会同有关部门组成领导小组，由淄博市公安局交通大队周村交通中队具体负责，从财政、工商、交通、供销，商业抽调力量，建立了专门班子。城市以派出所、农村以公社为单位，发动基层治安保卫委员会，逐户、逐村对自行车进行调查摸底登记，查清数量，审查自行车来源，检查自行车安全设备，进行自行车管理的宣传教育，做好打印发照的一切准备工作。在此基础上，由周村交通中队统一打钢印、发牌照和行车执照。

那时的自行车牌照为长方形，固定在自行车后挡泥瓦的下方。钢印用阿拉伯数码打在车把中心上方和车架下方中轴套处，打钢印后发给行车执照。另外，建立制度，加强管理。打钢印、迁出、迁入、过户、变更等手续由交通队、派出所负责，日常管理则由街道、村庄治安保卫委员会负责。规定不准骑车带人、不准蹬飞车、不准在马路上乱停放自行车、出卖自行车需持牌照到工商部门指定的交易场所办理、不准黑市交易和转手倒卖，并要求及时办理转户手续。

至1985年底，周村区公安分局自行车管理所共打钢印、发牌照65693辆，迁入401辆，迁出378辆，停用不合格自行车762辆，1981年前原有52185辆，1985年共有115139辆，全区平均每年增加自行车12591辆。

通过加强管理，周村区还查获被盗自行车23辆。1985年10月，当一购买"凤凰"牌自行车者来车管所过户时，工作人员发现其钢印是周村打的，自行车执照却是邹平发的，两者不相符。经调卡查阅，发现这辆自行车原是一税务局干部于当年5月份在铁南村丢失的。他们及时与邹平县好生乡自行车管理所联系，共同进行了调查，用了3天时间，挖出了以邹平县宗家庄宗学文为首的3人盗车团伙。该团伙先后偷盗自行车15辆，其中周村8辆，邹平7辆。其同时还盗窃好生乡自行车管理所钢印7枚，未填写的执照10余本。原来，其在盗窃自行车后，对未打钢印的就自己打上钢印，填上执照。这辆凤凰牌自行车就是按照已打的钢印，填上好生乡的执照出售的。

除了针对私人自行车的管理规定，还有针对公用自行车的管理规定。周村区公安分局针对公

"三转一响"博物馆藏品

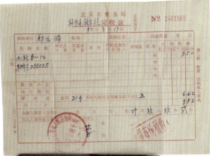

"三转一响"博物馆藏品

用自行车的管理规定如下。

（1）凡因公出差，无火车又无长途汽车者可骑自行车，但必须经单位领导同意。如在外需要修理时，一般不超过1元，经秘书股批准后报销，如遇特殊情况超过1元，经局长批准报销。

（2）凡因公出差自行车有损害者，有条件回机关修理的，一律推回机关到秘书股指定修理点修理，但必须告知秘书处，经同意后方可修理，否则不予报销。

（3）凡因公出差骑自行车者，均需时刻加以爱护，不得无故放弃或损坏，一般情况，不得因私事骑公用自行车，如遇特殊情况，必须单位负责人批准后，始得乘骑。干警骑私用自行车上下班，每人每月提取交通补助费1.5元。

整理／向谊萱

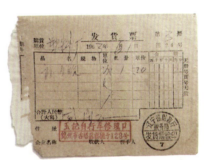
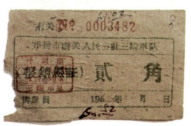

"三转一响"博物馆藏品

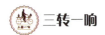

传承与发展

马晓磊进行城市调研

针对近期市民群众反映的城市规划建设管理问题，2020年6月15日上午，淄博市委副书记、张店区委书记马晓磊骑乘共享单车对突出问题进行实地调研督导，现场办公研究改进措施，强调要始终坚持以人民为中心的发展理念，积极回应民生关切，正确对待社会监督，真正把群众反映的民生"小事"当作"大事"来办，切实做到骂声民声、声声入耳，舆情民情、事事落实，坚持用"绣花功夫"抓好城市管理工作，用扎实工作成效换取群众满意笑容。市城市管理局局长周洪刚陪同。

从世纪路与华光路交叉路口一直到新世界步行街路口，马晓磊边走边停边看，认真察看非机动车道隔离桩设置、斑马线设置、机动车停车位管理、人行道绿化管理等情况。

马晓磊针对隔离桩设置过多、周边群众停车难等问题现场研究解决办法，叮嘱有关职能部门要深刻反思在为民服务、城市管理、工作机制、干部作风等方面存在的问题和不足，用心研究、科学谋划，全面梳理排查类似问题，不断改善市民群众出行环境和居住环境。要加快推进智慧停车系统建设，充分考虑群众利益，坚决做到"不与民争利"，必须在优化交通秩序的同时，真正

做到还利于民。

马晓磊在调研中指出，习近平总书记强调，必须把为民造福作为最重要的政绩。我们推动经济社会发展，归根到底是为了不断满足人民群众对美好生活的需要，要始终把人民安居乐业、安危冷暖放在心上，用心用情用力解决群众关心的就业、教育、医疗、住房、食品安全等实际问题，一件一件抓落实，一年一年接着干，努力让群众看到变化、得到实惠。

他说，市民群众的责骂是民意最直接的表达，传递的是他们对张店、对家园的关心和热爱，是我们共建共治共享幸福美丽张店的最大合力。要结合"张店服务"品牌创建工作，加快健全完善政府与市民群众长效沟通、有效对话、回应诉求的工作落实机制，真正聆听民声、解决民难、尊重民意、调动民智，把解决各类民生问题放在工作第一位，全心全意抓好民生诉求落实。

此文原发布在微信公众号"淄博二三事"，由于对"三转一响"的情感所致，所以市领导骑行单车引起了我的关注，一口气读了这则新闻三遍。领导深入一线调研，直抵现场，非常接地气。老百姓拍手欢迎！在"三转一响"的时代，当年领导轻车简从，和老百姓实行"三同"（同吃、同住、同劳动），了解情况真实，制定政策贴切，采取措施得当，是老百姓的当家人。

马书记此举给我们做了引领，传承当年的领导作风，用扎实工作成效换取群众满意笑容。为做好宣传，我第一时间联系了张店区委宣传部的领导，提出了收藏马书记骑行调研的这辆单车的诉求。张店区的有关领导和城管的同志多方努力进行排查，最终通过单车运营公司进行定位寻找，最终把该车移交给淄博盛康"三转一响"博物馆。

撰文／张维杰

马晓磊正在进行城市调研

本图藏于临淄南金兆村博物馆（摄影：张维杰）

缝
纫
机
篇

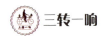

假领子 真面子

本图摄于北京服装学院（张维杰）

20世纪六七十年代，中国的经济发展缓慢，物资紧张，衣服或者布料需要凭票证购买。单说购买衣服，除了需要钱，还要有布票、纺织券等。衣服只有孩子在过年时才可能添置，成年人很少能有新衣服穿。但物资的匮乏，不但没有阻挡人们对美的追求，反而造就了那个年代另类的服饰。

一件衣服最容易损坏的地方就是领子和袖口，领子和袖口十分重要。衬衣属于服装中的上品，价格相对较高，一般人不舍得买。在那个特殊的时期，如果领子磨破了，补也难补。于是，人们"穷则思变"，发明了"假领子"。

据说假领子是爱体面的上海人发明的。有一部老电影叫《马路天使》，由袁牧之执导，赵丹、周璇、魏鹤龄等主演。该片以20世纪30年代的上海为背景，讲述了社会底层人民的遭遇以及歌女小红与吹鼓手陈少平之间的爱情故事。1937年，

该片在中国内地上映，假领子就来源于男主角新奇独特的穿衣法。由于该片在20世纪80年代获得第12届"菲格拉达福兹国际电影节评委奖"，更让假领子在全国火了一把。

由于假领子来源于衬衣，而衬衣又是西服的"陪衬"，以此推理，假领子就是"陪衬"的浓缩品。开始也只用于西服的配套着装，后来又有人把它作为中山装领子的内保护。即在中山装的领子里面直接做上白色的护领，既有防护作用，又有色调的衬托补充效果。再后来，爱美的女同志从中受到启发，做成了女同志专用的假领子，大都以花布做成圆领式样。接下来，又有些女同志进一步扩展思路，把这种假领子款型稍微加大后，做成贴身穿的成型内衣。人们给这种变异的假领子起了个绰号，叫"汗溻子"。

假领子并不"假"，其实是真领子。它有前襟、

后片、扣子、扣眼，但只保留了内衣上部的小半截，袖子和衣身都省去了，只用两根布袋套住臂膀，以假乱真，露出的衣领部分完全与衬衣相同。在淄博，农村里还有直接缝在棉袄上的领子。棉袄不好洗就缝上一个假领子，假领子脏了只需要拆下来洗干净再缝上，省事又美观。这种聪明的做法既时尚又节约，因此很快风靡全国。

做假领子的碎布一般是做衣服剩下的边角料，不需要凭票供应。20世纪六七十年代的淄博，一个村子可能都没有几台缝纫机，很多假领子是老人们一针一线地缝出来的。假领子和衬衫的做工要求没有区别，非常考究。做假领子的布料也比较讲究，最普通的是便宜的纱"卡"白布，再好一点的是用涤"卡" 或者时髦的"的确良"布料来做。清洗完假领子后，讲究的人把半风干的假领子用"烙铁"熨烫，也有人把滚烫的水倒在一只搪瓷缸子里用缸子底熨烫，熨烫后的假领子就会变得平整。

制作：李跃训

有些年轻人会备上好几条假领子，"白色的、灰色的、浅咖啡色的，轮换着穿。平常上班一般穿深颜色的，耐脏。里面穿一条假领子，外面是毛线衣，再外面是中山装，对着镜子一照，感觉还挺好。"淄博市张店区的张先生谈起过往的经历，显出一副沉醉的模样。

但假领子毕竟不是真衬衣，所以有时也会给人带来一些尴尬。譬如在三月桃花四月柳的美好季节，沐浴着温和的春风与恋人或朋友去户外散步，脱下外衣，随意地搭在手臂上，显得体面又时尚。但外衣里面的毛线衣是万万不能脱的，一脱就会"露馅"。有时去宾馆谈生意，或者去亲戚朋友家拜访，穿真衬衣的人一进门就脱棉衣，但穿假领子的人说什么也不敢脱，哪怕实际上已经汗流浃背，也只好拿出手帕擦一下头上的汗，说不热。由于当时中国的衬衫业以上海为引领，而上海1940年代的衬衫名牌是"司麦脱"，因此穿假领子的人常会调侃地说"（热）死没脱"。

制作：李文君

假领子在当时物资稀缺的情况下建立起的是一种实在的供应，不仅节约了开支，还能照顾着装者的体面，是那个时代典型的写照。

撰文／王尉伊

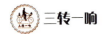

喇叭裤冲击波

三转一响博物馆藏品（摄影：张维杰）

喇叭裤是 20 世纪 70 年代末 80 年代初的时尚标签，新潮的男男女女拖着长长的喇叭裤昂首前行，是那个时代一道独特的街景。

所谓喇叭裤，因裤腿形状似喇叭而得名。它的特点是：低腰短裆，紧裹臀部；裤腿上窄下宽，从膝盖以下逐渐张开，裤口的尺寸明显大于膝盖的尺寸，形成喇叭状，长度多以覆盖鞋面为宜。按裤口放大的程度，喇叭裤可分为大喇叭裤、小喇叭裤及微型喇叭裤。小喇叭裤的裤口比中裆略大，在 25 厘米左右；大喇叭裤的裤口有的竟在 30 厘米以上，穿上后像把扫帚在扫地。

喇叭裤最早可能来自港台，那时，香港电影中一些男士穿一身米色西装或是上身港衫下身白色喇叭裤，配上"飞机头"，戴一副茶色的蛤蟆镜，更有甚者拎着四喇叭收录机，一路播放着"天籁之音"招摇过市。这就是当时人们心目中的"摩登"。喇叭裤迎合了年轻人的口味，一时成为时髦青年的服饰标志。

在淄博城区，最早开始穿喇叭裤的是那些看起来"流里流气"的小青年。他们胆子大，喇叭裤口从 7 寸、8 寸，一直穿到 9 寸以上。穿喇叭裤这阵风刮到学校后，有些中学生对这种服饰十分向往，但固守传统的老师们三番五次地告诫他们不许穿。在很多老师眼中，喇叭裤腰身收紧，让臀围曲线尽显无遗，这简直是伤风败俗。

然而，爱美的学生还是要尝尝鲜，他们把裤管稍微放大，将臀部的紧身效果变得不是那么明显，改造后的喇叭裤让老师们不好再说什么。不长时间，校园里穿喇叭裤的学生逐渐多了起来。当学生们穿着这种衣服进入农村，喇叭裤就闯入了更多人的视线。想穿又不敢穿的农村青年看了不由驻足停顿，回首观望；老人们看了则皱起眉头直摇头，一副世道变了却不理解而十分疑惑的样子。

淄博六中的李老师印象最深的一件事就是，当时住在同一条街道上的一个小青年，平时有点吊儿郎当，没考上大学就赋闲在家，除了母亲外再也不受任何人约束。有一次，跟高中同学出去"混"

了一天，回来的时候穿了一条米黄色的超大喇叭裤——裤口尺寸足有一尺二。走起路来活像一把大扫帚，在自家门口扫来扫去。现在想来很滑稽，但在当时那就是"时髦"。

喇叭裤的出现，给人们的传统观念带来了不小的冲击。比如，女裤装过去从来都是在右侧开口的，可是，喇叭裤不论男女，裤口全开在正前方，这让穿惯了老式直筒裤的人无法接受。有些老年人甚至把 喇叭裤称作"不男不女、颠倒乾坤"的不祥之物。又如，喇叭裤从膝盖向下逐渐张开，形成喇叭状，有的裤脚能宽大到像一把扫街的扫帚。思想保守的人就为喇叭裤编了一个顺口溜，后来逐渐成了民谣："喇叭裤，真有趣，走起路来当扫帚，扫了街，扫了路，裤腿短了当抹布。"

喇叭裤的出现，也给传统的裁缝带来了难题。由于这像一把大扫帚的裤口小的六七寸，大的一尺二三寸，一般裁缝很难计算裤子用料的多少，也很难把握裁剪的尺度。更让他们为难的是，裤腿的张口到底从哪里开始，不同的穿着者有不同的要求。有的喜欢从臀部往下循序渐进，有的喜欢从膝盖下突然张开。这些充满个性化的要求对缝裁的裁剪技术提出了很大的挑战。

喇叭裤的出现，还对缝纫工具提出了新的要求。由于喇叭裤是由鸡腿裤演变而来，它们都是牛仔裤的变异，使用的都是类似牛仔布的布料，因而对缝纫工具有着较高的要求。当时的裁缝大多使用 JA 型缝纫机，这种缝纫机主要适用于较薄的布料，缝制厚布料则很勉强。"没有金刚钻，揽不了瓷器活"。裁缝们用老式的缝纫机做出的喇叭裤

"三转一响"博物馆藏品

针脚不匀，而且这种裤子要求走明线，视觉效果自然很差。另外，一般的熨斗也解决不好这种经过水煮热处理的布料的折缝问题，只有大功率并且带喷雾功能的熨斗才能胜任。这些问题都让不与时俱进的裁缝们头疼不已。

但与此同时，喇叭裤的流行也带来了新的商机。穿着喇叭裤的开端即是改革开放的起点。

"三转一响"博物馆藏品

在淄博，个体裁缝为抓住商机，争相更换缝纫机和熨斗，促进了山东机器厂生产的"飞雁"牌 JB2-1 型缝纫机的生产和销售。这种缝纫机弥补了青岛缝纫机厂生产的 JA 型缝纫机的短板，因而获得市场的青睐。周村电热电器厂（现在的多星电器有限公司）顺应市场需求，研制生产了大功率带喷气功能的电熨斗，立即走俏市场。

总的来说，喇叭裤在那时打破了人们对服装认识的"禁区"，展现了部分年轻人的反叛思想和自由意识，推动了人们观念的更新，刺激了市场需求，因而具有重要的进步意义。

随着改革开放的一步步深入，社会的阻力逐渐褪去，穿喇叭裤不再是一种观念的冒险，而它曾经的魅力也不复重来。如今，在一波又一波时尚潮流的翻转中，喇叭裤以及它所代表的那个年代，都渐渐淡出了人们的视线。

撰文／王尉伊

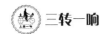

与缝纫机有关的那些事儿

山东生产缝纫机的历史始于 1952 年。那年，青岛联华缝纫机器制造厂建成并生产了"鹰轮"牌（1956 年改为"工农"牌，1979 年重新改为"鹰轮"牌）缝纫机。该厂的主打产品是 JA1-1、JA2-1、JA2-2、JA2-4 型等家用缝纫机，深受用户欢迎。1985 年该厂生产的 JA1-1 型家用缝纫机荣获轻工业部优质产品称号。

1958 年，该厂曾生产过木架子缝纫机，具有典型的时代气息。当时，中央提出"以木代钢"的要求，缝纫机能用木代替的部件就全用木代替。但是，这种缝纫机的使用性能却不好，木制的框架经常出问题，在缝纫机较为紧缺的年代却出现滞销，于是后来又还原成铁架子。

1960 年以后，根据市场需求，全国各地的缝纫机企业曾大批量生产改良型缝纫机。JB-71 型家用缝纫机是始建于 1976 年的潍坊缝纫机厂生产的主打产品，采用"金马"牌商标。该机能缝制较厚的衣物，具有耐磨、耐用、噪音小、造型新颖等优点，颇受用户青睐，并于 1981 年获全国缝纫机检测站 A 级产品证书。

JB8-2 型家用缝纫机是烟台缝纫机厂的主打产品，采用"百灵"牌商标。该机款式新颖、造型优美、色泽淡雅、精度较高，以缝薄料为主，适用于亚热带地区，曾为山东省缝纫机出口创汇做出较大贡献。

JB1-3 型家用缝纫机是济南缝纫机厂和鲁南缝纫机厂的主要产品，也是农村的普及型产品，具有噪音小、前后送布、操作简单、故障率低等优点。

山东生产的工业缝纫机有包缝机、平缝机等，主要由掖县缝纫机厂生产。主要产品有 GJ2-3 型草帽缝纫机、GN1-1 型三线包缝机、GB1-1 型平缝机、GC1-2 型中速平缝机等。

在工业缝纫机的生产过程中，淄博工业缝纫机厂曾小批量生产过 GA5-1 型厚料工业缝纫机，1980 年产量达到 150 架。该机的功能为凸轮挑线、摆轮钩线、双线锁式线迹和圆筒型缝台，主要供制鞋、皮件、篷帆等企业缝制鞋底、皮箱、马鞍、载重袋及帐篷等。

20 世纪 50 至 80 年代，在计划经济体制下，作为商业供给民用的主要物件之一，缝纫机曾伴随国家的一系列商业物资政策，走过了一段比较特殊的道路。

1954 年，因社会需求量低，山东省仅销售了 6574 台缝纫机。1958 年后，缝纫机实行凭票供应。1962 年，国家从回笼资金需求出发，对部分商品实行高价供应政策，缝纫机也列入其中。

20 世纪 60 年代中期以后，作为民用"四大件"之一，缝纫机成为热销商品，一度供不应求。仅举一例，便可说明当时缝纫机的紧俏程度。在某单位下发缝纫机票时，怎么分配票证，却成了让领导头疼的一大难题。无奈之下，只好采用"抓阄"方式处理此事。在"抓阄"时，一位老工人发扬风格说："等你们都抓完了，剩下的一张就是我的。"结果，大家抓完打开一看，清一色全是白纸，唯有剩下的一张上写着"有"字。

缝纫机的流通体制与自行车差不多，即生产企业只管生产，产品受政府经济计划管理部门管控，销售由各级经济管理部门统一分配。根据职责分工，城市由商业部门统一管理，下属的五金和百货公司负责销售。农村则由供销社统一管理与销售。

缝纫机的票证，不是一张票就能购买一台缝纫机，而是多张票加在一起，达到一定的数量后，才能买到一台缝纫机。票证本来就很少，加之一级级克扣，到了最底层的农村，就几乎见不到了。因此在六七十年代的农村，百十户人家的村子，很难见到缝纫机的踪影。就是偶尔见到一台两台，也多是较为富裕的家庭有的。对于一般群众来说，买台缝纫机绝非易事。

以淄博市为例，1965 年，全市仅供应 124 台缝纫机，1971 年和 1979 年分别供应 1221 台和 3597 台。到 1985 年，才达到了 17132 台。在 20 世纪 60 年代，周村区每年缝纫机的供应数量只有

"三转一响"博物馆藏品

100 余台。到 1975 年后，才上升到每年 500 余台。这么可怜的供应量，在分配时又层层扒皮，到了村级以后，能分到老百姓手里的，就所剩无几了。

进入 20 世纪 80 年代后，随着国民经济的好转，缝纫机的销售量和入户率有了较大的提高。1980 年，周村区销售缝纫机 1192 架；1985 年，周村区销售缝纫机 1957 架。1978 年，山东省缝纫机百户拥有量城市为 60%，农村为 21.4%；1983 年，山东省缝纫机百户拥有量城市为 80%，农村为 42.8%。1978 年，淄博市缝纫机百户拥有量城市为 51.9%，农村为 17.5%；1983 年，淄博市缝纫机百户拥有量城市为 74%，农村为 51%。这些数字表明，改革开放之后，农民对缝纫机的购买力显著提高。

与缝纫机的票证制度相统一，又有着直接关系的，是购买布料所规定的票证制度。1954 年 9 月，围绕棉布供应问题，政务院发布了《关于实行棉布计划收购计划供应的命令》。同年 9 月 15 日，

淄博市对棉布实行了统购统销规定。1954 年 9 月至 1955 年 8 月（时称第一个统购统销年度）的布票发放标准为：职工、干部每人布票 43 市尺，学生、半脱产干部、合作店组人员每人布票 30.5 市尺，市民每人布票 23.5 市尺，农民每人布票 18 市尺。1955 年布票分前、后两期，全年一次性发放，前期全年通用，后期不提前使用。1956 年布票前期不折扣，后期对折使用，即两尺布票买一尺棉布。

1962 年采取基本定量从低的措施，全年每人布票 4.4 市尺，前期 1.6 市尺，后期 2.8 市尺，职工每人加发 3 市尺。1963 年 1 月发放分项布票，即非农业人口每人鞋票两双或布票 2.4 市尺，全民所有制职工每人发给布票 6 市尺。1963 年度的布票消除了城乡差别，每人发放 2.8 市尺，职工补助 2.5 市尺，市民、农民每人补助 0.5 市尺。

20 世纪 70 年代，对布票的供应一般保持每人 16.5 市尺。1984 年 12 月 1 日，商务部决定，棉布在全国范围内敞开供应，暂时停止使用布票。因而，用布票购买布料的历史结束。

在那个特殊的时代，由于布票的短缺，导致布票盗窃案时有发生。周村区刑警队副队长李松吉，仅在 1977 年至 1984 年的刑事案件侦破中，就破获被盗布票 11000 市尺，当地人称他是"镇妖塔"。李松吉因此被评为山东省"模范侦察员"，被公安部授予"二级英模"称号。

整理／张维杰

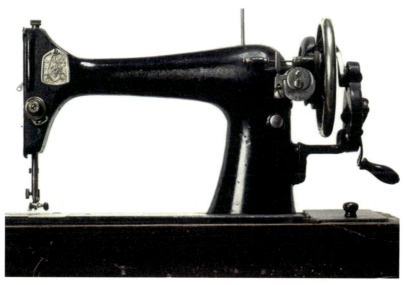

"三转一响"博物馆藏品

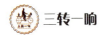

周村缝纫业钩沉

历史上，周村因盛产丝绸而富庶一方，而丝绸又孕育出远近闻名的古商城，衍生出颇具特色的服饰文化。

明清时期，周村丝织手工业已初具规模，为当地五大行业之首。至清末，各地丝商纷纷到周村投资办厂，周村发展成为山东丝绸业中心。创业于周村古商城的瑞蚨祥，不仅将大量的绸缎和布匹销往宫廷，还率先购入外国生产的缝纫机，同时将传统的手工缝制技艺与机械缝纫完美结合，使服装的款型、做工都有了突破性改进。

瑞蚨祥率先采用缝纫机加工服装，在周村产生了一定的引领作用。民国年间，在周村较早购进缝纫机的还有一家帽庄。1928 年，这家帽庄在周村西顺河街路南开业，东家是周村人马隆美。马隆美去世后，三个儿子继承家业，在周村分别开设了立祥、裕祥、连祥帽庄。连祥帽庄的创始人马宝亭思想开放，善于经营，一次购买两台缝纫机，由原来的手工操作变为机器加工，既节省了人工成本，又提高了产品质量，生意曾经红火一时。

之后不久，周村古商城内有多家裁缝店也相继购进缝纫机，为客户加工定做各类鞋帽服装。到 20 世纪 30 年代，周村已有 80 余家帽庄，专做瓜皮帽生意。较大的帽庄有 12 家，每家雇佣工人10～30 人。另有鞋店 12 家，大都采用缝纫机制鞋。

除坐落于古商城和街面上的裁缝店铺拥有缝纫机外，周村城乡的一些富裕人家也购置了少量的缝纫机。1949 年，周村地区缝纫机拥有量在 100 台左右，成为山东省缝纫机拥有量较多的地区之一。

到 1950 年，周村有鞋帽和服装企业 60 余家，从业者 1000 余人，产值达到 80 余万元。周村缝纫与服饰业的发展，有力地支持了国家的经济需要。据《淄博市志》记载，在抗美援朝期间，周村群众踊跃缝制军服和军鞋，数量巨大。仅 1952 年，周村的鞋帽服装厂就为志愿军生产军鞋 3 万双、军服 9 万件。

1954 年，周村在巩固原有鞋帽服装企业的基

周村隆兴帽庄旧址（摄影：张维杰）

础上，新建立了靴鞋社，鞋业一、二社，帽业一、二社，服装一、二社以及绣花社。到 1960 年左右，这些企业已实现了规模化生产，成为淄博地区影响较大的服装企业。1970 年以后，又新建了淄博服装五厂、西塘服装厂、长行服装厂、高塘被服加工厂、周村鞋厂、扬古鞋厂、孟家堰护品厂、周村被套加工厂、白家寨帽业等 10 余家服装类企业。在 20 世纪六七十年代大上村办企业的过程中，一些村子还兴办了一批小型服装企业，名曰缝纫组，一般为来料加工，生产服装半成品。既壮大了集体经济，又培养了一批缝纫技术人才，促进了缝纫机在周村的使用。

缝纫机的使用，在很大程度上改变了服饰的流行式样。从 20 世纪五六十年代开始，人们的服装式样逐渐翻新，出现了中山装、列宁装、国防服、学生服和新旧结合的对襟褂等等。中山装尤为流行，它既是 20 世纪 50 年代后"革命"时装的标志，又是中国男人最端庄的礼服。列宁装也一度引领中国的服装潮流，政府机关的女干部尤其喜欢这种服装，穿上它既别致新颖，又显得思想进步。

在缝制中山装等制服上衣时，都要在左上方口袋盖布上留出一个小口。当时的人们以从这个小口插入钢笔为时尚。一般人会插上一支钢笔，

有的为了彰显自我便插上两支钢笔，更有甚者会插上三支钢笔，以至于当时流行这样一个段子：口袋上插一支钢笔的是有学问的人，插两支钢笔的是没学问的人，插三支钢笔的则是修钢笔的人。

20世纪60年代以后，国家一度减少了布票供应，从而限制了制服和工作服的普及。在物资极度匮乏的条件下，周村人仍然不放弃对美的追求。他们千方百计创造条件，用最少的布料和最好的技术制作自己喜欢的衣服。他们较早学会了仿效上海人制作"假领子"。比如在国防服的真领子里面再附上一个白色的领子，既能够保护衣服的真领子，又能够灵活拆洗，保持清洁，还让衣服增加了色调对比，穿上去显得越发精神。

电影《护士日记》上映后，其中的插曲"小燕子，穿花衣，年年春天来这里"风靡一时。众多男性为护士简素华的小资情调所倾倒，而众多女性则孜孜不倦地追求"布拉吉"。在周村，生产"布拉吉"面料的纺织厂日夜加班生产都不能满足需求。

到了20世纪70年代末期，又大兴鸡腿裤、绿军装和喇叭裤，当时在周村流行着这样的顺口溜："鸡腿裤，出洋相，姐姐穿裤妹妹帮；穿不上，急得慌，三穿两穿开了裆；黄军装，时代狂，人人追逐的确良；喇叭裤，真有趣，走起路来当扫帚，扫了街，扫了路，裤腿短了当抹布。"这从一个侧面反映了周村时装文化的流行。

周村人对时装的追求，也带动了周村布匹城的发展。周村布匹城汇集了全国各地的布料和纺织品，在繁荣周村商业的同时，又进一步促进了缝纫业的发展。因广大群众抬腿即可买到所需的布料，接踵而至的便是将这些布料加工成服装和各种服饰用品。缝纫机因此逐渐进入遍布于城乡

的裁缝店和寻常百姓家。据不完全统计，仅1970年前后5年时间，周村城乡的家用缝纫机就增加了2000余台。又据周村百货公司统计，周村缝纫机销售量连续多年稳居淄博市各区县之首。1966年共销售104台，1980年销售1192台，1985年销售1957台。由于市场需求量大，周村百货公司不断从上海、天津、青岛等地调进缝纫机。

有了缝纫机，就涉及如何使用的问题。使用缝纫机与使用自行车不一样，自行车一天就能学会，几天就能达到比较熟练的程度。而缝纫机的使用，主要不在于如何操作，关键在于掌握裁剪衣服的技术。而学习裁剪技术并不是一日之功，它需要花费较长的时间，并且只有心灵手巧的人才能学得好。

在改革开放之前的周村，"男尊女卑"的观念还比较流行。一般家庭会让男孩去读书，而让女孩在家学针线活。能否掌握一手像样的针线活，对于女孩来说至关重要，甚至直接关系到是否嫁得出、嫁得好。因为媒婆在给人介绍对象时，往往第一句好话说的就是"这个姑娘有一手'好活路'"。这个"好活路"，就专指针线活。这种习俗，也激发了周村姑娘学习缝纫技术的热情。

学习缝纫技术有多种途径，一是参加上级举办的缝纫技术培训班，二是找有经验的高手拜师学艺，三是通过亲戚朋友传帮带。一旦熟练掌握了缝纫技术，这个人乃至整个家庭在村里就会受到特别的关注和尊敬。因为除了能缝制家庭成员的衣服外，还能帮助四邻八舍做衣服。一般是小活帮忙，大活收少量的工钱，或得到其他方式的报答。尤其是到了季节转换时或春节前，因家家户户需要添置衣服，所以凡有缝纫机的人家都应接不暇，

摄于"三转一响"博物馆（摄影：张维杰）

本图摄于周村大集（摄影：张维杰）

忙得不亦乐乎，从而也增加了不少收入。

　　总的来说，谁家有了缝纫机，谁家就成为村里的富裕户，走到哪里都让人高看一眼。不仅出门好办事，家里的男孩到了适婚年龄，找媳妇也容易得多。通常情况下，一家拥有缝纫机，可以带动十家；十家拥有缝纫机，可以带动半个村子；更多的家庭拥有缝纫机，整个村子便可远近扬名。

　　在周村，缝纫机的使用并不仅仅局限于家庭或服装业，其他如丝绸业、棉纺织业、毛纺织业、针织业、印染业、制革业等等，都是缝纫机使用大户。但使用缝纫机最大的群体当属淄博服装业的"领头羊"——兰雁集团。早在改革开放之初，兰雁集团就以先进的理念驾驭市场，在形成纺纱、织布、染整、服装生产一条龙的同时，还于

20世纪80年代建成了具有国际先进水平的牛仔布生产线，成为国内最大的牛仔布生产企业、世界牛仔布行业十二强之一。"兰雁"牌靛蓝牛仔布先后获得部优和省优产品荣誉称号。当很多人还视牛仔装为奇装异服时，兰雁集团就捷足先登，生产出了倍受年轻人青睐的牛仔裤。一经上市，便广受好评，进而引领了一个地区的服装潮流。

　　进入20世纪90年代以后，随着服装产业的迅猛发展，人们的穿衣观念也发生了很大变化。很少有人再自己制作或去裁缝店定做衣服，而是直接去商店购买成衣。这样既快捷便宜，又可任意挑选。曾经炙手可热的民间裁缝和裁缝店逐渐减少，直至近乎消失。但作为一个时代的产物，它们仍然留在很多过来人的记忆里。

整理／张维杰

"三转一响"博物馆藏品

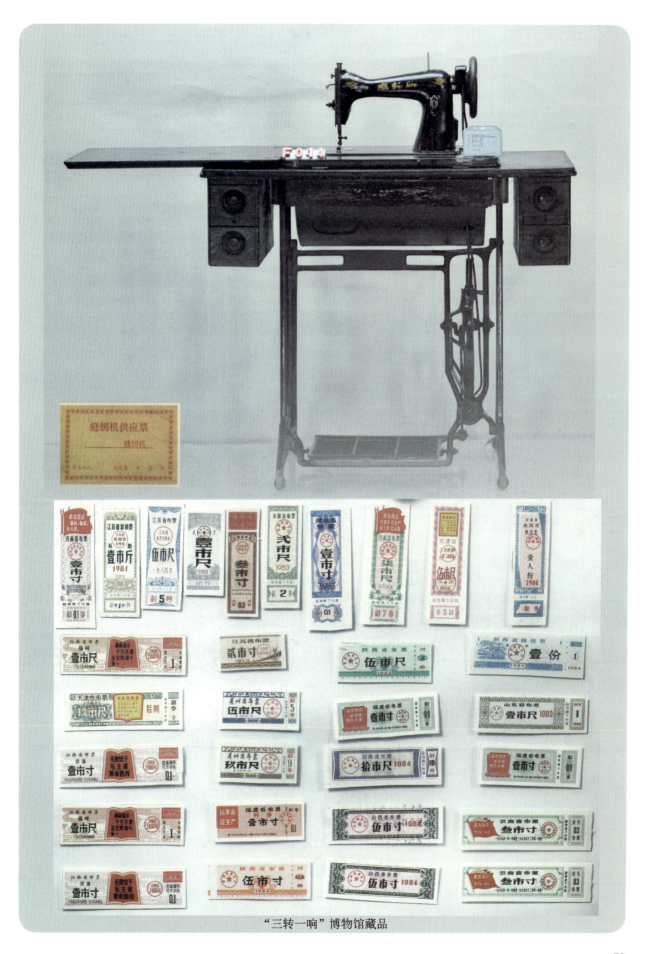

"三转一响"博物馆藏品

新中国成立前的周村东门（李忠俊供）

钟
表
篇

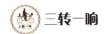
故事内外的表

■专访：李忠俊，淄博市曲艺文工团原团长

李忠俊先生在"三转一响"博物馆即兴表演（摄影：张维杰）

钟，是中国人较早使用的计时工具。所谓"晨钟暮鼓"，就是古代中国人掌握时间的一种方式。

在近代，中国出现了钟表。1875年由上海"美利华"作坊制造的"南京钟"，屏风式样，钟面镀金，镌刻花纹，以造型古朴典雅、民族风格鲜明和报时清脆、走时准确而闻名于海内外，曾于1903年在巴拿马国际博览会上获特别奖。

我国近代机械制钟业始于1915年。当年民族实业家李东山在烟台开办了中国第一家时钟厂——烟台宝时造钟厂。1927年，烟台第二家造钟厂——永康造钟公司开业。到1937年，烟台已拥有6家钟表生产企业和可观的生产规模。

据说钟表在周村最早出现在清光绪二十三年（1897年），英浸礼会传教士蔚兰光布置的博物堂里就有座钟展出。但由于钟价格昂贵，问世后并没有迅速普及。相比于钟，更加小巧便宜的"马

蹄表"深得普通百姓喜爱。"马蹄表"大约有马蹄那么大，因此得到这个好听的名字。表上面还有两只可爱的铃铛，铃铛之间有一个小锤，时间一到，小锤就一左一右地敲击两边的铃铛，发出响亮而急促的声音。买不起钟表的人家，会选择买上一个马蹄表，既可以准确掌握时间，又能当作闹钟使用。

手表最早也是以奢侈品的形式出现的，最先拥有它的都是些"不一般"的人。手表刚传入周村时，谁家能拥有一块表，真是倍儿有面子的事情。或方或圆的表盘穿上表带，被人们自豪地戴在手上，只要一抬手就能看见时间。到了20世纪六七十年代，青年男女约会时，有没有戴表可能直接关系到"终身大事"。因此，即使家里没有手表，男方也会想方设法去借一块。由于佩戴不熟练，有时竟会把表盘弄反。戴了表的男方自我

感觉总是特别良好，常会假装不经意地问一句"几点了？"然后很有范儿地抬起胳膊看看自己的手腕，以充分吸引女方的注意。

这些历史趣事，是李忠俊老人说书时的常备素材。李忠俊是周村说书艺术的第三代传人，曾任淄博市曲艺文工团团长。作为一位土生土长的老周村人，他特别喜欢在评书中讲述周村人与表的故事。而李忠俊亲历的有关表的往事却更加吸引人。

李忠俊小时候家里买不起表，烧火做饭时会插一根香，香燃尽了便知道时间到了。李忠俊作为专门的说书人，常带领大伙在山东省内乃至全国进行演出。1958年，国家大炼钢铁，周村区负责曲艺工作的是一位抗美援朝的老兵，老兵慰问百姓之后，决定将村里的年轻人组织起来，慰问钢铁一线工人，而李忠俊成为该组织的负责人。李忠俊和其他年轻人一起下乡，来到淄博市淄川区瓷村公社马棚村，和老百姓打成一片，并住在老百姓家里。他晚上说书，白天便和老百姓一起干活。

马棚村夏季缺水，村民吃完井里的水后，便要依赖村里公共大水池里积存的水过日子。有一次李忠俊在水池旁帮村民打水，放在上衣口袋的怀表意外地掉进了池子里。这个怀表是下乡前祖父给他的，李忠俊十分珍惜。怀表掉入水池里，李忠俊着急得不得了，但由于不忍弄脏百姓的水，他只能干着急。村书记作势要下池里打捞，被李忠俊拦下来了，虽然心疼，但李忠俊仍把百姓的利益放在了第一位。

两个月后，李忠俊带领淄博市曲艺魔术团在淄川剧场演出，演出刚结束，他看到马棚村书记、妇女主任等来给自己送表。原来村民们用完了池子里的水后，把李忠俊的怀表打捞了出来。被泡

李忠俊先生在周村大街演出（摄影：张维杰）

后的怀表已经不能正常使用，村书记又去40里外的博山修表厂为李忠俊修好了表。看到失而复得的怀表，李忠俊在惊喜交加之余，更多的是感动。他深深体会到村民的热情和善良，而这块怀表的意义对于他来说变得更重要了。它不再只是一块表，更是他和村民深情厚谊的象征。从这之后，李忠俊便把怀表缝在自己的衣服上，再也不敢把它弄丢。

李忠俊成家后，农业是一家人的主要收入来源，手表对于他来说，已经是可望不可即的奢侈品，但他做梦都想拥有一块属于自己的手表。李忠俊的妻子明白丈夫的心思，1966年，她偷偷卖了一头猪，又日夜织头网攒了一些钱，给丈夫买了一块"北京"牌手表。李忠俊看到妻子送给自己的手表，又意外又激动，小心翼翼地一直保留到现在。每每看到妻子送给自己的手表，李忠俊的心里就泛起一层幸福的波澜。

李忠俊曾在故宫看过钟表展馆，由此联想到周村钟表的历史。周村的花灯是由各种人物、花鸟做成的，他认为钟表也完全可以借鉴。在李忠俊看来，关于钟表的记忆不能遗失。自己是一个接力棒，有义务把它传给下一代。这是一位老周村人对钟表特有的情怀。

李忠俊先生在周村大街演出（摄影：张维杰）

撰文 / 岳家锦

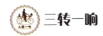

"三转一响"博物馆藏品

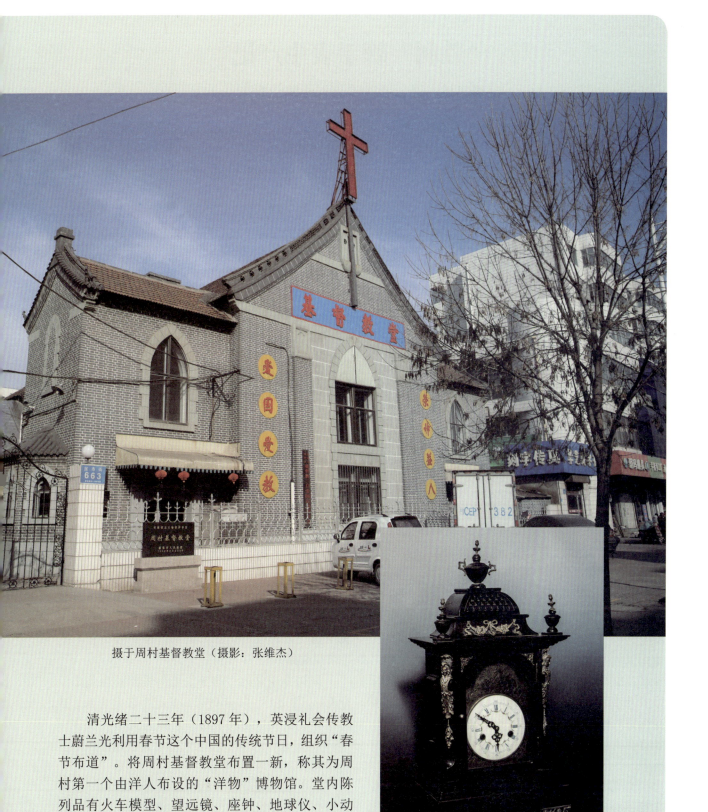

摄于周村基督教堂（摄影：张维杰）

"三转一响"博物馆藏品

　　清光绪二十三年（1897年），英浸礼会传教士蔚兰光利用春节这个中国的传统节日，组织"春节布道"。将周村基督教堂布置一新，称其为周村第一个由洋人布设的"洋物"博物馆。堂内陈列品有火车模型、望远镜、座钟、地球仪、小动物标本、西方洋楼模型、手电筒等，宣传西方工业和西洋文明。这就是周村见到座钟的最早历史记录。

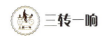
"胜利"牌手表生产记

■自述：李长春，原周村标牌厂职工

"三转一响"博物馆藏品

我的父亲名李文钊，字剑圃，莱芜茶叶口人。1932年，只有14岁的他离家来到周村丝市街路南的惠宝斋钟表银楼当学徒。他的姐夫叫宫岱惠，字佩恩，是惠宝斋经理。惠宝斋主营金银首饰和钟表，兼营钟表维修。据《周村商埠》记载，惠宝斋是周村最早经营和维修钟表的商号。

日军进占周村后，惠宝斋关门歇业。1938年再度开业，由宫岱惠的内弟李子衡经营，改字号为"衡记"。一年后，又由李子衡的三弟、我父亲李文钊接手经营，改字号为"振华钟表店"。那时，随着使用钟表和佩戴怀表、手表的人的增加，修表业也逐渐发展，布点逐步扩大到周村各个重要街巷。出现了"兴德利"，以及大街南头的"茂记"、长行街南段十字路口的"恒义"、新街路南的"仁德利"共五家经营或维修钟表的商号。

1949年中华人民共和国成立后，上述商号都实行了公私合营。1956年，与钟表相关的从业人员都归到周村钟表社，人员总数为31。工资待遇根据资产和技术水平评定，我父亲被评为"技术工人七级"直至退休。

1968年，周村钟表社和周村刻字社合并为周村标牌厂，厂址位于现在丝市街"状元府"内。主要经营钟表维修、刻字、钢笔修理，生产自行车和各种仪器仪表所用标牌，从业人员发展到60人，隶属周村区轻工业局。

周村标牌厂从1970年拥有第一台金属切削机床后，逐年对设备进行升级改造。到1973年有了10台金属切削机床，1976年动力设备达到180千伏安，1978年发展到17台金属切削机床，固定资产总值达26万元，流动资金也达到7.92万元。在当时的周村已属于较有名气的现代化工厂了。

有了"金刚钻"，就想干点"瓷器活"。当时随着生活水平的不断提高，人们对手表的需求越来越强烈。为了让国人尽快买得起、戴得上手表，国家规定，除天津"海鸥"牌和南京"钟山"牌粗码机芯手表外，全国手表厂全部统一机芯生产，以上海的"上海"牌7120为标准。全国各省市相继出现了38家生产表厂。

周村标牌厂的领导看到这种形势，就觉得应该利用厂里原有钟表修理人员的技术优势和切削机床的设备能力，制造出周村人自己的手表。1976年，周村标牌厂在东营的分店，通过一位姓纪的师傅与青岛金猫手表厂取得联系，按重量购进金猫手表厂"降等"的各种手表零配件（降等就是厂家挑选后剩下的二等品）。利用自身的钟表维修技术，经过挑选、维修、校对等过程，把手表组装起来。

最初手表定为"萌芽"牌，表盘和后盖都没有表标。20世纪70年代末，又把手表定名为"胜利"牌。从上海定制表盘，表标为大写英文字母"S"。表盖经标牌厂技术人员攻关，用冲压定型模具刻上"胜利"两个汉字。

后来从西安仪器厂购进校表仪，对出厂的每块手表进行校对：使摆轮在地球引力的作用下，升角和仰角（维修术语"偏摆"）偏差尽量缩小，再微调游丝长短，保证每24小时走时误差控制在30秒内，达到了国产手表"部颁标准"对手表误差的要求。产品分为快摆和慢摆两种，分别是17钻和19钻，每块价格分别是55元和60元。那时

17 钻和 19 钻的手表能定到这个价格算是便宜的，因此周村手表受到人们的青睐。

1979 年，周村手表缩小了内衬圈，还增加了中型女表。装表车间十几个人，每月每人组装手表 20 块左右。由于周村手表属于试生产，还没有经过有关部门注册，也就没有列入商业部门销售计划，大都是随时生产随时销售，上门求购的络绎不绝，周村标牌厂一时间成为周村人高看一眼的好单位。1981 年 9 月，正在淄博六中读高中的我，辍学顶替父亲参加工作，成为周村标牌厂最后一名修表工人。

进入 20 世纪 80 年代后，日本的石英电子表生产技术进入中国，对以统一机芯为主的中国机械表生产造成很大冲击。石英电子表采用频率稳定的石英晶体为振荡器，有电路简单、走时精度高、不用上弦等优点，加之造价低、外观时尚，成为当时人们买表的首选。从此中国机械制表业进入低谷，大多数生产厂家被淘汰。周村标牌厂于 1983 年解散，消失在改革开放的洪流中。但在特定的历史时期，周村标牌厂为提高人们的生活水平做出了贡献，而"胜利"牌手表也一度成为周村人的骄傲。

整理／王雁

照片由李长春提供

"三转一响"博物馆藏品

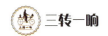
"圆楼"记忆

■专访：鲁德习，亨得利钟表公司原门市经理

鲁德习先生在家中工作室修理钟表（摄影：张维杰）

"一个公园一只猴，一条公路一座楼，一辆汽车来回走，一个警察看两头。"这句诙谐的顺口溜，是一些土生土长的张店人对老张店的形象描述。句中的"一座楼"指的就是位于今天的金晶大道与商场东路交叉口东北角的"圆楼"。

"圆楼"又被称为"圆悠楼"，因它的一角是圆弧形而得名。始建于 1964 年，与现在的淄博市委老办公楼属于同年代的建筑。"那里面什么都有，钟表、收音机、日用百货、鞋帽一应俱全，我结婚时家里的钟表，还有第一个照相机，都是从那里买的。""我的钟表只能到圆楼找鲁师傅才能修好。"这是几个老人对圆楼的亲切回忆。

当时，许多张店人买"三转一响"等贵重物件都认准圆楼，这些物件出了故障也到那里去修。因为那里东西多、配件全、师傅的手艺也高。"圆楼"承载着许多老张店人的美好记忆。

近日，笔者揣着一份情怀，几经周折，打听到曾在圆楼工作多年的修表师傅鲁德习老人，并听他讲述了他的修表经历以及圆楼的故事。

鲁德习从小跟着哥哥学修表。哥哥十四五岁时，就在张店恒记修表店工作，跟着掌柜当了 3 年学徒。1949 年，哥哥成家，凭着学来的修表手艺，卖了家里的粮食，建起自己的恒昌修表店。鲁德习一边上小学，一边跟着哥哥修表，一来二去变成了自己一生的职业。

那时，张店区总共有 9 家修表店，鲁德习哥哥的恒昌修表店便是其中之一，开在当时的二马路也就是如今的西二路上。同样在二马路经营修表业务的，还有振昌修表店、恒记修表店以及其他没有专门名称的小型修表店。

鲁德习当时在哥哥的店里做学徒，他们以修理市面上流行的瑞士、日本手表为主，修一块表一般只需一块钱左右。多的时候，他们一个月收入六七十块钱，少的时候只收入二三十块钱。1952 年前后，黄河部队赴朝作战志愿军在张店修整，修表的生意红火起来。那时，年少的鲁德习已经有了一手修表的好手艺。

1956 年，全国推行商业合作化运动，张店区

鲁德习先生退休前工作照

9家修表店联合起来，建立起钟表合作社。合作社统一制定规章制度，统一管理各家修表店，并统一发放工资。合作社的成立，方便了各家修表店材料的购进，生意相比之前也红火起来。然而鲁德习他们的收入却减少了，由店主变成了员工，开始拿固定工资。3年时间，鲁德习的工资从每月18块钱涨到每月24块钱。

有一段时间，组织上安排各单位技术人员到各地流动修表。481厂、面粉厂、辛店……鲁德习在自行车后座上捆上小桌和其他修表工具，带着徒弟游走于各地修表。

随着合作社的衰落，原来的合作社大楼为亨得利所收，鲁德习便进入亨得利大楼工作。这是一座两层的综合性大楼，大家都叫它圆楼或圆悠楼。楼内的服务行业颇多，有修表业务，还有无线电修理、刻章、自行车修理等多个门市，但都受到统一领导与管理。

鲁德习在这里又自学了修眼镜，收入竟高过修表。此后，鲁德习便一边修表，一边修眼镜，为单位创收3万多元。根据多劳多得的原则，他联系的业务多，拿到的提成也多，后来成为亨得利的门市经理。

鲁德习摸了半辈子表，却没有一块让他印象深刻。他在百货大楼修表期间，偶尔会碰到外国人来修表，但因不懂外语很难与他们交流。有一次又遇到了这种窘迫的情况，一位外国人手舞足蹈地向他表述，他却一点儿也不懂。正在苦恼之际，遇到两位路过的学生为他翻译，才帮他摆脱了尴尬——原来这位外国人想要清洗手表。弄清原委后，鲁德习松了一口气，按照当时的收费标准，收了他40块钱，并告知他一周后来取。

作为一名技术全面的修表人，鲁德习曾去北京与他人联合制作洗表机。他和北京西单的老师傅交流切磋，凭借过硬的技术取得了不小的成绩。

日复一日，年复一年，鲁德习就这样在修表行业工作了32年，直到1988年50岁时因病退休。

受鲁德习的影响，他的3个女儿也先后踏入了修表行业。由组织上统一调配，姐妹仨一起在圆楼工作。她们分属于不同的门市部，但都从事修表业务。一个家族先后出了多位修表人员，鲁德习一家在圆楼颇有些名气。

随着时代的发展，电子表逐渐充斥手表市场，对传统修表行业带来巨大冲击，鲁德习一家的修表生计也越来越不好做。但因为在这个领域干了一辈子，他们对修表业有一种特殊的情感与眷恋。如今，鲁德习的女儿也都已退休，但他们家中都保留着当年修表的工具，并时常为仍有需要的人展示一下手艺。

撰文 / 岳家锦

鲁德习先生退休前工作照

鲁德习先生退休前工作照

鲁德习先生退休前工作照

鲁德习先生退休前工作照

鲁德习先生全家福

鲁德习先生退休前工作照

鲁德习先生退休前工作照

淄博市张店区圆楼记忆

"三转一响"博物馆藏品

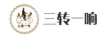
钟表生产小史

"三转一响"博物馆藏品

我国对计时工具的发明和使用曾处于世界领先地位，钟与表也曾对人类做出过杰出贡献。但到了明朝，朝廷视自鸣钟、水晶刻漏等计时工具为"奇技淫巧"，因"无益而碎之"。自此，中国中断了钟表制造技术的发展进程。明末清初，西方传教士常把西方的钟表进献于皇室，钟表一度成为外国宗教进入中国的"敲门砖"。

在近代中国，民族资本家对于钟表的生产大都基础薄弱，为洋人所操控，但在制造技术上却积累了一些经验。江南钟表业以亨得利与亨达利这"两亨"为代表，江北以烟台商人李东山创办的宝时造钟厂为代表。

从1955年3月24日天津生产出第一只"实验"牌手表，到一个月后生产出23只"五一"牌手表，再到1955年国庆节上海生产出18只"东方红"和"和平"牌手表，新中国的钟表生产开始了新纪元。

中华人民共和国成立之初的1949年，我国年产时钟仅4.4万只，1952年增加到16.4万只，1983年达到了1492万只，列日本、联邦德国、苏联之后，居世界第四位。手表生产于1958年正式列入国家计划，当年产量为1.65万只，到1983年，年产量达到了3469万只，列日本、瑞士、苏联之后，居世界第四位。在满足国内市场需求的基础上，

到1983年，我国累计出口手表1亿只，产品销往150多个国家和地区，赢得了良好声誉。

中华人民共和国钟表业发展经历了四个阶段。1950年至1956年为第一阶段，这个阶段主要是让老产区和老企业恢复生产，适当拓展新厂；1957年至1965年为第二阶段，老厂的技术改造和新建厂的基本建设同时进行，产地逐步由沿海扩展到西部，生产逐步由手工转向机械化；1966年至1980年为第三阶段，钟表生产厂家蜂拥而上，全国统一机芯，质量、效益较差；1981年后为第四阶段，进行定点生产、内部挖潜，防止盲目扩大规模，花色品种增加，质量大幅度提升，国际竞争力增强。

经过四个阶段的大规模发展，我国由原来的仅有上海、天津、烟台等少数几个钟表产地，逐步建成了山东、辽宁、广东、四川、陕西、上海、天津、烟台、南京、广州、重庆、北京、鞍山等10余个省市的时钟和手表重点产区。仅手表厂全国就有108家，品牌达到300余种。20世纪70年代以后，为适应国际钟表产业发展新趋势，我国电子钟表发展速度迅猛，逐渐进入世界先进行列。

我国钟表的知名品牌从原来屈指可数的"亨达利""亨得利""三五""宝字"等几个老品牌，发展为一大批带有浓厚现代气息的品牌，包括"上海""北京""海鸥""飞亚达""依波""罗西亚""天王""雷诺""北极星""知时"等，而"上海"牌手表则是20世纪最受国人青睐的手表。上海手表厂正式建成于1957年，第二年生产出第一批"上海"牌手表，这就是今天被国内外收藏家视作掌上明珠的A581型。质量接近瑞士Selca手表水平，可连续走时36小时以上，

李新业先生收藏品

"三转一响"博物馆藏品

日差小于1分钟。

"上海"牌手表商标最初用的是美术体。20世纪60年代后期，手表厂技术人员从毛泽东的手迹中选取了一个"上"字和一个"海"字，拼成"毛体"商标图案，一直沿用至今。在计划经济年代，"上海"牌手表是"中国制造"的典范，是"自力更生、奋发图强"的有力注释，也是上海市闪亮的名片。上海手表厂曾在国内手表行业创下规模、效益、利税、人均创利、累计销售等10个"第一"。从第一只"上海"牌手表诞生开始，直到20世纪90年代中期，佩戴手表的每4个中国人中，就有一人戴的是"上海"牌手表。

在全国各省市中，山东既是我国钟表工业起步较早的省份，也是重要的生产基地之一。新中国成立后，经过几年的恢复与发展，在烟台德顺兴、永业、新德钟厂先后实行公私合营的基础上，于1956年成立，拥有资产近50万元，主要设备109台，职工433人，年产钟表16万只。1962年，该厂的机械闹钟产量达到38万只，当年出口2.4万只。70年代后，山东省相继建立了威海造钟厂、青岛钟表厂、烟台手表厂、济南钟表厂、聊城手表厂等多家钟表制造企业。到1985年，全省生产时钟325万只，居全国时钟产量第2位，其中木钟211万只，居全国首位；闹钟114万只，居全国第2位；手表生产量达351万只，居全国第5位。

山东省的钟表产品分为机械钟、石英钟和手表三大类型。主要的机械钟为烟台宝时造钟厂生产的"宝"牌7天报时摆钟、烟台钟表厂生产的

"104"船用时钟和"北极星"牌15天报时钟；主要的石英钟为济南钟表厂生产的"康巴斯"牌石英钟、烟台闹钟厂生产的"北极星"牌石英扭摆钟和"北极星"牌石英音乐报时落地钟、青岛手表厂生产的"金猫"牌CTEL石英音乐塔钟；主要的手表有青岛手表厂生产的"青岛"牌601型和701型手表、聊城手表厂生产的"泰山"牌手表、青岛手表厂生产的"金猫"牌LSG型机械女表、聊城手表厂生产的"泰山"牌DLC3型电子表。

淄博市的钟表工业，其渊源应该从张店的新华仪表厂说起。新华仪表厂本是一家生产其他仪表仪器的厂家，受全国兴起的"钟表热"的影响，于20世纪六七十年代引进技术，生产"巨星"牌挂钟。"巨星"的名称来源于1970年4月24日我国成功发射第一颗人造地球卫星。虽然没有正式注册商标，没有达到批量生产规模，但在钟表相对紧缺的年代，该厂生产的挂钟曾在淄博红极一时。在"文革"期间，周村标牌厂还生产过"胜利"牌手表。20世纪80年代以后，因国家对钟表产业进行调整，刚投产几年的"胜利"牌手表很快下马，成为一段永远值得追忆的"红色"记忆。

整理／张维杰

"三转一响"博物馆场景

"三转一响"博物馆藏品

"三转一响"博物馆成为共和国同龄人回忆乡愁的好去处(摄影:张维杰)

三转一响

收音机篇

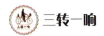

小喇叭的记忆，"三转一响"博物馆藏品

"三转一响"博物馆藏品

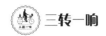

广播喇叭

广播喇叭，在中国是一个非常具有时代特点的广播终端器材。它曾经是各级党委政府对内宣传和动员的有效工具，也是基层百姓了解外部世界、进行休闲娱乐的重要载体。

20世纪50年代人民公社化运动时期，中国的有线广播开始"进村"。一条条广播线路将各个村子"绑"在一起，原本离得老远的村子也变得亲密起来。有线广播的职责就是将中央和地方人民广播电台的节目，通过广播线路传送到广大农村的喇叭里，喇叭再"喊"进每个村民的耳朵里。

那时农村经济落后、交通不便，农民的生活几乎只有黑白色调。大家都局促在自己的"桃花源"里，对外边的事知道得少之又少。而一根根导线，就能把声音送到村子里、田野里、做饭的灶台上、吃饭的桌子上。不管干什么，都能听到喇叭里的声音，不管内容是啥，都听着新鲜。当时曾经流传着一个笑话：一位老人第一次听到广播喇叭发出的声音时，十分好奇，围着喇叭团团转，急切地寻找喇叭里说话的人在哪里。现在人们听起来自然非常可笑，但当时对于没见过什么世面的老百姓来说，广播喇叭的出现确实让人耳目一新。

广播喇叭在那个时代就是"现代化"的标志。村里和镇上的大街小巷都立着电线杆子，离得老远就能看到喇叭的存在。每到早、中、晚的播出时间，整个村镇都响起喇叭的声音。作家吕斌曾回忆道："广播喇叭一天响三次，第一次是早晨睡得正热乎时，广播喇叭响了，母亲就起来做饭。中午响一次，那是社员下工的时间，也是孩子们放学的时间。晚上一直响到人们睡觉。每次响起开头都会播《东方红》，结束播音是《大海航行靠舵手》。"那时候人们的时间观念并不强，多数没有手表和闹钟，广播喇叭在一定程度上起到了提醒时间的作用，让人们过起了"声起而作，声没而息"的日子。

四处存在的广播喇叭也成了各级领导组织群众、指挥动员、政治宣传的有力工具。上级部门经常召开各种群众性广播大会。有线广播大会在召开时要确定一个主会场，然后设有诸多分会场。

主会场的领导等级最高，场地最大，参与会议的人员也最多，领导在台上讲，大家在下面听。声音通过一根根导线传送到各个分会场，分会场是低一级的政府和各个乡镇、村庄，有的设在礼堂里，有的设在大街上，有的设在村头。总之，有喇叭的地方总会或多或少聚着一堆人。

广播喇叭里传出的内容多种多样。国家推出了哪些政策、领导人访问了哪个国家、哪个地方发生了什么事，从国内到国外，从中央到地方，都能知道。那时，全国各地文化生活极其贫乏，只有"样板戏"上演。有了广播喇叭，看戏就可以变成听戏，每天坐在家里就能"享受"得到。《红灯记》《沙家浜》《智取威虎山》《杜鹃山》等就是那个时候的"流行歌曲"，在喇叭里翻来覆去地播放，每个人都听得烂熟于耳、张口能唱。

当然，农民们最关心的还是天气预报，干农业靠天吃饭，就得了解天的脾气。但那时的天气预报并不准确，以至于很多农民称气象台为"骗象台"。另外还有少许音乐节目、少儿节目，这对于生活单调的农民来说，是一种很好的调剂。

广播喇叭还是村民们的聚集点，有喇叭的地方就有人气。尤其是农闲时节，女人们在喇叭底下飞针走线，男人们则随性地说笑，热热闹闹，欢声笑语不断。总之，那时的人们都把广播喇叭当成一种寄托、一种依赖，听习惯了，看自然了。要是它哪天突然不响了，大家心里就变得空落落的，不得劲了。

撰文 / 曾高

王凤武、刘金霞在播音

中埠公社广播站在公社党委的领导下，发挥了重要作用，受到好评。这是党委书记在公社召开的有线广播大会上讲话。

淄博转播台第一任播音员郭兰香（一九六五年留影）

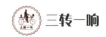

山东第一块半导体诞生的地方

■专访：王同郜，山东省生建八三研究所原技术员

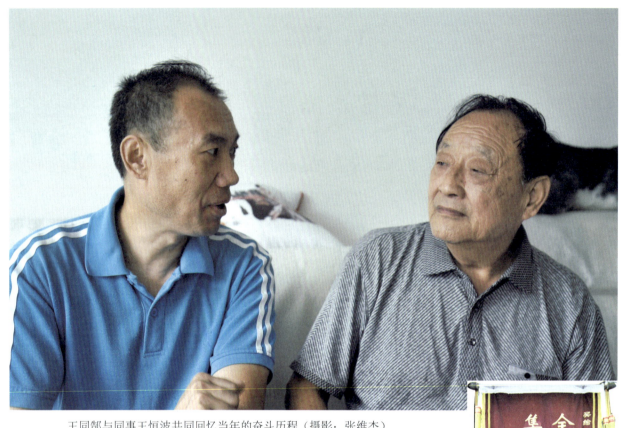

王同郜与同事王恒波共同回忆当年的奋斗历程（摄影：张维杰）

山东省生建八三厂，位于周村区王村镇，始建于1958年。

八三厂是山东省第一块半导体诞生的地方。据王同郜回忆，八三厂开始研究半导体还要从时任省公安厅副厅长王建的上海之旅说起。当时王建去上海开会，他在会上问道："现在世界上什么技术是最尖端的？"有人告诉他，是半导体。那时王建根本不清楚半导体究竟是什么，但却敏感地把这个词在心里默念了好几遍。回到旅店，他打算把"半导体"这个词告诉大家，却发现它早已经从自己的脑袋里溜走了。事业心极强的王建连夜跑回去再问："现在世界上什么技术是最尖端的来着？"再次确认是"半导体"之后，他认真地把这个词记在本子上。从上海回来后，他马上要求八三厂启动半导体研究。

1959年，八三厂成立了半导体技术研究所，成为淄博市第一家电子企业。当时，八三厂收容了一些右派知识分子，又分配了一些大学毕业生，还有一些中华人民共和国成立前的旧技术人员，可谓人才济济。有毕业于清华大学、北京大学、浙江大学、复旦大学等著名高校的科研人才，也有能翻译德语、西班牙语、法语、日语等多种资料的翻译人才。接到研究半导体的任务后，大家的热情很高，不仅在工作时间潜心研究，到了晚上还要学习各种资料。特别是一线人员，经常加班加点地工作，有时实在太困了，竟然能吃着饭趴在桌子上睡着了。那个时期，是八三厂的一个辉煌时期。

八三厂的晶体管收音机试制和生产始于20世纪60年代初期。王同郜回忆说，他们最初使用硅晶体管，但是硅晶体管的音效极不稳定。他们第一次用硅晶体管制造出收音机后，大家都非常兴奋，可是过了一会儿，收音机突然不响了。有人提议把收音机放倒，放倒后收音机果然又响了起来。大家马上给王建厅长报喜，王建来了之后，放倒的收音机却怎么也不响，大家有点紧张地看着他。王建却充满自信地说："不要紧，继续搞！"后来的研究证实，硅晶体管的效果确实不好，他们就改成了半硅半锗晶体管。再后来，他们完全使用了锗晶体管。

1961年，八三厂利用日本的收音机机壳并仿其线路，在省内首家安装成功了六晶体管超外差式收音机样机。1962年，利用北京"牡丹"牌收音机机壳安装了两台全锗七晶体管袖珍收音机。同时参考"牡丹"牌收音机和日本机式样，重新设计了七管袖珍机机壳，次年压铸成功，并投入生产。1963年，试制成功一批全硅管及硅锗管混装的七晶体管袖珍收音机。1964年，为满足农村广播事业的需求，试制了四管便携式超外差收音机。

据孟建新回忆，中华人民共和国成立15周年时，他们家以出厂价分到了一台八三厂生产的七管半导体收音机。他记得那台收音机有20多厘米长，外面是一个前脸扎满了眼的皮套，右侧有一根拉杆天线。打开后，声音响亮，可收听不少频道的节目，令他的同学们极为羡慕，因为那时他的同学们都还在鼓捣矿石收音机呢，最好的也不过有个"熊猫"牌五灯（电子管）收音机。

八三厂起初生产的是袖珍收音机，一年只生产二三十台，销售渠道非常窄，只有少数人能买到。之后又生产便携式收音机，销售渠道依旧不宽。后来逐渐发展到生产台式收音机，"永恒"牌、"八三"牌、"鸿雁"牌是主要的品牌。一开始投放的数量虽然不多，但是在全省范围内都有销售，渠道也比之前的袖珍收音机和便携收音机宽了很多。就这样，普通老百姓也能用得上收音机了。

撰文／王尉伊

1972年淄博生产的永红牌晶体管收音机

"三转一响"博物馆藏品

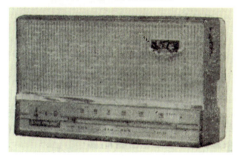

东方红4-1-B（八三厂）

东方红4-1-A

"三转一响"博物馆藏品

亮闪闪的"宝灯"

■专访：王锦宝，淄博无线电七厂原书记

王锦宝（右）接受山东理工大学记者采访（摄影：张维杰）

1970年，当了12年兵的王锦宝从青岛某高炮部队退役，进入周村电声器厂工作。到厂不久，该厂就归属到淄博市电子工业局，改名为淄博无线电七厂。

淄博无线电七厂原址在周村区五七干校。最初那里是一个窑场，专门生产盖房子的红缸瓦，后来就演变成培养干部的五七干校。

当时农村盛行有线广播，听广播最常用的小喇叭在民间十分流行。在五七干校进修的干部们出谋划策办了一个小作坊，取名叫电声器厂，专门生产小喇叭。小喇叭中间有个小陶瓷芯片，外边有个黑色的纸壳子叫纸盆，接上专门传送有线广播的电线就可以听。这种陶瓷喇叭当时2元钱一个，比舌簧喇叭便宜很多。老百姓买得起，因此很受欢迎。谁家想听广播，就买个小喇叭，公社负责把电线顺到家里，这样足不出户就可以听"戏匣子"

了。那时的广播内容少，喇叭里放什么，大家伙就听什么。

后来，那块地皮被催化剂厂买走了，电声器厂就迁址到周村火车站南边，这就是现在的厂址。这里原先是一个苗圃，在花花草草之间，大家齐心协力，自力更生，加班加点，短时间内就建起一个新厂。

搬到新厂后，一开始生产的主要产品还是小喇叭。后来农村普遍安装了大喇叭，为了适应需求，厂里也开始生产大喇叭。大喇叭的技术更先进，工艺也复杂了。为此，厂里一口气买了很多新设备，如冲床、车床、电镀设备，初步形成工厂的形态。由原来的小作坊生产变成了流水线生产。工厂分成了五个车间，一车间、二车间、三车间是生产车间，四车间是电镀车间，五车间是金工车间。在大喇叭的生产中，还一度用玻璃代替铝生产高音大喇叭，

"三转一响"博物馆藏品

后因质量问题，没有批量生产。

再后来，出于政治和老百姓生活需要，收音机成了紧俏之物。因此，生产收音机又成了该厂的重要任务。为了扩大生产规模，上级从八三厂和博山区共调来200多人，分散在各个车间。此后工厂成立了许多新的科室，如生产科、供应科、销售科、政工科、技术科，企业管理不断完善。

车间里干干净净，流水线上的工人都穿着白大褂作业，外人见了开玩笑说："你们厂怎么有这么多医生？"大家充满了自豪感，工作热情都很高，不久就研发出了收音机样品。那时，做出样品后要拿到市里、省里去检测，检测合格后才能批量生产。大家的努力最终得到回报，省里给签发了合格证，初期的"向阳"牌收音机问世了。1972年，收音机的品牌又改成了"宝灯"牌。这个名字是受到当时红极一时的京剧《红灯记》的影响，上海生产的收音机叫"红灯"牌，他们就叫"宝灯"牌。

淄博无线电七厂当时对产品定位的就是面向农村、服务大众，号称全国同类产品中价格最低的产品。因为价格实惠，市场需求不断扩大，生产规模也越来越大，产品逐渐远销省外。在山东、河南、河北等地，"宝灯"牌收音机一度成为老百姓购买时的首选。很多商家慕名而来，产品供不应求。最火热的时候，来拉货的车辆需要排队等上好几天。

由此，淄博无线电七厂成了电子行业的明星企业，业务蒸蒸日上。1980年，该厂年产收音机达到16.7万台。1982年，在全国第八届收音机质量评比中，"宝灯"牌七晶体管木质盒子收音机获得了全国三等奖。

为了进一步扩大生产规模，淄博无线电七厂盖起了周村第一栋四层高的大楼，当时被誉为"周

村第一楼"（如今已成了家具批发城）。由于工厂的位置紧靠铁路，南北交通就成为很大的问题。从工厂到城里要绕道走很远的路，工人们上下班时为图方便常常冒险横跨铁路。有一个女工还因此被火车轧去了双腿。为方便通行，工厂便出资在铁路东边修了一条路。从此人们就不用再横跨铁路了，这条路至今仍然在使用，车来车往。

这时厂里的职工已增加到500多人，并且配套了幼儿园、卫生室等辅助部门。厂里的工作环境好，工资高，福利好，来这里工作成为许多周村人的向往，甚至一度成为周村人就业的首选。

王锦宝来到这个厂后，起初是在车间干冲床工。由于他有当兵的经历，政治觉悟较高，理论知识也较多，很快就被厂领导看重，后来转到政工科。他一步步成长，从政工科长到厂副书记、书记。再后来，淄博无线电七厂和电子管厂合并，市里派来了新的厂长、书记，王锦宝成为调研员。他一路见证了淄博无线电七厂的发展和辉煌，也为厂子做出了贡献，留下了财富。

撰文／曾高

"三转一响"博物馆藏品

"三转一响"博物馆藏品

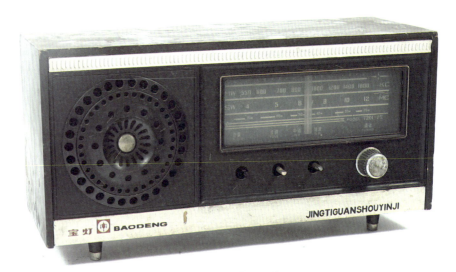

"三转一响"博物馆藏品

"三转一响"博物馆藏品

周村区广播站小史

"三转一响"博物馆展出场景

1950年4月23日，中央人民政府新闻总署发布《关于建立广播收音网的决定》，经中央人民政府政务院批准公布，并通告全国实施。山东省于1950年9月和10月举办两期收音员培训班，培训学员共计139人，淄博市特委宣传部经考试、政审录取一男一女参加此次培训班。

据《山东统计年鉴》（1984年卷）记载，1952年3月，张周市有线广播电台成立。台址设在周村大街北首路东，配备300W广播机一部，专职人员2人，在城区安装励磁高音喇叭12只。

1956年1月，毛泽东主席亲自主持制定了《全国农业发展纲要》四十条，其中第三十二条规定："从1956年起，按照各地情况，分别在七年或十二年内，基本上普及农村广播网。"根据这些指示和规定，淄博市人民委员会下发《关于博山周村两区建立广播站及编制名额的通知》，张周

市有线广播电台改名为周村区广播站，站址设在周村老龙窝北首，后迁至吴家胡同101号。

是年，张周市财政局下发《为转发省人民广播电台、省财政厅关于广播站经常维护费开支规定通知》，为广播站的建设提供了有效的财政支持，接着又为广播战线的同志调整了工资，这大大激发了周村广播人的工作积极性，使周村的广播事业取得了突飞猛进的发展。

1956年周村区广播站工作人员达到了5人，线路增至8公里，喇叭达到195只，其中高音喇叭8只。在逐步完善和扩大城区广播设施的基础上，周村区大力推进农村广播事业的发展，本着从点到面、从简陋到正规的原则开始架设广播线路，安装广播喇叭。

1958年8月，在实现"人民公社化"后，为使广播更好地为农民、为农业生产服务，山东省

提出"1958年达到社社通广播"的要求，周村区也掀起了大办农村广播的高潮，支持帮助张坊公社第一个建立广播放大站，对全区的广播网络建设起到了很好的引领作用。

在这期间，周村区广播站先后推广了"广播、电话同杆同线""改装收音机为小型直流广播机""干电池充电单线送广播"等10余项革新技术项目。这些新技术不仅解决了本区的使用急需，还传播到周边的地区和区县，为周村广播人树立了良好的形象。

在推广"同杆同线，一线两用"的过程中，有时会因人为或设备的原因，出现电话和广播相互干扰甚至串线的情况，造成广播里听见了打电话的声音或打电话时竟有歌曲伴奏的情况。为了解决这个问题，周村区广播站的技术人员发明了定时自动切换装置，让双方按照规定时间全线通用，避免了信号切换不彻底造成的相互干扰。这一发明成为重要的技术改进成果，在全省被推广应用。

周村区广播站在建站初期，就尝试在以转播节目为主的前提下自办节目。在当时，富有地方特色并深受听众欢迎的当属五音戏。五音戏创始人邓洪山先生（艺名"鲜樱桃"）为周村区广播站留下了特有的"周村之音"。

生于周村区一个贫困农民之家的霍俊萍，是继邓洪山之后五音戏的又一位代表人物。青出于蓝胜于蓝，霍俊萍在吸收邓洪山技艺精髓的基础上，又进行了创造性的发展。由原来的男人唱旦角，改为女人唱旦角，还用上了刘洪早等人记录的谱曲，采取了五音胡乐器伴奏，使五音戏的音乐感染力和舞台效果更强。良好的天赋加上用心的钻研，使霍俊萍大获成功。她演出的剧目通过周村区广播站播出后，当地老百姓百听不厌。

周村区广播站还经常结合党的中心工作，请有关领导、模范人物、科技人员发表广播讲话。1958年至1960年间，共召开全区广播大会70多次，发表广播讲话265次。另外还努力做好"通联"（通讯员、联络员）工作，共发展通讯员302名，广播联络员40名，为广播站自办节目提供群众平台。后来还自办了《报纸摘要》节目，这些都成为周村区广播站的节目亮点。

1960年至1962年的三年经济困难时期，有线广播曾一度无人管理，广播事业处于倒退局面。1963年，山东省政府发布《农村广播网管理维护暂行规定》，周村区开始了对广播网的整顿恢复工作。经过两年的艰苦努力，到1964年下半年，全区不仅恢复了原来的广播网，还使网络有所扩大，喇叭有所增加。

1964年始，周村区内的电线杆逐步由木质杆换为水泥杆。广播线路也逐步和电话线路分开布线，向专线化迈进。有线广播的独立传输系统开始筹建。

1965年，毛泽东主席发出了"努力办好广播，为全中国人民和全世界人民服务"的号召，周村区的广播事业进一步向前迈进。1965年以后，全区社员每户都安装了舌簧小喇叭。当时人们还编了一段口头禅："喇叭虽小作用大，条条信息传万家。足不出门知天下，吹拉弹唱笑哈哈。农民家中有了它，促进经济收入大。"

1968年，周村区有的村里安上了高音喇叭，结束了长期以来村干部拿着铁皮喇叭站到高处广播的历史。这是对有线广播的有效补充，特别是为农村社员在地里劳动时收听广播提供了可能。

1969年4月20日《大众日报》发表社论，号召"努力办好广播，更及时更广泛地传播毛主席的声音"，强调各条战线、各部门、各单位都要积极支持农村有线广播网建设。由此，周村的有线广播又掀起了新一轮的发展热潮。这时的广播站机房增加了广播机，播音室增加了播音控制台、601录音机及电唱机等，输出功率有了显著提高。

继张坊公社在1958年建立全区第一个放大站后，1971年，又有南阁、南营、贾黄、周村公社建立了广播放大站。至1973年，全区11个公社全都安装建立了广播放大站，覆盖209个大队、793个生产队。

1984年4月，广播电视部提出农村广播建设的方针："建立以县广播站为中心，以乡镇广播站为基础，以专线传输为主，并与多种传输手段相结合，连接村村户户的质量高、效能好的农村广播网。"在周村区委员会、周村区人民政府的政策和经费支持下，经过周村广播人的艰苦努力，一个覆盖全区城乡，通达家家户户的质量高、效能好的全区广播网于1985年建成。实现了全区11个乡镇和173个村全部通广播。

整理／王尉伊

周村广播事业的守护者

■专访：丛树琛，周村区原广播站站长

周村区广播站诞生于1952年3月。它的前身是张周市有线广播电台，设在周村大街北首路东183号。1954年，张周市有线广播电台与张周市文化馆合并。1955年7月，张周市划改为淄博市周村区，张周市有线广播电台改名为周村区广播站。

1959年8月，山东省第七次广播网工作会议召开后，周村广播事业迈上新的发展台阶。广播设备得到更新，硬件设施逐渐完善，广播机由300瓦增至1000瓦，购置了"钟声"牌录音机两部，直流手摇轻便录音机一部，各种机器、维修设备也较健全。广播线路四通八达，全长351.5千米，广播覆盖到全区5个公社，60个生产大队，109个自然村和80个工厂、机关、学校、企事业单位。

当时，周村区广播站站长由周村区委宣传部副部长张宗仁兼任，丛树琛为副站长，周荣义、沈进才为机线人员，张博学担任播音员。

丛树琛原是广播站的站长，广播站与文化馆合并之后，他成了副站长。不管在什么岗位上，他都非常能干，同事们把他喻为"老黄牛"。他为人和善、敬业、认真，在广播事业的土壤上默默耕耘了大半辈子。

丛树琛刚到周村时，小喇叭还没有普及，每天早上响起的《东方红》都是从街头电线杆上的大喇叭传遍大街小巷的。当时播音内容以转播中央、省、市的节目为主，后期有了自办节目，如《周村新闻》《周村文艺》。按规定，广播一天三次，早晨5：50开播，8：30结束；中午11：00开始，13：30结束；晚上6：00开始，9：30结束。

每天的工作量很大，播音员只有张博学一个人。丛树琛、机线人员和播音员每天轮流值班，为开播做准备。其中，早晨广播的第一项工作是"叫台"，在喇叭里喊"周村人民广播站"。丛树琛是胶东人，口音很重，每次轮到他值班叫台时，一些听众就将他播出的"周村人民广播站"错听成"周村有个王八蛋"。久而久之，竟成了周村人人皆知的一句笑话。很多人打趣说："周村有个王八蛋，老丛。"虽然这是一个负面的笑话，但从此人们一提及周村广播站，便都知老站长姓丛。时过境迁，如今再提起这件事，立即会引发老人们对那个时代的共同记忆。

广播站成立后共经历三次搬迁。第一次是从周村大街北首路东183号搬到周村老龙窝北口路东，第二次是1956年底从老龙窝北口路东搬到吴家胡同101号，第三次是从吴家胡同101号搬到周村中和街。丛树琛参与了第三次搬迁，主要负责策划和组织，从图纸到基建，到物资的选择、原料的采购他都亲自把关。从吴家胡同搬迁到中和街整整历时三年，工作强度大、事务繁杂，丛树琛总是亲力亲为。

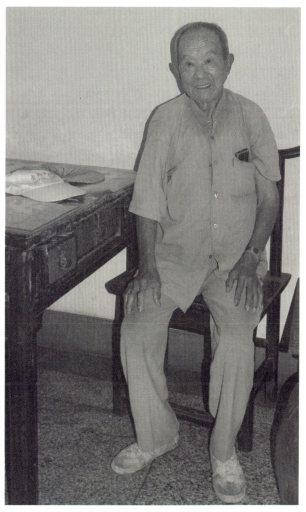

丛树琛家中（摄影：张维杰）

摄影：张维杰

摄影：张维杰

由于条件有限，新广播站建设起来困难重重。当时使用的电线外层材质是铅，铅不能直接埋在地下。于是丛树琛亲自设计，经过多次试验，费尽心思终于解决了线路的埋放问题。广播站播音室隔音效果不好，他们摸索着用甘蔗皮做成甘蔗板，当隔音板。没钱购置电线杆，他们就自己做模子，顺上铁丝，用土法加工水泥杆。

那时广播事业正处在上升阶段，上级要求大力发展农村广播站。由于农村基础设施不完善，建立广播站的阻力很大。为了提高小喇叭的普及率，丛树琛经常骑着他的"大金鹿"自行车下乡，挨家挨户做工作。

到了乡下，吃饭要买饭票。去村里的食堂打饭，一个素菜一毛钱，带肉的两毛钱。遇到下雨天和下雪天，丛树琛就和同事们扛着自行车走。农村路难走，行程远，每次往返都要消耗大量时间。如果忙到很晚，他们就住在村子里。丛树琛记得，晚上做晚饭时，他们就在灶台大锅头的炉坑旁边放一个罐子，罐子里装上凉水，等做完饭，凉水就跟着烧热了。睡觉前，谁要是洗脸洗脚，都去罐子里打热水。有一次，赶上停电，一个同事一脚踩进了炉坑里，手碰巧伸进罐子里，被热水烫得嗷嗷直叫。

艰苦的岁月练就了周村区广播人的吃苦耐劳精神，周村区的广播工作在淄博市总是走在前头。

1970年以来，周村广播事业有了新的发展。全区11个人民公社，全都建立了广播放大站，机器功率发展到7550瓦。资料显示，全区211个大队，通广播的有209个；793个生产队，通广播的有789个。全区架设广播专线1462（单线）公里，安装广播喇叭34169只，形成了一个以市台为中心，通过区站、公社广播放大站联系城乡的比较完整的有线广播网。

由于当时国家的财力有限，在进行广播和电话的传输布局时都采用"一线两用"的方式，就是通往公社或村里的一条电线，按照规定时间用作电话或广播不同的传输。这种方式一直延续到改革开放初期。这套操作使用人工来控制，时间掌控不够严格，往往是电话里面有广播，或者是广播里面还有打电话的声音。导致这种现象的原因除操作的因素外，还有就是人们所说的"串音"。因为当时的切换方式就是用刀闸开关，上合就是接通广播线路，下合就是电话线路，这样就在技术上由于电磁波的空气传导造成了串音现象。

针对"一线两用"的负面影响，周村广播人进行了技术攻关。在他们的精心研制下，仅用了不到半年的时间就设计出了一种撞门的定时切换装置。这样就从根本上解决了时间准确和电磁串音的难题。这项技术后来经过技术鉴定还一度被很多区县级广播站推广使用，成为周村广播人的一种骄傲。

丛树琛，公私分明。作为广播站的领导，他的办公室里竟连个茶叶筒都没有。有一次来了一个客人，他只好找办公室主任小杨要茶叶。有时，站里会有一些剩余的木材，有的人会带回家去打成家具，但丛树琛从来没拿过。他自己的孩子找工作时，他也从不插手，让孩子们通过自己的努力找到适合的工作。每到春节，丛树琛和同事们都会聚餐。每个人在家里做两个菜，然后在公园摆个桌子，大家凑在一起，边吃边谈天说地，其乐融融，好不惬意！

丛树琛为广播事业耕耘了一辈子，没有一张证书和嘉奖证明。如今的他，头发花白，精神矍铄，安享生活。回首一生，他把自己定格为广播事业的默默守护者。

撰文／曾高

1955 年国家配发给周村区广播站的广播机，现藏于"三转一响"博物馆

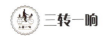

我的"八三情缘"

■ 自述：孙树人，山东省生建八三研究所原技术科长，山东省警官学校校长

孙树人照

1963年10月，组织上把我调到山东省生建八三厂研究室工作。当时，工厂分801研究室、804研究室，我被分配到804研究室搞多晶硅和单晶硅生产。八三厂研究室是全国最早搞硅材料和硅器件的单位之一。那时1千克单晶硅卖到5万元，比黄金贵多了。

我住在一间共有12人的简易房中，床板都是用装硫酸的大坛子支起来的。没有工作服，只发一件戴在胸前的布兜兜。从制取四氯化硅到制作器件，各项工作都要和各种酸打交道，同志们穿的衣服上都有大小不等的被腐蚀的洞。

生产多晶硅和单晶硅，必须搞好环境卫生。室内所有东西都要擦扫，一直擦到白手套抹不上灰为止。所有用具都得用酸泡，再用特制的去离子水在电炉子上煮到不冒泡为止。

我们每天工作时间不少于14个小时，常常是

厂领导晚上开完会，到实验室来看望我们，才催促我们回宿舍睡觉。那时，不仅厂党委书记李中一和研究室主任魏志俊关心我们，就连省委书记刘秉琳和省公安厅副厅长兼劳改局局长王健也时常到研究室察看、听取研究进展情况，有时中央部委和省里的其他领导也来参观和了解情况。

1965年5月，研究室除生产多晶硅、单晶硅、3DX和3DG外，还试制出了半导体收音机。因此又成立了收音机研制小组和试制低频大功率合金管小组，增加了20多名中专生，还盖了新的实验大楼。

1965年8月，研究室改为山东省生建八三研究所。为了培养半导体方面的人才，省里批准在八三厂开办工业专科学校，招收100名学生，又调入几位教师。在我不知情的情况下，组织上把我爱人吕军也调来了。李中一书记把一家老小五口人住的三间房让出来，叫我们住。那时家里除了床外，就没有像样的东西了。书桌和饭桌都是用装化学药品的箱子搭成的，烧饭的炉子是用废砖头垒的。

当时虽然生活艰苦、工作繁忙，但同志们都很团结友爱。每月有1斤保健糖，我和副主任、保管员都不享受，但每过一两个月厂里就给我家送来。日常用品什么的都按定量供应，有钱也买不来。水、电、住房等都不要钱。

我被任命为三车间支部书记、车间主任（副科长）、技术员，负责全所平面晶体管的光刻制版、去离子水制取3DG3、3DX两条生线。车间共有146名工作人员，除了正常管理、检查各工序外，每周还要给同志们上半导体理论和工艺课，根本顾不上家。

1965年，我代表山东省八三研究所参加了全国14种半导体件的鉴定会。会上国防科委要求八三研究所承担高频低噪声CG系列生产任务，以满足国防工程需要，从此八三研究所开始了CG系列的生产。

在这一过程中，我主要领导和指导光刻版的

制作，确保满足条宽最小 1.5 微米的要求。其间还组织了用自来水制取高纯水的生产线，满足了全所半导体材料和几十道生产工序清洁过程中对高纯水的需求。

1966 年 3 月的一天，我突然接到厂党委书记李中一的通知，要求赶紧准备多晶硅和单晶硅切片、抛光片和各类器件、各工艺硅片和成品管，一直忙到夜里零点多。第二天，我们乘坐厂里唯一的美式吉普车赶往济南。进南郊宾馆经三道岗哨到 1 号楼，省公安厅厅长又领我们去了 8 号楼会议厅。我忙着把早已送来的各类硅碳棒、管和半导体展盒布置好。8 号楼里有暖气，我来时穿着棉裤、棉鞋，热得直出汗。

10 点钟，一个熟悉的身影走进会议厅，竟然是朱德同志！因为在新闻、电影和领袖像中多次见过他的面容，所以我十分肯定就是他。省委书记刘秉琳介绍说："首长听说山东有个'村'能生产国防急需的硅半导体单晶器件，在参观视察胜利油田后，就想到王村去看看八三研究所，省委为确保首长安全，特意请你们来汇报。"

听完李中一书记和我的简要汇报之后，朱德同志说，在北京就听说全国有"一庄"（石家庄13 所）、"一村"（王村八三厂），你们搞得很好，很有成绩，为国防建设做出了贡献。朱德同志试听了收音机，并留我们住了一宿，晚上一同观看了文艺晚会。在回程中，我的脑海中不断出现朱德委员长的形象。他身穿普通布衣、布鞋，步伐

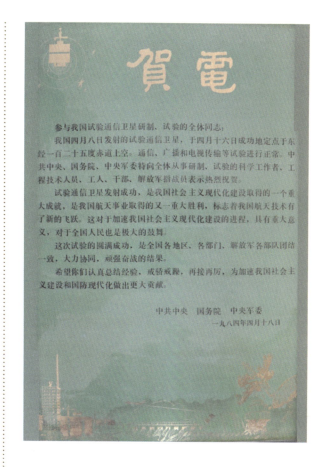

轻快，是位和蔼可亲的老人。能见到自己从儿时就敬重的朱总司令，是我一生的荣幸。

为了更好、更快地发展生产，厂里投资购买了性能更好的外延炉、蒸发台、热压台、封管机、制氢制氧机，扩大了石英烧制和管壳制作设备，又从周围农村招收了近百名亦工亦农的男女青年。

鲁中强制隔离戒毒所（原山东生建八三厂）大门（摄影：张维杰）

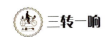

1969年底，山东成立了济南军区建设兵团，八三厂划归建设兵团，军管会撤出。1975年，建设兵团撤销，又恢复了八三厂，归属恢复后的省劳改局领导。我被安排到厂技术检验科，1976年重点抓了CG35X、CG36X超高频低噪声微型芝麻管的试制和生产，这是专门为代号"东5""861"导弹和卫星配套的器件。

毛泽东主席于逝世后，北京玻璃厂接受了制作水晶棺的任务，要求八三厂生产加长、加粗的硅碳棒。厂领导安排我到硅碳棒生产车间研究方案、跟随工艺过程。完成任务之后，我还有幸到毛主席纪念堂瞻仰了毛主席遗容。

1978年10月，我离开了工作15年的八三厂，到省劳改局办的山东生建工业学校工作。

整理／王尉伊

原山东生建八三厂生产的大功率晶体管
"三转一响"博物馆藏品

原山东生建八三厂水处理系统（摄影：张维杰）

收音机：刘洪早艺术创作的伙伴

■ 专访：刘洪早，周村区文化馆原馆长

刘洪早先生在追忆自己亲历"三转一响"的故事

1923年，美国人奥斯邦氏与华人曾君创办中国无线电公司，通过自建的无线电台在上海播送节目。从这时起，中国出现了最早的一批进口收音机。直到1953年，中国才有了自己生产的收音机，南京东方无线电厂生产的"红星"牌642型电子管收音机正式问世。这种被中国人称为"戏匣子"的物件，成为戏曲艺术发展的功臣。

"戏曲迷"刘洪早是较早接触收音机的一批人。那时，收音机是宝贝物件，别说使用，看一眼便有几分奢侈。刚开始，在市场上买不到收音机，虽说已有了那玩意儿，但大多数人只闻其声，未见其形。再说，刘洪早那会儿口袋里也空荡荡的，"比脸还干净"，他说，"买不到，也买不起。"

在当时，拥有一台收音机是很多人梦寐以求的事。在买不到也买不起的情况下，一些有文化知识的年轻人，便买来参考书和零部件，自己学着组装收音机。老百姓管这种行为叫"插"收音机。

1959年，刘洪早已经学会自己"插"收音机。一次，刘洪早骑着自行车带着一台收音机回农村老家，乡亲们把收音机放在耳朵旁就能听到中央台的广播，都奇怪地问声音从哪里来。刘洪早得意地告诉他们："这是矿石收音机。"乡亲们羡慕极了。那时的他还年轻气盛，带着些许骄傲，常常"夸"自己。

收音机功能的好坏，对于一个专业的戏曲艺术工作者来说是至关重要的。刘洪早对收音机的追求甚至胜过了吃饭和穿衣，他并不满足于自己"插"的收音机，而是希望有朝一日能拥有质量更好的收音机。于是在淄博本地生产的收音机刚刚投放市场的时候，他就下大本钱买了三台不同款式的收音机。

刘洪早在20世纪50年代从部队转业来到周村区文化馆工作，不久就对五音戏产生了极大的兴趣，并和号称"五音泰斗"的邓洪山先生成为挚友。邓洪山艺名"鲜樱桃"，是五音戏的创始人和著名的五音戏表演艺术家，担任过淄博五音戏剧团团长，山东省五音戏研究会的会长。

五音戏源于山东省济南东部地区，流传于济南、淄博、滨州、潍坊等地。原名肘鼓子（或周姑子）戏，以唱腔优美动听、语言生动风趣、表演朴实细腻而著称，地方特色浓郁。经过多年的发展和变迁，只有淄博这一路被传承下来。

当时的五音戏没有谱曲之说，邓洪山等艺人在演出时只能通过锣鼓敲击点的引领掌握节奏，而唱腔的掌控也只能依据师傅的传承"照本宣科"。自从邓洪山和刘洪早结识后，邓先生在唱戏的时候，刘洪早顺便就记下曲子。从此，传唱多年的五音戏终于有了"剧谱"。

五音戏的灵魂植根于普

刘洪早著作"三转一响"博物馆藏品

通百姓的日常生活，并且对农村妇女有很好的感染和教育作用，因此有些地方管五音戏叫"拴老婆橛子"戏。但由于受表现和传承方式的局限，它在艺术领域还没有引起足够的重视。于是刘洪早意识到应该对五音戏进行加工改造，以使其实现更高层次的艺术价值。

从此，刘洪早便开始了对五音戏的发掘、创新、传承工作。在这项工作中，首要的任务就是记录邓洪山先生的唱腔。当然，在记录唱腔之前，还需要有一台录音机。一开始，刘洪早只有收音机，录音机对他来说还是个陌生的东西。直到20世纪70年代，他才费尽周折从周村人张继生手里"搞"到了一台，而张继生也是从南方"搞"来的。

在刘洪早做了周村区文化馆馆长后，他又责成文化馆的刘天泉专门操作录音机来录制五音戏。刘洪早回忆道："大概录了30多个录音带。"那些留了几十年的录音带至今还被他珍藏着。时过境迁，许多带子损坏了，近年刘洪早又找人刻成了光碟，希望这些旋律能永久留存。

五音戏剧照

刘洪早在五音戏研究上不断取得进展，造诣越来越深。有一次，电视台的编辑张坤邀请他在电视上谈谈五音戏，他婉拒道："我上去讲五音戏谁听啊？"刘洪早为人低调，他建议张坤请出邓洪山先生。当时，社会上对邓先生的认知度很高，"很多人提到五音戏就只认他"。

那时做电视节目还是用录像带录制，访谈之后，刘洪早想留下一份，却一直未能遂愿。之后，刘龙州又邀请刘洪早在电视上谈五音戏，刘洪早再次婉拒道："我把我的录音带给你，你拿回去

研究吧。"大半年之后，刘龙州把访谈邓洪山先生的录像带送给刘洪早，他拿去复制了很多，并刻成光盘，送给对五音戏感兴趣的"同道中人"，光在周村就送出去20多张。

原始的五音戏没有谱曲，也就无从谈及伴奏乐器。后来随着谱曲的出现，对伴奏乐器的要求也油然而生。由于五音戏的特殊性，使用通常的京胡、坠琴等均不奏效。于是刘洪早在记录、改进谱曲的基础上，与操琴高手一起对这个特殊剧种的伴奏乐器进行了改造。在经历了若干次的失败后，终于试验成功了专门用于五音戏伴奏的五音胡。

刘洪早一生都在音乐领域跋涉耕耘，探寻五音戏这块瑰宝是他艺术生涯的重要组成部分。多年来他致力于五音戏的创作与研究，撰写了《五音戏研究》《论五音戏改革》《拧腔与五音戏》等音乐论文。他还为《换魂记》《胭脂》《红霞万朵》等多出五音大戏设计了唱腔，用五音戏音乐素材创作出《俺村有个王大娘》《还是当年那股劲》等歌曲。

如今，刘洪早老先生已进入耄耋之年，但他并没有赋闲在家，而是经常外出指导各种文艺演出。另外还开办了一家乐器商店，专门推广他发明的五音胡。回顾自己的艺术生涯，刘老先生感慨地说："收音机、录音机是我挚爱的伙伴，正因为有了它们，我才能够吸取音乐的精华，传承淄博的文化。"

撰文／曾高

《人民公社就是好》创作记

■专访：刘洪早，周村区原文化馆馆长

1962年9月27日，《农村人民公社工作条例修正草案》经中共八届十中全会通过后，全国大规模的人民公社化运动随即展开。在这个社会背景下，淄博市委组织过一场歌咏比赛。在筹备参赛歌曲的过程中，时任淄博七中教师的李步霖带领师生编排了一首《好字之歌》。

李步霖所在的学校淄博七中坐落于周村韩家窝村，这个村实行人民公社较早。李步霖就以此为素材写了这首《好字之歌》。歌词大致是："韩家窝好！韩家窝好！韩家窝好！好！好！今天不把别的唱，咱就唱唱韩家窝好。"

这首歌引起了当时周村区文化馆馆员刘洪早的注意。他几经翻转推敲，觉得歌词写得很好，但就是有点不过瘾的感觉。于是刘洪早找到李步霖，和他商量说："韩家窝这个地方只有周村人熟悉，如果到市里参加汇演，带有一定的局限性。"他向李步霖提出修改歌词的建议。李步霖听后十分赞同，两人因此产生了共鸣。

但歌词究竟怎么改呢？把"韩家窝好"改为"周村好"或是"淄博好"？两人推来敲去，反复琢磨。

"三转一响"博物馆藏品

在修改歌词的过程中，他们形成一个共识，就是歌词的中心必须体现一个"好"字。

正在不知如何下手之时，刘洪早接到了周村区文教科的通知，要求他下午去学习《农村人民公社工作条例修正草案》。参加完学习后，刘洪早豁然开朗，马上找到李步霖，建议把歌词改为"人民公社好"。李步霖听后觉得思路很好，他说："这样我们的歌就不仅仅唱咱周村了，而是可以唱出一个时代了。"

两人经过了一下午的商讨，思路就像脱缰的野马，奔驰在"人民公社好"的原野上。在基本词曲成型后，由李步霖手风琴伴奏、刘洪早演唱的《人民公社好》开始回响在周村区文化馆内。就这样，《人民公社好》这首歌在两个热爱社会主义的年轻人手中诞生了。

在此前排练《好字之歌》的基础上，淄博七中的学生演出队在刘洪早、李步霖两位老师的指导下，很快完成了《人民公社好》的排练，并到张店参加了市里的汇演。

市领导对这场汇演非常重视，时任淄博市第一书记的王世超（当时全国最年轻的中央委员）和市各个部门及演出团体的领导都观看了演出。演出结束后，王世超随即召开了座谈会，刘洪早

图中前排左二为李步霖

和李步霖都参加了座谈会。王世超在讲话中评价道："今天的演出很成功，最成功的就是《人民公社好》这首歌。这首歌的题目要改一下，加上'就是'二字，就叫《人民公社就是好》，并在进一步排练的基础上代表我们淄博市参加在上海举办的全国歌咏比赛汇演。"

在王世超书记的指导下，演职人员经过认真排练，信心百倍地踏上了去上海比赛的征程。最终，《人民公社就是好》被评为一等奖，评委们给予其"歌词新颖，紧贴时代，旋律昂扬向上，激励性强"的高度评价。随后，《人民公社就是好》演出录音被制成留声唱片在全国发行，成为当时广播中循环播出的重要曲目，一直持续数年。这首歌也是当时淄博市唯一在全国传唱的歌曲，成为淄博市献给全国的一首时代之歌。

由于刘洪早是国家公职人员，自己的本职工作就是帮助基层群众搞好文艺创作，而且当时国家又反对功利主义，因而他没有在这首歌的创作者中署名。这首歌的作者只有李步霖一人，即"《人民公社就是好》步霖词、步霖曲"。

这首歌走红之后，不断有记者采访李步霖，李步霖开口说的第一句话就是："这首歌是刘洪早老师的作品。"而刘洪早则说："这首歌的来源和骨架是李步霖老师的《好字之歌》，应该归功于他。"

撰文／张维杰

1958年，"三面红旗"大合唱（节选自《影像淄川》270页）

挖掘《赶牛山》

刘洪早在他的工作室（摄影：张维杰）

"三转一响"博物馆藏品

年年是都有着三月三么来哟
妹妹二人么赶来牛山哎哎哟
来至在那淄河滩来呀么来哟
溜溜溜……哎哟 溜 哎哎哟
……

这首欢快的淄博民歌名叫《赶牛山》，是周村区文化馆的刘洪早等人从淄川把它"挖掘"出来的。

1960年，为了响应国家记录民间歌曲的号召，刘洪早加入"挖掘"民歌的队伍中。与刘洪早一起的，还有来自淄博各地的同事，其中包括从博山调来的赵韵清和从淄川调来的杨道坤。他们每找到一首民歌都如获至宝，一笔一笔仔仔细细地把它们记录下来。第一次出访他们就记录了700多首民歌，经过认真筛选，确定了370首作为《淄博民歌集》的收录曲目。

《赶牛山》是刘洪早等人在1961年第二次出访时记录下来的。刘洪早至今仍清晰地记得，那天他和赵韵清、杨道坤一起，骑着自行车来到淄川洪山一个叫省庄的村庄，习惯性地见人就问："你们这里有没有会唱民歌的？"当问到在田间休息的一群乡亲时，大家异口同声地说："'地主'会唱。"于是三个人便在一位乡亲的带领下来到会唱歌的"地主"家。

一开始，老人不愿意开口唱，找了很多理由推托。"我会唱的歌太老了""这些歌里有不好听的话"……老人担心地说。刘洪早立马回答："我们就要老的，您就唱给我们听听吧！"但无论怎么劝说，这位"地主"就是不开口。

无奈之下，他们三人只好暂时离开"地主"的家。通过和乡亲们交谈，他们断定，这位老人是会唱歌的。

刘洪早他们在做出基本判断之后决定明天再去拜访老人。于是他们骑车返回洪山镇，下榻在洪山旅馆。三人刚安顿好，细心的杨道坤突然说："我看老人需要被尊重，他又好喝茶，咱们给他买点茶叶吧！"赵韵清马上说："买茶叶需要茶叶票，我还正好装着工业券呢。"

第二天一早，他们先到洪山供销社自费买了2两茶叶，接着又赶往省庄村去拜访老人。他们还做通了老人女儿的工作，大家一起在旁边极力劝说老人。"我会唱的歌太老了"，老人忧心忡忡地说。刘洪早立刻说："好歌不怕老，我们就要老的。"

在大家的劝说之下，老人终于开口唱了起来。《赶牛山》的调子刚一起来，刘洪早三人就被惊呆了。"又好听又新鲜，旋律又好，太难得了！"已经"挖掘"过上百首民歌的刘洪早当时就意识到挖到了一颗"明珠"。在老人演唱的过程中，他们三人听得如醉如痴，竟忘记了随手记录。老人接连唱了三遍，等老人唱完了，他们也就学会了。

离开老人家之后，他们一边往回走一边欢快地唱着《赶牛山》。走到半路，看见一座桥，就坐下来歇息。尽管脚停下了，嘴仍然停不下，歌声顺着河水一直往下淌。不一会儿，就吸引了许多路人围观。人们告诉他们，这座桥叫蓝桥。后来，刘洪早就在他出版的书中写道："唱过百首歌，到过蓝桥头。"

走访回来后，全组的人都认为《赶牛山》是首好歌，刘洪早为此深感欣慰。现在流传的《赶牛山》版本是刘洪早等人改编过的。歌曲中有个调子是"溜溜溜……哎哟 溜 哎哎哟"，刘洪早当时也疑惑，那老人解释道："我们这里属于淄河流域，下边就是牛山。牛山那边的人管散步叫'溜达'。"到后来，刘洪早手里一共有了三个版本的《赶牛山》，他们经过三合一的改编，《赶牛山》就有了新面孔。

淄博民歌是一种古老的地方传统音乐，具有质朴、淳厚、粗犷、诙谐、风趣等特点，大多表现当地劳动人民朴实、憨厚的性情，以生活小调风格最为突出。《赶牛山》就是一曲活色生香的小调民歌。

1979年，彭丽媛参加"山东省民族民间唱法独唱二重唱汇演"淄博赛区比赛时，正是演唱的《赶牛山》。演出就在淄博市直机关招待所礼堂举行。时年17岁、正求学于山东艺术学院的彭丽媛，以其精彩的表演技惊四座，一举成名。演唱结束后，观众和评委都给予热烈的掌声，彭丽媛多次谢幕而不能离场。看到这种情况，她的老师、著名歌唱家王音璇临时上台，献出自己在电影《苦菜花》中演唱的主题歌《苦菜花开》，才使得比赛进入下一步骤。

《赶牛山》这首淄博民歌从此走向全国，成为中国民歌的优秀代表作品。1983年，山东省举行民歌调演，《赶牛山》成为必唱曲目。

在采访刘洪早老人的过程中，他还不时打着手势唱几句。虽然已是白发苍苍，但他的眼神还是十分清澈，说起话来朗朗上口，仿佛又回到了那个风华正茂的时代。

淄博民歌《赶牛山》作者刘洪早夫妇和孙广瑞（中）、李忠俊（左二）在"三转一响"博物馆回忆当年搜集创作这首歌的过程（摄影：李跃训）

撰文／曾高

淄川电讯仪器厂与哈军工

■自述：吴隆武，淄川电讯仪器厂原技术员、留美科技工作者

吴隆武、韦海华夫妇向"三转一响博物馆"捐赠仪式（摄影：李咸堂）

1968年底，哈尔滨工程学院（简称"哈军工"），原哈尔滨军事工程学院，1962年入学的学员（简称"62级"）翘首以待，被推迟了一年多的毕业分配终于实打实地展开了。分配工作结束后，不管是分配到国防科学技术委员会还是分配到黑龙江的，都先安排到不同的农场去劳动锻炼，一时也没什么区别。

然而在这个去农场劳动锻炼的大潮之中，竟然有几个人，绕了个弯子，没有去农场劳动锻炼，直接到工厂参加了工作。这话就得从黑龙江哈尔滨说到山东淄博，当时那里有一个淄川电讯仪器厂（后淄博无线电五厂）。

该厂隶属淄博市电子工业局。建立初期从上海无线电21厂接过全套图纸，派人到21厂学习实习。学习回厂后，经过试制转为批量生产一种超声波鱼探仪。哈军工海军工程系包括我在内的

5名62级学员由于在21厂实习过，听说了淄川电讯仪器厂的事情，通过多方联系，在毕业分配的时候，被分到了淄川电讯仪器厂。我们没有去任何农场劳动锻炼，直接去淄川电讯仪器厂上班了。

淄川电讯仪器厂是地方电子工业初兴时的小厂之一，与中央四机部或六机部等所属电子工厂相比，设备技术条件可谓天壤之别。但麻雀虽小，五脏俱全。有许多车间和小组，负责鱼探仪生产的各个方面和环节。在电子方面有准备车间、印刷线路板车间、换能器小组、总装调试车间等；机械方面有翻砂铸造、车工铣工、钳工、钣金冲压、电镀车间等。我一到工厂，先被分在钳工车间，鱼探仪上有些非关键小金属零件是我用虎钳、手锯、台钻、锉刀等工具手工一个个做出来的。对于很多人来说，这活儿可能很枯燥，但我从小

喜欢动手，当钳工实际上能学到不少手艺，对几十年后染上的修汽车、房屋装修、做木工等业余爱好特别有好处。在当钳工的时候以及后来，我在业余时间阅读机床及金属切削原理、数字电路原理、集成电路入门、彩色电视机原理、数字控制原理、相关通讯原理等书籍，学得津津有味。

厂里除了批量生产超声波鱼探仪之外，同时还在海军航保部协助下研究试制超声波侧扫声呐。我进厂没过几个月，市电子工业局又下达文件，指示淄川电讯仪器厂试制黑白电视机。厂里调集包括我在内的三名哈军工毕业生成立了电视机试制小组。我们没有力量自己设计电视机，于是派了两个人到"北京"牌电视机生产厂、天津无线电厂参观学习，从那里买回来两台电视机的全套散件，回厂后自行装配。按照装配电路图把电视机安装起来，倒也没有那么困难，但在装配的过程中我们了解到了电视机生产中难点技术和关键部件都是什么，比如玻璃制高真空的显像管、产生上万伏峰值脉冲的高压包、电子束扫描线圈。为以后项目继续进行打下了基础。

电视机装配好了，接通电源，光栅正常，其亮度和画面、大小、上下、左右位置，都能正常调节。但最大的问题是当时山东省只有济南市有电视转播台，其他就只有泰山顶上有一个功率不大的电视信号差转台。淄博根本收不到任何电视信号，无法知道电视机能不能看。要想收到泰山顶上发送的电视信号，需要有高架的高增益接收天线。我动手用铝棒做了一个多导向器的13单元鱼骨电视天线。工厂买来三根近20米长的木电线杆，电工师傅把下面两根并排，上面1根，连接成30米高的电线杆。众人齐心合力，把天线支撑到30米高空。试验接收那天，我又穿着电工铁鞋爬到30米高处调整天线方向，终于在电视屏幕上看到十分模糊又不甚稳定的图像并听到声音。在场的人都是第一次看到电视图像，虽然音像都不清晰，仍然兴奋不已。后来由于人力资源、财力资源、技术力量等问题，电视机项目没有能够继续进行下去，但那两台电视机的试制、天线的架设及调试等都给人们留下了深刻的记忆。

过去了近50年，一个偶然的机会在网上看到山东理工大学退休职工张维杰在淄博周村开办

吴隆武先生（右）在"三转一响"博物馆（摄影：李波）

吴隆武先生（左二）与阔别多年的老同事合影
（摄影：李波）

了一个"淄博盛康三转一响博物馆"，馆中居然收藏着一台我当年亲手参与制作的"北京"牌电视机样机。一时激发了旧时的回忆。我大学毕业后在淄博工作了十年，一生中最风华正茂的时光都在那里度过，因而一直把淄博当作自己的第二故乡。有话说"老人是生活在历史里的人"，我觉得老人其实最应当活在当下，但是张老师的博物馆使我深深地陷入对淄川电讯仪器厂往事的回忆之中。"三转一响"博物馆有着深远的人文历史意义，非常感谢他的不懈努力，期待博物馆长久发展，期待能为博物馆做一点贡献，期待与张老师某日在淄博一见。

原淄博无线电五厂生产的"柳泉"牌收唱通用落地机

2019 年 7 月 4 日旅美科技工作者吴隆武先生与夫人韦海华向"三转一响"博物馆捐赠仪式（摄影：李波）

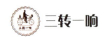

为"东方红 1 号"造元件

■专访：吴龙文，山东省八三研究所原技术员

吴龙文先生近照（摄影：张维杰）

吴龙文的"电子梦"是从"东方红 1 号"开始的。

1956 年，毛泽东主席在中国共产党第八次代表大会上提出，苏联的人造卫星上天了，我们也要搞人造卫星，要搞就搞得大一点。

中央对中国第一颗人造地球卫星"东方红 1 号"的总体要求是：上得去，抓得住，听得到，看得见。并且要在卫星上播放《东方红》乐曲，目的是让全世界人民都能听到从中国人造卫星上发出的声音。

1967 年，山东省省建八三研究所接受了中央军委的特殊任务：为"东方红 1 号"研制超高频低噪声"芝麻管"——一种直径只有 2 毫米的小型晶体管。为了完成这项任务，研究所组成了专门研发小组，吴龙文就是小组的主要成员。

任务书中对"芝麻管"的各项参数要求非常苛刻，吴龙文带着小组成员认真分析、研究、设计方案。当时的工作强度极大，他和同事们争分夺秒、废寝忘食地进行工艺试验。整个团队只有吴龙文一个人是大学毕业生，其余的都是文化水平不高的、具有丰富实践经验的工人，很多数据研究工作主要由他一个人来做。困了不敢熟睡，只能闭上眼睛休息一会儿；饿了没时间吃饭，就随便啃上几口干粮和咸菜。特别是在炎热的夏季，他和同事们守在 1000℃～1200℃的高温炉旁，汗流浃背也无法顾及。

经过两年的不懈努力，他们终于在 1969 年初拿出了样品。吴龙文带着样品去了上海新华无线电厂，经过 100 小时的高低温环境运行试验，各项参数指标均达到要求。

1970 年 4 月 24 日，当中国第一颗人造卫星升空，《东方红》乐曲从天上传来时，大家才知道八三厂的员工们也为"东方红 1 号"的研制做出了贡献。那时，八三厂每个人的心里都无比自豪。

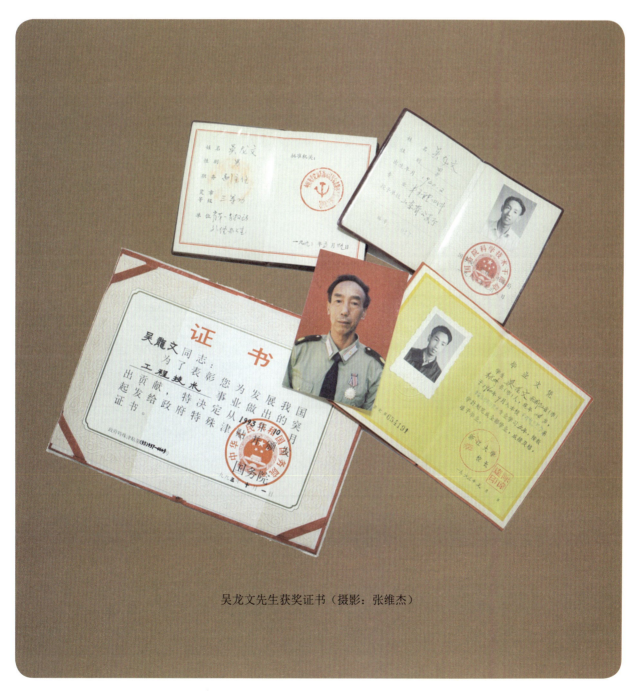

吴龙文先生获奖证书（摄影：张维杰）

"三转一响"博物馆藏品

"有些激动，但也很麻木。"吴龙文在接受领导嘉奖时内心五味杂陈，有辛酸也有喜悦。当时政府奖励给他们500块钱，团队的15个成员每人分了10块钱，其余的都留给了单位。

自从吴龙文研发的晶体管用在了"东方红1号"后，他就在无线电行业内出了名。此后，国防科委等部门经常把一些重要的任务分配给吴龙文所在的研究所。1975年开始，研究所对超高频低噪声晶体管的频率特性进行了专门研究。1977年某部委急用于歼机和坦克的高频大功率晶体管，也是他们研究所研发的。

在那个技术水平有限、物资匮乏的年代，不但没有专业实验室，就连实验设备也得自己准备。在研发过程中，吴龙文和他的同事们几乎每天晚上都工作到深夜，家庭更是顾不上。直到现在，吴龙文提起这些事，对家人还深感愧疚。

在这样艰苦的条件下，吴龙文所在的研究所研制的"NPN低压高频大功率晶体管"荣获淄博市科技成果二等奖，"低压系列超高频大功率晶体管"于1981年荣获山东省科技成果二等奖，"适应竞争降低3DG142技术"在1981年被山东省经委授予优秀QC小组称号。

1979年，山东省第一届电子学会年会在济南召开。吴龙文作为八三厂半导体技术研究所的代表，在年会上宣读了他的论文《超高频低噪声晶体管线性研究》和《器件显微分析技术》，得到了与会人员的一致好评。这两篇论文后来均被收入《山东省电子学会论文集》里。

1987年吴龙文被评为淄博市专业技术拔尖人才，1990年被省机械厅授予先进工作者称号，1992年被司法部山东省劳教厅授予三等功荣誉，1993年成为国务院"政府特殊津贴"获得者。

吴龙文在电子行业工作了几十年，实现了他的梦想，也赢得了很多荣誉。如今，吴龙文虽然离开了工作岗位，但回顾光辉历程，他依然无怨无悔。

撰文／曾高

摄影：张维杰

为中国第一颗人造卫星增光添彩

——山东多星集团之前身探秘

李孔涛（左）与吕在金（右）

儿时仰望夜长空，争看繁星布宇穹。猜测哪颗为一号，自然当属东方红。

1970年4月24日，中国第一颗人造地球卫星"东方红一号"遨游广袤无垠太空，4月25日，新华社播发《新闻公报》，当日晚8点起，雄壮的《东方红》乐曲通过中央人民广播电台的电波响彻神州大地，中国成为世界上第五个发射卫星的国家。"东方红一号"是中国航天从筚路蓝缕到星辰大海的开端，中国人自此叩开了通往浩瀚宇宙的大门。

"此曲也应天上有，故教飞鼓绕长空。"闻此喜讯，周村人民和全国人民一样欣喜若狂，仰望夜空，聆听来自太空的东方红乐曲，为祖国的强大而骄傲自豪。但大家都没有想到，中国第一颗人造卫星所使用的电热管是周村电热电器厂制造的，所播放的《东方红》曲是周村鲁东乐器厂所造编钟奏出的。

那先说周村电热电器厂是何方神圣。

时光荏苒，50年前之事历历在目，1965年大通居委会王金和主任办起了磨光厂，该厂有吕在金、崔守谦、李玉兰等人，就是为铁业社生产的铁锨头打磨刃儿，给烟袋锅磨光。先后有75人在这里干活，该厂最引人注目的是西北角北屋前3米处那棵遮天蔽日的大槐树，它有一人合抱粗，高30多米，已有30多年树龄，其树冠有50多米，大家经常在树下开会。在此期间，其他居委会也办起了烘炉、修车铺、网子铺等作坊。丝市街办事处党总支书记张继孔，产生了再办一处街道企业的想法。市计委副主任李咸信争取到了一个电热管厂项目，他把这个项目交给了周村区，区轻工业局副局长李仙源就交给了张继孔，张继孔就想起了这个磨光厂。张继孔决定以现有厂房和人员为基础筹办电热管厂。 经市区有关部门出面，联系上了上海电热管厂。

兵贵神速，1966年5月6日，赴上海学习团队就登上了火车。带队的是王金和、马光玉，队员有吕在金、崔守谦、张大顺、王领义、鲍金岭、

原周村电热电器厂厂址

郭道辰、王爱清、李玉兰、董桂芝。除吕在金、马光玉、王领义是高中生外，其余人都是小学文化程度。根据文化程度和业务特长，马光玉、王领义学习技术设计，吕在金学习检验技术，鲍金岭原来是电工继续学电工技术，李玉兰学加粉技术，郭道辰、张大顺学机械技术，崔守谦学缩管机操作技术，董桂芝学气焊技术，王爱清学绕丝技术。有志者事竟成，40天出师。他们满载而归，几条铜管、电热丝、部分氧化镁粉，试制电热管都是由上海电热管厂来低价售卖的。厂房在祠堂街7号院，原是蒙大林的一处土坯草屋，破败不堪。王金和带头和工人先用黄泥糊平墙面，后在房顶插上一层新麦秸，厂房就焕然一新了。没有工具，王金和到破烂市买来几把大铁锤和一台钳，用带回的材料试制第一条电热管。1966年6月30日，他们在大门口挂出了"周村区电热电器原件厂"的牌子，白手起家，历经艰难，不改初心，电热电器原件厂滚雪球般发展，1969年再改为周村区电热电器厂。

功夫不负有心人，1969年下半年，厂里来了两个北京客户，要求定做6件铜质弯型电热管，并出具了型号尺寸：螺旋形电热管，直径12毫米，0.1立方大，并一再强调说：此管很重要，一定要引起高度重视。吕在金回忆，接受任务后，他们严格按照标准要求，经过下料、退火、酸洗、刷管、加粉（含绕丝）、缩管、退火、弯管、装配、出光、出厂检验工序，七天顺利生产出了产品，随即给收货单位发去。

一周后，厂里就收到了国防工委一封电报：贵厂电热管通过透视，质量完全达到技术要求，特表感谢。他们这才知道，北京客户是国防工委，谁也不会想到，这6支电热管，是中国第一颗卫星元器件之一。说起这段历史，吕在金仍一脸自豪。"那是一组螺旋形电热管，材料是直径12紫铜，我亲自检验，签字出厂的。"

1970年5月中旬，上海电热管厂发来电贺喜，才知道那6件铜电热管竟然用于"东方红一号"卫星，全厂职工都十分高兴，心情激动，厂里在大槐树下召开了庆祝大会。同时也知道北京客户先找的上海电热管厂，因数量太少，单价才30元，该厂婉言拒绝了，北京客户着急，该厂才介绍了周村电热电器厂，因电热管用途当时保密，当真相大白时，他们后悔莫及。

好事连绵，1970年9月的一天，外面开来了一辆小轿车，来人中等身材，穿灰色中山装，50多岁，陪同人员介绍：这是山东省革命委员会白如冰副主任。他没和市区领导打招呼，直接到了厂里。那时厂里没有办公室，干部和工人一样在车间干活。低矮破旧的一口小东屋，是马光玉、王领义搞设计的办公间，有时候干部们在这里商量一下生产安排。白如冰在车间看了看那台压出第一颗人造地球卫星使用的电热管的"缩压机"，和上通天下挂地的"装粉机"。低着头走进那"办公间"，问了几句生产情况。在大槐树底

电热电器厂工作现场

上海西郊公园摄影

图片由吕在金提供

图片由吕在金提供

图片由吕在金提供

下，白如冰对马光玉和郭道辰说："真是鸡窝里飞出金凤凰啊"！并说代表省革委看望大家。

金秋时节，硕果累累。1970年10月7日，《大众日报》发表了《白手起家绘新图》长篇通讯，报道了周村这家街道小厂创造了不可思议的人间奇迹。现摘抄如下：

"大家虽说已经积累了不少生产管状电加热器的经验，但现在要搞的这种微型螺旋式管状电加热器，既无样品，又无图纸，到底是个什么样式，谁也说不上来。工人们走出工厂，进行调查，把各种螺旋式的管子和物件拿来，摆在一起进行比较；对一份份有关技术资料，一丝不苟地认真分析，从中找出可靠的数据。在加工制造过程中，工人们更是精益求精。机修车间几个老工人，为了保证弯管模具精密洁亮，更是用'钢梁磨绣针'的精神，用砂纸把模具磨去了半个厘米。填料工序的工人，冒着40℃的高温，经过一遍又一遍地试验，准确掌握了氧化镁粉的温度系数和颗粒度标准。为了把管子缩紧变细拉长，工人们就在自造的土设备上加工。管子越拉越长，院子又小，被墙壁挡住了，差一点不够设计要求的长度，于是他们就在墙上打个洞，穿过去再拉，一直拉到设计要求的长度，分毫不差。就这样，他们终于提前二十天把国家需要的微型管状电加热器，送到首都，质量完全

达到了国家规定的要求"。

随即，山东人民广播电台又全文播出。自此，全省各地参观学习考察团一拨又一拨涌进厂里，门庭若市，应接不暇，有时候一天要接待上千人。报纸、广播也大力宣传"槐树底下闹革命"的精神。1970年国庆，淄博市举办大型庆典活动，由于周村电热电器厂为第一颗人造地球卫星成功发射做出了突出贡献，所以指定该厂选拔一名工人代表参加。经推荐，各级领导审核，吕在金被选中并被请上了主席台。50年后，吕在金依然感到这是他一生的荣耀。

周村儿女多奇志，电热摇身上九天。回首盛筵心血涌，弥新历久似甘泉。

撰文 / 李孔涛

与广播一起成长

■专访：杨玉景，周村区广播站原办公室主任

杨玉景还在上学时就爱好无线电，毕业后在广播站和电视台从事他适合的职业，爱好和合适支撑起了他长久的幸福。因而他这一生虽然平凡，但何其满足！

1971年，杨玉景参加工作，在周村人民公社广播站担任技术员一职。

在经济发展十分落后的农村，村民们几乎所有的信息都来源于广播。当时家家户户都装有一个小喇叭，最便宜的小喇叭是用陶瓷片做的，只要五毛钱，但这五毛钱对于有些家庭来说依旧是一笔不小的支出。

早上不到六点半，就有人坐在小喇叭前准备听广播了。按照惯例，六点三十分转播中央人民广播电台《新闻和报纸摘要》节目。然后按照省里的节目、市里的节目、区里的节目逐级排序播放。这是上级规定要转播的，由一条线逐级送到下一级广播站，公社广播站经过放大后再送到村庄，最后传到每家每户的小喇叭里。播放完规定的节目后，各个公社也可以播放当地的新闻，其他时间就是放唱片。上午的广播一直播放到八点半，中午和下午也有两个半小时的播放时间。

杨玉景一开始在周村人民公社广播站从事无线电技术工作，主要负责小喇叭的安装和管理、

杨玉景先生工作照（本人提供）

线路和扩大器的整修等。早上值班时，他也坐在机器旁当播音员，带领老百姓喊号子。杨玉景有两段记忆深刻的值班经历。

1976年7月28日，震惊全国的唐山大地震发生当晚，刚好是杨玉景值班。处于浅眠状态的他听到地板和设备"嘎吱嘎吱"地响时，就猛地起身，"咚咚咚"地跑出了值班室。由于跑得急，膝盖上直到现在还留着一个当时不小心磕碰的伤疤。过了几个小时，广播站接到上级通知，要求所有广播系统日夜待命，随时播送有关信息。在这种紧急情况下，广播的机器几天几夜都没关，他们这些工作人员也连续几天都没睡个囫囵觉。

唐山大地震后不久的1976年毛主席逝世。全国上下弥漫着一片沉痛的气息，周村公社也不例外，每天都在举行各种各样的悼念活动。广播站的机器又是一直都没有关闭，杨玉景他们也是一直值守在机器前，时刻准备播出上级传达的通知。

由于当时国家财力有限，在进行广播和电话的传输布局时都采用"一线两用"的方式，这种方式一直延续到改革开放初期。

杨玉景先生工作照（本人提供）

同一条电线在不同时间用作电话或广播的不同传输，用刀闸开关，上合就是接通广播线路，下合就是电话线路。由于人工控制时间不够精准，往往是电话里面有广播，广播里面有打电话的声音，形成"串音"现象。致使声音嘈杂，收听效果很差。

针对"一线两用"的缺点，杨玉景他们开展了技术攻关。周村区广播站的全体技术人员用了不到半年时间，就设计出一种撞门的定时切换装置，从根本上解决了时间控制和电磁串音的难题。这项技术经过鉴定后，一度被很多区县级广播站推广使用。

做了几年无线电技术员后，杨玉景还评上了助理工程师。他们这代人文化水平不高，但肯学习、善钻研、能吃苦。周村的电视发射塔需要加高，而加高几十米是一项很难完成的技术任务。杨玉景和同事们耐心地请教老师、查阅资料，用土洋结合的办法解决了这个技术难题。他们还串联编辑机的两种系统并机使用，实现了基层广播设备的有效利用和功能扩展。杨玉景和同事们不仅解决了现实的技术问题，而且还就此撰写了论文，在评职称难度很大的情况下，成功地评上了工程师职称。

杨玉景在广播站工作期间多次被评为先进工作者，并在1985年被调任为办公室主任。随着时间的推移，广播的魅力逐渐消失，他也因时而动，去了周村电视台工作，成为电视台广告部主任。杨玉景说，他这一辈子最大的幸运，就是与广播电视结缘，在自己喜欢而适合的岗位上，亲眼看见中国广播电视事业的发展。他一辈子没改行，在平凡中满足着幸福的人生。

撰文／王尉伊

杨玉景先生工作照（本人提供）

（摄影：张维杰）

小厂生产出"尖货"

■自述：郭浩，周村电器厂原书记，厂长郭文魁之子

郭浩先生在"三转一响"博物馆接受山东理工大学记者采访（摄影：张维杰）

1962 年，淄博市周村区的一家街道小厂——周村电器厂，迎来了新上任的书记兼厂长郭文魁同志。在副书记王洪普等人的帮助下，他们用了不到一年的工夫，就还清了厂子原来欠下的 20 多万元贷款，以全新的姿态迎接 1963 年。

新年过后，在一间十分简陋的办公室里，以郭文魁为首的党支部成员，开始了长达一周的、没日没夜的支部会议。会议的焦点就是研究周村电器厂今后如何走出揽活赚钱和对外加工的老路子，生产出属于自己的特色产品。一周之后，他们每个人都瘦了一圈。最终结合当时的国内形势，做出了改变周村电器厂命运的决定：生产半导体收音机。

厂里决定生产半导体收音机的领导人是郭文魁和王洪普，技术攻关主力由杨基鹏担任。杨基鹏虽然只有初中文化程度，但在那时的全厂职工当中，已算得上高学历了。杨基鹏接到任务后吓了一跳：一个拧绳子和编筛子的小厂要生产收音机，厂里领导究竟是怎么想的？转而一想，他又不得不佩服厂领导的气魄。靠拧绳子和编筛子，到什么时候才能变成真正的电器厂啊？

可是，让杨基鹏担任技术攻关主力也确实有点难为他。"若说让我安装个线路或竖根电线杆子还可以，让我去搞半导体收音机，我可是个地地道道的门外汉啊！"可杨基鹏是全厂公认的大能人，他不干谁还敢干呢？郭文魁立马给他鼓气说："你就放开手干，干好了是你的功劳，干不好是我这个做厂长的决策失误。我们都是绑在一起的。"

就这样，杨基鹏带着他的徒弟张志立还有另外一位同志，组成了攻关小组。他们从零做起，为了学习无线电知识，甚至自费上济南，去北京，

淄博无线电六厂引进的电阻生产线

买书籍，看展馆。因为夜以继日地干工作，不回家，杨基鹏的妻子曾几次和他闹离婚。每次都是郭文魁亲自出马，耐心地安抚和调解，夫妻关系才得到缓和。

在3个多月的时间里，他们跑遍全市的各个图书馆，边学习边研究边实践，终于在1963年3月，在一间破房子里，设计出了第一份两管再生来复式电路的半导体收音机图纸，成功地迈出了第一步。

下一步就是采购零部件了。又遇到一个大难题，就是必须买到三极管。提到三极管，就不得不说说那个年代的背景。1963年全国的物资匮乏，在这种情况下想买三极管，谈何容易？那时候在市面上根本见不到三极管，就连二极管也很难找到。他们早已记不清跑了多少个城市，更记不清跑了多少家电器商店。累得嘴上的燎泡破了再长，长了再破，天生的"小白脸"也变成了"大黑脸"。好在功夫不负有心人，几经周折，他们终于在济南发现了一批苏联遗留下来的货源，型号为丌401的高频三极管和型号为丌6B的低频三极管。

当时，厂里的设备也极为简陋，他们试制收音机的工具只不过是一把小锤、一把小钢锉、一只小镊子，另加一个小台钳。所谓的工作台更是寒碜，不过是一块并不平整的、两米长半米宽的木板而已。安装电子元件线路板时，他们用的是微小的空心铆钉。收音机内的喇叭，他们采用的是2.5寸舌簧喇叭。收音机的外壳和面板是用红色塑料一体压铸的，外形尺寸为200毫米×150毫米×50毫米。

不要小看了这点塑料，要找到它们难度也不亚于寻找三极管。塑料原料来自石油，而中国1959年才发现大庆油田，1961年才发现胜利油田。山东的齐鲁石化公司1966年才筹建胜利炼油厂，1977年才筹建30万吨乙烯项目，等塑料厂投产已是1980年的事了。由此可见1963年的塑料产品是多么金贵。再说，即便找到了塑料原料，又去哪里找合适的塑料压铸机呢？

幸亏中国是个大国，东方不亮西方亮，黑了南方有北方。全国一盘棋，一方有难，八方支援。经过东奔西走，他们最终在上海找到了一家工厂，才解决了这个难题。

1963年7月，在一个烈日炎炎的日子，郭文魁当着全厂职工的面，展示了他们刚刚研制成功的收音机。只见他弯下腰去，小心翼翼地打开收音机，然后把音量调到最大，一阵杂音过后，激昂洪亮的歌声传遍全场："向前向前向前，我们的队伍向太阳……"

就这样，淄博市第一台两管再生来复式电路半导体收音机诞生了。这台崭新的收音机并不像人们想象的那么好看，因为在它的面板上，只有开关和调节旋钮，没有商标，没有生产厂家，甚至没有一个汉字和字母。说来可怜，那时候他们还没有联系到粘贴商标的不干胶生产厂家。因此有人管这台收音机叫"无名"牌收音机。尽管如此，它的诞生在淄博仍有重要意义。

生产出这台收音机的周村电器厂，后来成长为国营淄博无线电六厂。

整理／张志成

周村古商城一角（摄影：张维杰）

一个收音员的记忆

■专访：曹忠，淄川区广播站原收音员

曹忠先生在"三转一响"博物馆讲述收音员的记忆
（摄影：张维杰）

1950年4月，中央人民政府新闻总署发布《关于建立广播收音网的决定》。为了贯彻实施这一决定，山东省于1950年9月和10月举办了两期收音员培训班，共培训学员139人。淄博市有2人参加了培训班，其中一个就是淄川县的曹忠。曹忠因而成为淄博有线广播史上最早的收音员之一。

仲秋时节，记者专门采访了曹忠老人。走进他的家中，只见屋里干净整齐，墙上挂满了他和老伴、家人聚餐或是旅游的照片，打眼一看就知道他有一个幸福的大家庭。他虽已年过80岁，但精气神依然十足。

中华人民共和国成立初期，曹忠在淄川县委工作。那时，全国百废待兴。交通和通讯的落后严重阻碍了信息的传递，《大众日报》到达淄博需要三四天时间，《人民日报》到达淄博的时间就更长了。这样一来，地方群众看到报纸的时间被拉长，新闻的时效性也大大减弱。

信息传递的速度之慢给曹忠留下了深刻的印象，同时也困扰着同时代所有的人。就在这时，国家要求各地建立广播收音网，淄博市也迅速行动起来。要建立广播站，收音站就要有收音员，这份现在看来较为简单的工作，在当时教育程度普遍很低的情况下，却算是高要求、高水平的工作。经过市里的层层选拔，曹忠和一位来自博山的小学教员从参选的120多人中脱颖而出，被派去济南学习。

曹忠是北京人，普通话说得好，识字也比较多，这都是他的"加分项"。"但我只读到小学四年级，你可不要笑话我啊！"，曹忠风趣地说。

用现在的标准看，他文化水平较低，但在当时的群众中却是拔尖的。与曹忠一同到济南学习的还有来自山东各个地市的 30 多人，他们每个人分到一台 5042 式收音机，因此也被称为"5042 式收音员"。这种收音机是 1950 年生产的，有四个电子管，直流的两个波段。

当时的培训持续了 40 多天，学习内容包括收音机的基本原理、收音机的维修和使用、收音机的收听记录等等。学习结束之后，曹忠已经从"小白"变成了专业人士，对收音机的各种知识烂熟于心。直到现在他还保留着当年学习的笔记本，笔记本厚厚的，上面记得密密麻麻，虽然已有些泛黄，却一直被他视为宝贝。

曹忠学完回到淄川之后，立刻投身到广播站的建设中去。1950 年 11 月，淄川县委宣传部建立起广播工作站，曹忠成为第一任收音员。收音工作在每天夜里 12 点到次日凌晨 2 点多进行，要把中央人民广播电台或山东省广播电台的节目抄收整理，编成新闻，再用带纹理的钢板以及铁笔、蜡纸刻字，制作成小报，然后油印，最后由县委宣传部统一发送到各个单位。

"天天如此，没有周六和周日。"曹忠回忆道。另外还要组织各级干部和群众收听广播，到城市、农村，甚至到田地里去。他在田头上组织农民收听广播的照片被中央广播事业局的收音员通讯刊登了，"当时正好赶上收地瓜，田里人很多"。如今，黑白色的照片被他小心地收藏在厚厚的相册里。

曹忠平时的工作地点是在县委大院，房子是旧地主的大四合院。他的房间是一个不到 10 平方米的里外间，有一张桌子、一条凳子、一张床。他要在这个狭窄的空间里吃住、工作。

"我记忆最深的是斯大林逝世的时候。"当时他听到莫斯科电台说斯大林逝世，马上去跟领导汇报。领导说："别胡说八道。"，曹忠建议再组织几个人落实一下。领导就组织三四个人一块听，一块记，最后把手稿交到一起，大家一看，一模一样。这个文稿就是开斯大林追悼会的悼词文稿，山东省传达信息时也是用的这个文稿。"这算是我收音工作中遇到的最重要的新闻事件。"

曹忠同时还是广播站的编辑。在内容的选择上，他做了很大的努力。首先是转播节目，主要转播中央的和省里的，像新闻联播，必须定时定点转。自办节目也十分丰富，有文艺节目、语言节目，也有转播自其他地方的节目。老百姓最喜闻乐见的节目是评书，王刚播讲的评书《夜幕下的哈尔滨》风靡一时，大家都听得着了迷。还有一些热心听众的投稿，如一些小诗、散文、新闻稿，经曹忠编辑，就可以播出了，他说这叫"从群众中来，到群众中去"。

当时的有线广播技术还不成熟，但困境反而激发了他们的创造智慧。他们的播音室和机房有段距离，机房和院子也有段距离，这些距离是为了消音的需要。播音室隔音很重要，但当时没有专门的隔音材料，一开始他们用锯末、苇箔隔音，后来经过不断摸索，又采用了甘蔗皮隔音。他们把甘蔗皮软化，和上水泥，加上胶，做成方砖。测量的时候，就弄一个碗，装满水，放个支架，再弄块板，钉上 3 颗钉子，看是不是直的。没有望远镜，就只能"登高望远"。有时买不起或买不到电池，他们就用瓦盆装上水，把废旧电池的碳棒粉碎，把牙膏皮集中起来化成水，做成锌板，再接上线，灌上盐水。这样做的"土电池"就可以在工作中使用了。

"那时候逼得自己什么都得学，什么都能干。"曹忠感慨道。但也有些人认为曹忠只重视技术工作不注重思想政治工作。"我天不怕地不怕，不管别人怎么说，我还是坚持把自己的工作干好。"

如今的曹忠已经白发苍苍，但这些经历依旧历历在目。他边讲边翻阅照片和资料，仿佛那个时代留下的每一个符号都已嵌入了他的生命。

撰文／曾高

图片由曹忠先生提供

"三转一响"博物馆藏品

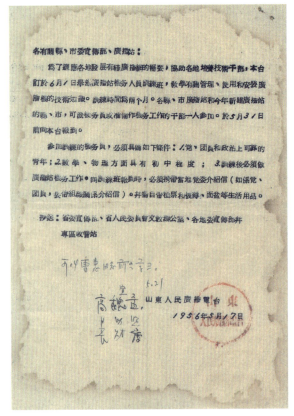

本文件由曹忠先生提供

本文件由曹忠先生提供

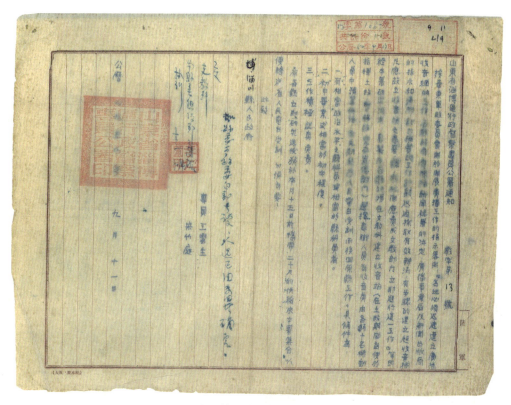

本文件由曹忠先生提供

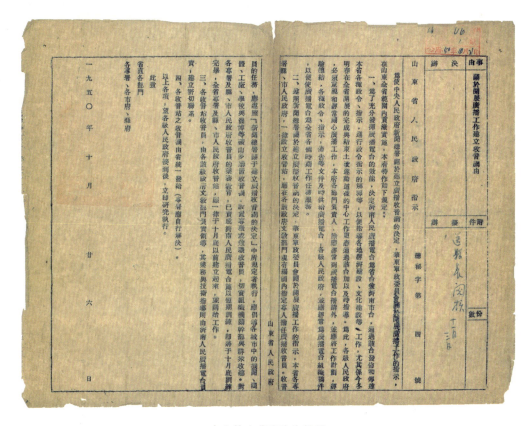

本文件由曹忠先生提供

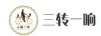
我的黑白电视记忆

■自述：蔡文，山东理工大学后勤管理处党总支书记、处长

本文作者：蔡文

21世纪的今天，科学技术日新月异，科技进步体现在社会的方方面面，就家庭中常见的电视机而言早由黑白变成了彩色、曲面变成了平面直角，并经历了显像管、背投、等离子、液晶的时代，40多英寸液晶电视机已趋于普及，能耗越来越小、功能越来越多、质量越来越好、视觉音响效果越来越逼真、价格越来越便宜，谁家没有彩色电视机是很难想象的。然而在20世纪七八十年代，谁家有一台9英寸、12英寸的黑白电视机，是一件很新鲜的事。

20世纪七八十年代电视机还未普及，收音机是当时主要的娱乐工具，其中老少皆宜的评书联播，是当时电台最受欢迎的栏目，饭可以晚点吃，评书不能耽误一分钟，短短30分钟，全神贯注，这是我们那代人的共同经历。中央人民广播电台的小喇叭节目更是我们儿时生活回忆的重要组成部分。

我在山东省淄博第六中学校园长大，那个时候校园里的家属院有3个片区5排平房，家属院里的感觉和如今高楼林立居民区的感觉是不一样的，尽管学校老师们来自全国各地，口音不同，

但有一种大家庭的感觉，邻里相处和睦，互帮互助，孩子们随意串门，到了饭点可以蹭饭。70年代中期学校有了一台电子管的黑白电视机（也称真空管），每周六周日的晚上不用招呼，校园里的老人和小孩带着马扎、板凳，聚集在教务楼（光被学堂旧址建筑）前广场，等着管理老师小心翼翼抬出电视机，接通电源、预热电视、调天线、调画面、调音量，仰着头静静地审视着电视屏幕，那时电视台的频道少，没有过多的选择，演什么就看什么，但看什么都觉得很新鲜，看完了抬回去锁好。

中美建交的第二年（1980年），美国科幻连续剧《大西洋底来的人》，突然出现在每周四晚8点的电视屏幕上，从现在的摄制和后期制作水平看，虽然没有华丽大片的震撼，但男女主人公彼

电视机制作者：王承铭

王承铭老师组装的 14 英寸黑白电视机

此关心、相伴出生入死、探索海洋的奥秘。激发了大家的好奇心、探索欲，男主角麦克的太阳镜刷新了大家的认知，成为那个时代中国青年的时尚装扮。同年 10 月，《加里森敢死队》在每周六晚 8 点播放，吸引了我们这些半大的孩子。1981年中央电视台播出的动画片《铁臂阿童木》，"十万马力，七大神力，无私无畏的阿童木"，在孩子们幼小的心灵里埋下了科技的种子。那时候电视节目虽然很少，但却丰富了人们的娱乐生活，给平淡的日子增添了许多欢乐。

20 世纪 80 年代，黑白电视机刚刚开始进入家庭。但是，400 多元的 12 英寸黑白电视，对于普通家庭来说，是一笔不小的数目。我父母都是教师，那时候两个人的工资加起来才 100 元左右，要抚养两个孩子，隔三五年回福建探亲，每月还要寄钱接济双亲，花费的每一分钱都要精打细算。当时母亲（张一尘，淄博师范专科学校物理系高级实验师任上退休）所在的物理教研组路厚杰老师（淄博第十七中学校长任上退休）和实验室的王承铭老师（淄博市教学仪器站站长任上退休）是无线电爱好者，在 1980—1981 年，两位老师筹划组装 14 英寸黑白电视机，我母亲也加入了他们的行列。

说起组装电视机，王承铭老师记忆犹新，至今还保留着当年组装的电视机和元器件清单，并拍照给我。他说，当时他组装了两台黑白电视机，路厚杰老师和我母亲分别组装了一台。虽然几经迁徙，但一直保存着，这是那个年代自力更生的劳动成果，值得纪念。

当我问到组装的电视机用的哪个品牌的线路图和印刷电路板时，王承铭老师说："用的山东电视机厂'泰山'牌 14 英寸黑白电视机电路板。

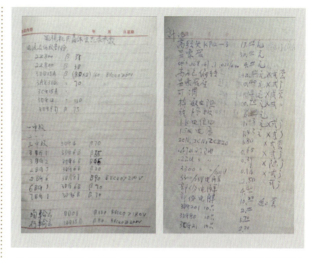

王承铭老师的 14 英寸黑白电视机元器件清单和价格列表

之所以选用'泰山'牌线路图和电路板，是因为在周村有得天独厚的条件，周村许多无线电企业就为山东电视机厂做元器件的配套，如无线电六厂生产电阻、无线电七厂生产印刷线路板、无线电十厂生产电容、周村无线电元件厂生产电感器等，对于组装电视机有着天时地利的优势，也反映了淄博电子工业产品结构齐全，是 200 多年老工业城市辉煌历史的写照。组装电视机需要的三极管、二极管大部分从《中学科技》读者服务部购买，显像管、高频头、高压包等通过同有无线电爱好的朋友从济南、青岛购买。"

我们家组装 14 英寸黑白电视机，为了培养我和弟弟的无线电兴趣和动手能力，我们母子三人做了分工，母亲焊接三极管及其他元器件，我焊接二极管和电容，弟弟焊接电阻，谁有时间谁焊接，这成为我们课余和休息日的主要娱乐。回忆这一段时光，母亲感慨地说路厚杰老师带弟弟参加过无线电夏令营，接受过训练，元器件焊点很漂亮。

上述电视机的制作参与者、作者母亲张一尘

为节省经费，母亲找到在无线电六厂、十厂和省建八三厂工作的学生和学生家长，以极低的价格购买到了大量的电容、电阻、二极管等外品，用万用表逐一测试选出可用的元器件。

经过3个多月的努力，元器件和线路全部焊接、组装完毕，可谓真正的裸机，只有桐木做的白茬底座，主电路板平躺在底座上，显像管用支架固定在底座上，显像管屁股上焊接着视放电路板（视频放大电路、显像管的各级供电电压输入电路），一个自制的简易黑白电视机就这样诞生了。初步核算元器件购置费在170元左右，显像管、高频头、高压包、线路板就占了2/5。

把自造的天线捆绑在竹竿上，挑到阳台外面，通电后居然有了图像和声音，但图像是扭曲的，声音掺杂着噪声，反复调整天线，声音虽有好转，但图像依然扭曲，后对照图纸调整电位器参数，仍没改观，我们兄弟二人很是扫兴。后来，请王承铭老师到家进行调试，才有了图像周正、声音清晰的效果，我们家也成了拥有电视机的一族。天线移到楼顶后，图像效果更清晰、更稳定。一年后，在周村航校服役的福建老乡到我家串门，提出给电视机做一个外壳，以五合板为基本材料

制作了电视机前脸，用废油桶敲打出了后壳，形成了完整的电视机外形。在以后的几年里，电视机小毛病时有发生，我们按照电路图标注的相关参数进行调整，均轻松搞定，更换过中放三极管、场输出电容等。1987年我结婚时，购买了20英寸青岛彩色电视机给父母看，我们家组装的14寸黑白电视机才退出了视野，后父母几经搬家，它便被当作废品处理掉了。

40年过去了，儿时黑白电视机的记忆一直深藏在我的心里，那时人们艰苦奋斗、自力更生、任劳任怨，通过劳动改变物质和文化生活的精神更是值得我们去铭记，需要一代代弘扬和传承下去。

他与淄博的收音机、电视机、计算机结缘

■专访：曹忠，淄博无线电四厂原供销科长

2019年3月的一天下午，艳阳高照。我骑着电动车沿着张店区华光路向西骑行，走到风景华庭小区附近，忽然一名戴着口罩的老者骑着电动三轮车从我面前驶过。看到有些面熟，我职业性地点头打了个招呼，没想到老者立即将车停在路旁，远远地跑了过来。老人摘下口罩，我才认出来，竟然是三个多月前采访过的曹老——曹忠老师。

现在电脑、智能手机已经广泛应用于民用领域，而数控机床也普遍应用到企业的生产当中。但是在46年之前，淄博就成功生产和销售的山东省第一台集成电路电子计算机，甚至还用这台计算机编程了一段音乐。

今年84岁的曹忠先生，时任淄博无线电四厂的供销科长，他见证了这段科技创新的历史。

1948年，13岁的曹忠参加工作，成为当时张店中心镇的政府通讯员，从这一年开始，他这一辈子就与信息传输密不可分。当时，政府和军队的区别不是很明显，曹忠担任的是战勤工作，组织群众支前，安排担架，组织运输。

当时的通讯员一共有六七个人，曹忠是年龄最小的一个，但学历却是最高的。由于曾经读过小学，已经算是其中的知识分子，"很多同事都不识字，比如一封介绍信开头要写：兹介绍某某某，这个'兹'大家就都不认识，需要我和大家一起认读。"

曹忠先生近照（摄影：李波）

也许正是这个原因，1950年，部队和政府分开，曹忠成了淄川的广播收音员。他也是第一个淄博的收音员，他的主要工作是收听收音机，当时淄川只有两台收音机，一台是淄川一个老板的，另一台由曹忠掌管。按照工业、农业、财政、商业等不同行业，曹忠需要组织不同的人群收听和学习相关的栏目，及时对当前生产、工作进行指导。

"我当年就是抄收新闻，当时的淄川宣传科收音站就我自己一个人。"为此，上级专门派遣曹忠到济南进行了培训，曹忠需要将收听的新闻记录下来，然后刻成钢板，用油印机制成印刷品，向各个单位和部门下发。

为了使工作顺利进行，曹忠还专门学习了收音机维修和相关的无线电技术，这成了曹忠终生的事业。

在以后的日子里，曹忠利用自己学到的无线电技术，不断进行收音站的创新。过去，需要几个单位一起开会的时候，需要在各个单位之间架设临时的线路，方便分会场收听。曹忠利用自己学到的无线电技术，将收音机进行了改造，收音机除了收听之外，还有了发射功能，这样不必铺设路线，各个分会场就可以通过特定的频道实时收听主会场的会议。这在当时也引起轰动，曹忠的创新和才华也得到了相关领导的关注。

1964年，上级安排曹忠去组建工厂，在张店

工业办公室的领导下，他们先是成立了张店半导体机件试验所。随后，1966年5月28日，张店派曹忠、陈学孟带领16名学徒工，在张店兴学街租借了张店无线电厂。次年2月，张店无线电厂决定开始试制收音机，于是派陈学孟、田瑞亭等带领16名工人到济南无线电厂学习了3个月。

回到工厂之后，张店无线电厂开始研制收音机，1967年年底，第一台红卫牌收音机试制成功。"后来，我们还生产了海鹰牌收音机。仅仅从名称来看，这些品牌都带着非常明显的时代烙印。"曹忠说。

"我们在1973年3月就成功研制出了130计算机。"曹忠所在的淄博无线电四厂研制生产的这台计算机全名为130型电子束、离子束控制器，这也是山东省第一台自制的集成电路电子计算机。

可惜的是，研制成功之后，销路成了问题，这个计算机在当时太先进了，先进到没有与之配套的应用设备。由于缺乏控制系统，这样的计算机在当时无法应用到生产实践中，例如后来的数控机床，就是用的这种计算机，不过外形要小很多。当时研制成功的130型计算机，至少有一张书桌那么大。因为没有实际应用的设备，这台计算机的销路成了一个大问题。

为了给工厂收回投资，曹忠四处寻找销路，多次到四机部争取和沟通。靠着曹忠的不懈努力，最终为130计算机在北京找到了一所高校，把这台计算机卖给这家高校作为实验和教学使用。这才让"英雄"有了用武之地。

"研发非常重要，但只有找到销路，才能让研发的产品发挥出实际作用，才能回过头来继续研发更高端的产品。"一年多之后，1974年8月，淄博无线电四厂又开始试制6912计算机。

这台6912计算机，运算能力更强，体型也更为庞大，需要十几平方米的一间屋子才能全部安放好。为了研发这台计算机，无线电四厂开始四处求援，曹忠也分派了任务，他及时跟北京大学沟通，安排工人到北大去学习技术。他们一边学习一边研发，第一批去了六七名工人，第二批去了十几名工人进行培训和学习。

1974年10月23日，淄博无线电四厂的6219计算机的研发，得到了省市两级的支持，山东省拨付淄博市25万元科研试制费，其中10万元专门用于6219计算机的研发。1975年，拨付8万元，

用于试制计算机。1976年，再次拨付5万元，明确用于6219计算机。

"当时，我们把6912这种大型计算机也研发成功了。我们研发的计算机，甚至还投入实际应用。"曹忠说，当年他们用这台计算机编程了一段音乐，并进行了演奏，震惊了前来参观的领导和同行。

1978年1月，淄博无线电四厂试制成功民用电视机，后来被定为"双喜"牌，也就是淄博家家户户十分熟悉的"双喜"牌电视。1979年7月，经过不断攻关，山东省电子工业局受第四机械工业部国家广播总局的委托，主持召开了"双喜"DS12-1型电视机生产定型鉴定会。鉴定结果认为，质量符合国家标准，同意批量生产。同时，四机部同意将淄博无线电四厂定点为生产电视机为主的整机厂。

"那一年我们国家发生了两件大喜事，其中一件是十一届三中全会，另一件我忘记了。当时，我们工厂就把生产的电视机定为'双喜'牌了。"在曹忠印象里，当时生产的电视机供不应求，光有钱也买不到电视机，必须还要有电视机票，才能买到。

"那个年代，也不知道要为产品进行广告宣传。很多人是在邻居家看了我们的电视之后，才知道淄博也有了自己的电视机品牌。就是靠这么口口相传，我们的"双喜"电视机，就这么名声在外了。"曹忠当时在淄博无线电四厂担任供销科长，他除了负责销售，还曾经负责电视机原件的采购，每年要跑上海、杭州等地，参加订货会。

"我们四机部下属的企业，像这些无线电厂，都是保密单位，一般出去参加订货会的时候，条幅上都会写上四零单位订货会。"曹忠说，当时厂里技术员的创新和学习能力很强，不断到上海无线电厂、杭州无线电厂、山东电视机厂等单位深造学习。

撰文／李波

曹忠先生在"三转一响"博物馆接受《鲁中晨报》记者采访（摄影：张维杰）

曹忠先生（右三）到访"三转一响"博物馆（摄影：李跃训）

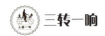

淄博人喜爱的"双喜"牌

——记淄博无线电四厂

"三转一响"博物馆藏品

一、沿革

1966 年 5 月成立张店无线电原件试验厂。

1967 年改名为张店无线电厂。

1972 年改名为淄博无线电四厂。

1984 年 4 月 1 日与张店新华仪表厂合并，改名为淄博电视机厂。

1986 年 8 月 6 日从日本引进彩电生产线，试产成功。几年的时间内几乎大半个中国都有了"双喜"牌彩色电视机。

1988 年第一批"双喜"彩电出口。

1989 年全国竞相上马"彩电生产线"，致使电视机市场饱和。

1993 年给青岛海信贴牌生产。

1999 年宣布破产。

二、业绩

1967 年始生产便携式、台式收音机。

1971 年产 501 型"卫星"牌五管便携式收音机。后生产"红卫"ZP-4A 型 4 晶体管便携式收音机。玻壳二极管。

1971 年 10 月，试制电子计算机。20 世纪 70 年代初，淄博无线电四厂王世芳等研制成功山东第一台集成电路电子束离子束控制机。它比国内第一台计算机晚了 15 年，但它跨越了电子管式计算机和晶体管式计算机两代，直接进入第三代计算机—集成电路式计算机。

品名：海鹰牌晶体管收音机
规格：G101
生产厂家：淄博无线电四厂
制造时间：20 世纪 70 年代

1972 年生产"海鹰"牌六晶体管便携式收音机，1973 年该机型全国评比第二名。

1973 年 3 月试制成功省内第一台电子计算机。1973 年 4 月始至 1974 年 3 月试制成功第二台 130 型计算机，给空军后勤部工程设计局，用于科学计算。整机性能优于上海同类机型。

1974 年参加全国第一届计算机展览，受朱德等领导赞扬。

1976 年与淄博丝织一厂合作生产光电提花机，创全国最高纪录。

品名：**海鹰**
规格：9102
尺寸：38 厘米 ×14 厘米 ×20 厘米
生产厂家：山东淄博无线电四厂

品名：**海鹰牌晶体管收音机**
规格：15 晶体管
尺寸：42 厘米 ×17 厘米 ×22 厘米
生产厂家：淄博无线电四厂
制造时间：20 世纪 80 年代

品名：**双喜**
规格：七管
尺寸：40 厘米 ×18 厘米 ×23 厘米
生产厂家：山东淄博无线电四厂
制造时间：60 年代

1978 年以上海"飞跃"9D3 型黑白电视机为参照，试机成功。确定"双喜"牌商标。

1979 年投入生产 12 英寸黑白电视机（塑料前面板、木刻、铁后盖）。

1979 年在省内首次试制成功 2 台五头一尾工业电视。

1981 年生产"双喜"牌收音机，获全国第八届收音机质量评比一等奖。

"海鹰"牌九管台式收音机"海鹰"牌六晶体管便携式收音机获全国四级便携机第二名。

"双喜"牌 8201 型二波段交直流两用晶体管台式收音机获第八届收音机质量评比三等奖。

整理／张维杰

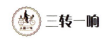

淄博电视机生产探源

在淄博人民广播电台成立60周年之际，由于我开办的"三转一响"博物馆珍藏着号称"淄博第一屏"的淄博人生产的第一台电视机，淄博电视台的领导让我概述一下"淄博第一屏"的产生过程和电视在当年的地位。

此时，中国共产党淄博市委员会下发的《关于大力实施改革开放赋能打造高水平开放型城市的意见》中着力构建开放产业新体系，成了全市的既定奋斗目标，这使我茅塞顿开。这充分体现了江敦涛继任淄博市委书记后一直推进的淄博市，电子工业发展进程走上了快车道。1965年1月，时任市委书记王世超带领市工业部门和周村区、博山区的主要领导到上海学习电子等新兴工业发展经验，推动电子工业发展。时隔55年，2019年8月，刚刚到任的市委书记江敦涛就踏上上海之路，继续探寻学习上海，重启淄博电子工业之路。

总结过去电子工业的辉煌，在淄博当推电视机。这是淄博人当时的骄傲之本。

电视机走进百姓家庭，改变了人们的生活，为人们获取更为广泛的信息提供了广阔的视角。淄博的电视机产业从无到有创造了历史的辉煌。

一、电子管电视机在淄博初创

2019年7月2日，吴隆武、韦海华夫妇来到"三转一响"博物馆。映入眼帘的"北京"牌电子管电视机使吴先生眼前一亮，期盼已久的心爱之物终于见到了。

这是源于山东理工大学的校友网站登载的"三转一响"博物馆消息，淄博市最早的电视机列入其中。一直在海外的吴隆武先生，密切关注着他的故地淄博，在不经意的搜索中来到了山东理工大学校友网站，看到了这则消息。"这是我在淄博工作时亲手制作的电视机吗？"他的质疑引发了一系列的故事。

在疑问之下吴先生特意找到了消息的发表者——山东理工大学校友办。也正是巧合，博物馆的主人——我就是校友办的原副主任。随即校

友办确认并提供了我的联系方式，吴先生便直接与我对话。经我提供图片，吴先生的慧眼就从电视机的背面看到了当年他们使用的电子管与天津电视机厂正式生产的型号区别所在。吴先生确认无疑，这就是他们当年在淄博无线电五厂的处女之作——"淄博第一屏"。

确认这台电视机为当年的人生第一作品后，吴先生喜出望外。作为对我为他收藏这台电视机表示感谢，也为支持博物馆长足发展，当即与夫人商定对博物馆捐赠5万元人民币。

在淄博市工业和信息化局、山东理工大学、周村古商城管理委员会的见证下，7月3日上午举行了"旅美科技工作者吴隆武资助'三转一响'博物馆"捐赠仪式。

在捐赠仪式上，吴隆武告诉我，1970年，他从中国人民解放军军事工程学院毕业，来到了淄博无线电五厂工作，被分配到钳工车间干钳工。

半年后，五厂设立了电视机项目，包括吴隆武在内的3个人成立了一个小组，仿照天津电视机厂生产的"北京"牌电视机，组装了2台电子管电视机。

"电视机组装好了之后，上面那些调整图像的方块格都可以正常显示，但是在淄川却收不到任何电视台的信号。当时泰山上有一个接收器，可以把济南的信号接收过来，再换一个频道转发出去，但这个信号在淄川收不到。"回忆当时的情景，吴隆武表示，"我们就想办法做了一个鱼骨式的老式天线，把它架到很高的地方。我们厂买了3根木制电线杆，两根在下面，一根在上面。我穿着铁鞋爬到电线杆上面，下面的人调电视，我在上面调天线的方向，在上面待了很久，最后勉强找到一个比较清楚的角度，下面的人勉强看到图像，听到声音。大家都高兴得不得了，因为所有人之前都没看过电视。下来之后，我的腰疼了两天，因为在上面太紧张了。"

1970年，在淄博大地上诞生的这台电视机，使淄博有了"千里眼"。在当时的背景下，是一

个了不起的事件。

山东省于 1970 年才开始安排广播电视产品的试制、生产任务。确定青岛无线电二厂试制电子管式黑白电视机。整个山东的电视机到 1971 年底才有试制产品，是年，山东广播器材厂利用天津无线电厂技术试生产 712 星 14 英寸电子管黑白电视机 30 台。从这个意义上来评价淄博无线电五厂的这 2 台电视机，也可谓山东省最早的电视机产品。

这 2 台电视机的问世，放在全国的视角来看，也是较早的。我国电视机工业 1950 年代和 1960 年代为起步阶段。1958 年 3 月天津无线电厂研制成功我国第一台电子管黑白电视机（35 厘米）。到 20 世纪 60 年代，国内较强的无线电厂，也都在小批量生产电子管黑白电视机。如天津无线电厂、上海广播器材厂、南京无线电厂、上海无线电四厂等。整个 20 世纪 60 年代，全国电视机年产量徘徊在 3000 台左右。

吴隆武先生在淄博工作了 8 年，1978 年恢复研究生考试，他考上了首批研究生，随后公费出国留学。"看到近 50 年前我亲手组装的产品，我非常激动。张维杰先生收集的这些产品让我非常敬佩，我想为此做出自己的一点贡献。"

二、晶体管电视机在淄博生产

淄博于 1976 年试制生产晶体管黑白电视机，1977 年安装第一条电视机生产线。1978 年，由陈凯瑞主持设计的"双喜"牌 DS12-1 型 12 英寸晶体管黑白电视机试产 100 台。 1979 年 7 月，"双喜"牌 DS12-1 型晶体管黑白电视机通过生产定型鉴定，开始批量生产。是年，由桂殿成主持设计成功 BS31-2A 型 12 英寸黑白电视机，实现了同厂同时两种同规格电视机共线生产。1982 年由陈邦国等主持设计 S351U 型 14 英寸黑白电视机，1983 年通过生产定型鉴定。1984 年在全国第四届电视机质量评比中获全国同类产品二等奖。

在晶体管电视机的试制研发生产过程中，淄博电视人的工匠精神和科学态度赢得了市场。至 1984 年，共生产 12 英寸晶体管黑白电视机 554411 台。14 英寸晶体管黑白电视机 117685 台。初步形成了山东省电视机生产的"青岛""泰山""双喜"三驾马车。

"三转一响"博物馆藏品

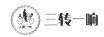

三、集成电路电视机在淄博形成产业

"双喜"牌晶体管黑白电视机，赢得了市场的赞誉，获得了全国的奖项，成为淄博人的骄傲。生产厂家研发动力强劲，前行永不止步。1984年，开始设计集成电路式黑白电视机。当年10月，由黄藏书等设计的S352型14英寸黑白电视机便试产成功。1985年由叶擎天等设计的S353型14英寸集成电路式黑白电视机通过生产定型鉴定。

同晶体管黑白电视机的生产同出一辙，S352型、S353型两款14英寸的黑白电视机依然是同厂同时同规格共线生产，这两种电视机是国内最早推出的交直流两用机型，适应广大乡镇、农村、牧区、边防哨所用户的需要。到1988年两种机型共生产19万台。S352型黑白电视机1988年获山东省优质产品。

市场的需求成为淄博电视人的第一追求目标。1985年下半年，S441A型17英寸集成电路式黑白电视机试制成功。1986年梁淑平、管向峰、李光学等设计成功S441A-1型集成电路式交直流两用17英寸黑白电视机。该机1987年获全国第五届黑白电视机质量评比一等奖。又是一个巧合，S441A型、S441A-1型集成电路式交直流两用17英寸黑白电视机是同厂同时同规格共线生产。

1988年，淄博成为山东电视机整机生产厂家三大支柱之一。

1979年，淄博生产的"红双喜"电视机
（摘自《淄博日报》五十年1952-2002）73页

四、彩色电视机为淄博创汇

1985年3月，时任淄博电视机厂厂长的陈凯瑞与日本洽谈引进彩电生产线。当年12月设备进厂。1986年9月"双喜"牌CT-1402PDB/G型14英寸彩色电视机下线，并通过了机电部组织的彩电生产线验收。淄博电视机厂被列为全国彩电生产定点厂之一。1987年，在彩色电视机的生产中，定型产品CT-1803PD型18英寸彩色电视机和叶擎天、刘湘义研制的4710NC2-2型18英寸彩色电视机，依然走上了同厂同时同规格共线生产之路。4710NC2-2型18英寸彩色电视机在1988年全国彩电质量评比中获得一等奖，被评为山东省优质产品。截至1988年，淄博电视机厂共生产54624台彩色电视机。在投入生产不足一年的时间内，淄博彩电便走出了国门，成为淄博市出口创汇的"摇钱树"。1988年实现出口创汇127万美元。到1988年11月，该厂还清全部进口项目贷款，企业进入良性循环状态。

从淄博无线电五厂组装的电子管黑白电视机到1988年的辉煌之巅，淄博电视机人历经拼搏奋斗，为淄博竖起一面旗帜，创出了淄博的"双喜"品牌。这是淄博的记忆，也是淄博的骄傲。

撰文／张维杰

博山区电子工业回眸

张华明 李景远 张玉敏 康红俊

从 20 世纪 60 年代中期开始，淄博的无线电半导体产业，如雨后春笋，迅速兴起。其中，淄博无线电一、八、九、十一厂及无线电瓷件厂落户博山。博山的个别无线电厂家主要生产国防军工配套产品，多数无线电厂家生产民用电子元件、材料、仪器等无线电半导体等科技产品。几代无线电人齐心努力，艰苦创业，为国家的国防建设和经济、文化发展做出了巨大的贡献，留下了不可磨灭的工业记忆。

原淄博无线电一厂（摄影：张华明）

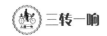
淄博无线电一厂

1965 年，博山区手工业管理局在现博山人民剧场成立技术革新小组，由徐兴义、宋建一、周宗元等六位人员组成。

1966 年 3 月，由技术革新小组投资 18000 元于博山新建五路（现博山人社局）成立"博山机械实验厂"，主要产品为 16-80 吨冲床。1971 年改为淄博无线电专用设备一厂（俗称"无专一"），年底迁厂至博山赵庄河东街 49 号。

1973 年归属淄博市电子工业局，原来无线电一厂与三厂合并。即改名为淄博无线电一厂。

1974-1978 年，与淄博无线电瓷件厂合并，后因体制问题又分开。当时主要产品为远红外材料，硅碳板、鱼群探测仪、冲床机床，后生产电熨斗、红外治疗仪等。

1988 年改名为淄博分析仪器厂。主要产品为微量水分析仪器、振荡仪、张力仪、胶质仪及其他化工分析仪器。

1994 年 5 月更名为淄博科森仪器公司并且从博山赵庄搬迁到淄博市高新技术产业开发区，隶属高新区经济发展局管辖。原赵庄厂址抵押给博山区再生资源公司。自 1995 年起，厂内许多技术人员纷纷辞职创业，在全市范围内创建若干"分析仪器公司"，带动我市科技发展。

2005 年 5 月，淄博市高新技术产业开发区实

原淄博无线电一厂办公楼（摄影：张华明）

行企业改制，由私企三泵公司参与，经投票三泵公司王国峰获胜，兼并淄博科森仪器公司成立山东三泵科森仪器公司，原来的老单位大部分职工辞职，历经 38 年的老企业终结。

【业　绩】

1966 年至 1974 年，生产双柱式可倾压力机（冲床）。1975 年开始生产电子仪器。

1975 年至 1978 年生产鱼群探测仪。

1976 年，生产远红外辐射元件。

1978 年生产 FSC-1 型 0.1 赫试验电压发生器。

1979 年实现财政收入 2.1 万元。

原淄博无线电一厂旧貌（摄影：张华明）

1985 年 12 月，试制成功 WS-1 型微量水分测定仪，1986 年 10 月经过省级鉴定。该仪器经水电部电力科学研究院、东北电力试验研究院、胜利炼油厂等单位对比测试表明，与日本三菱公司 1982 年生产的 CA-02 型微量水分测定仪主要技术指标一致，达到了 20 世纪 80 年代初国际水平，填补了国内空白。并于 1987 年获得山东省科技进步三等奖，1988 年获山东省优质产品及省优秀新产品二等奖。至 1988 年共生产 347 台。

1988 年微库仑分析仪获淄博市科委产品开发三等奖。

1987 年 10 月，研制成功 CT-2 型声波探测仪，用于对高压电放电定位探测，测定气体压力容器、输气管路、气阀、充气电缆的气体泄漏位置。同年 11 月，通过升级鉴定，也经水电部电力科学研究院和美国惠普公司 C4905A 样机对比测试认为，该产品已达到国外同类产品水平，在国内具有领先地位。至 1988 年，共生产 55 台，销往全国重点应用单位或行业，保证了生产安全。

1988 年研制成功 PJ 型喷射蒸发式胶质测定仪。该仪器主要用于车用汽油、航空燃料等的实际胶质测定。达到了 70 年代末 80 年代初国外同类产品水平，填补了一项国内空白，当年生产 9 台，解决了石化产品检验工作的急需。

原淄博无线电一厂车间（摄影：张华明）

原淄博无线电一厂车间（摄影：张华明）

淄博无线电八厂

淄博无线电八厂为小型（二）集体企业，1966年5月建厂，原名为博山无线电试验所，厂址博山峨眉山路64号。1968年更名为博山晶体管厂。主要产品为普通硅整流二极管2cp，年生产200万只以上。1970年12月更名淄博无线电八厂。1972年4月，原博山印刷社并入，定名博山无线电配件厂，隶属淄博市电子工业公司。主要生产：热敏电阻红外探测器TB和TB2、普通硅整流塑极管2cz、专用二极管IDR、红外热像仪、三角柱涡街流量计、消磁器、电子火石等。1992年同博山柳杭村联营后，与美国美福特公司合资兴办捷福士电子元件有限公司。1993年6月下放博山区管理，因负债累累，于2002年10月破产终结。

【主要产品】

1966年8月，普通硅整流二极管2cp试制成功并投入批量生产，年生产200万只以上。

1974年，开始试制热敏电阻红外探测仪TB和TB2，于1975年试制成功并批量生产。

1971年至1976年，生产了3DK、3AG等晶体三极管20.30万只。

1966年至1988年，共生产2CP、2CK、二极对管等2720.07万只。

1982年，为适应邮电部门电话设备技术革新的需要，试制成功专用二极对管TDR，当年生产48万只。到1988年累计生产583.44万只。

1984年，试制出为广播电视产品配套的专用二极对管TDR，1985年生产定型。到1988年，累计生产1998.85万只。

【业　绩】

具有严格的质量内控标准，产品销往全国26个省市，受用户的广泛青睐。

生产的2cp（2cz）10-20/41-50/51-60等系列硅普通二极管，专门供给七一二厂（天津无线电厂）生产的"北京"牌电视机。

专用二极对管TDR采用陶瓷环氧封装，具有体积小，重量轻、使用方便、性能稳定可靠等特点。1987年获山东省优质产品奖。

专用二极对管TDR，具有体积小重量轻、成本低、性能稳定可靠等特点，1986年获得电子工业部生产许可证。

原淄博无线电八厂旧貌（摄影：张华明）

淄博无线电九厂

原淄博无线电九厂博山青年路厂址（摄影：张华明）

原淄博无线电九厂博山青年路大门（摄影：张华明）

淄博无线电九厂，初建于博山青年路，前身为1965年组建的淄博仪器仪表研究小组。

1966年4月，更名为淄博仪器仪表厂。

1970年，定名为淄博无线电九厂，后迁至博山新坦前街49号。

1980年，研制成功 GJD 系列高压静电除尘电源当年投入生产。达到了卫生部颁发的企业设计卫生标准，当年通过六级部、冶金部等鉴定。

1984年，与山东建材学院联合研制成功 WTC 型震动式传感器和 DBZ 型震动式变送器。实现水泥厂磨机负荷自动控制。至1988年累计生产200套，深受企业欢迎。

1986年7月，与山东建材学院联合研制成功 MFK-3 型球磨机负荷控制装置，同年10月开始批量生产。专门用于球磨机负荷检测与控制，属国内首创，销往全国水泥行业。

1988年，与航空工业部631所联合研制成功 WFX-4 型球磨机负荷微机控制系统，当年开始生产。使得球磨机时产量提高 8%-10%，单产电耗降低 8%，球耗降低 15%，居国内先进水平。

90年代后企业衰败，连年亏损，于2001年8月破产终结。

【主要产品】

光电白度计、光电光泽计、透明度计等。其中，光电白度计销往越南、印度、印度尼西亚、菲律宾等国。

晶体管直流参数测试仪、直流稳压电源、电子门铃、粘度仪、振打器等产品远销东南亚各国。

从1966年至1985年是九厂辉煌的20年。1977年最高利润达到20万元，1985年最高产值达到163万元。

原淄博无线电九厂旧貌（摄影：张华明）

淄博无线电十一厂

原淄博无线电十一厂旧貌（图片提供者：康红俊）

淄博无线电十一厂原址为博山区新博北路52号。建厂时间1974年，原名为博山防空器材厂，生产防空器材、刮雨器及电压调节器等产品。1977年初，在省市电子工业局的引导支持下，决定上马铝电解电容器产品，该厂先后派遣20余名技术骨干到南京朝阳电容器厂学习生产工艺技术。同时，派工程技术人员到上海天河电器厂、无锡崇武电器厂等单位，学习考察电容器生产的专用设备。并现场测绘图纸，在较短的时间内制作出了切片机、铆接机、捲绕机、封口机、铝箔退火炉、简易铝箔腐蚀设备、静态赋能设备、水处理设备等。从专业设备生产厂家购置了切纸G切箔机，高温老炼设备，容量损耗分选仪、漏电测试仪、电容电桥、电导仪、离心机等。初步具备了一条简易铝电解电容器生产线，并组织试生产。成功生产出了"CD12-15型"低压大容量规格产品，并于1977年7月开始批量生产。

1979年开始生产CD11型铝电解电容器。开始为收音机、黑白电视机、录音机等民用无线电整机配套供货。

1983年企业上调到淄博市电子工业局直属企业后，厂名由博山无线电元件厂改为淄博无线电十一厂，企业性质为市属大集体，企业正式职工达350余人。

【主要产品】

CD11型铝电解电容器，年产量1100万只，主要应用到各种工业电子设备、收音机、黑白电

原淄博无线电瓷件厂赵庄库房（摄影：张华明）

原淄博无线电九厂青年路生产车间旧貌（摄影：张华明）

视机等家电产品。

CD12-15 型铝电解电容器，年产量 30 余万只，主要应用到各种工业电子设备。

CD60 型铝电解电容器，年产量 15 余万只，主要应用单向电动机，为单向电动机启动电容器。

CBB60-61 型聚丙烯薄膜电容器，年产量 15 余万只，主要应用工业电子设备和电风扇民用产品。

CD11B 型铝电解电容器，主要为彩色电视机配套产品。

CD11G 型高压铝电解电容器，主要应用电子节能灯配套。

【几项重要工作】

（1）1984 年，引进了由北京七O六厂、石家庄无线电九厂共同翻版的日本荒井公司制造的低压铝箔腐蚀、赋能生产线，解决了手工腐蚀和静赋能工艺生产的化成箔比容低、比容不均匀的关键技术问题，为后来引进自动化生产线打下了基础。

（2）1985 年，为了适应 CD60 型铝电解电容电器对化成箔的质量要求，在原低压箔生产线的基础上，自行设计创造了多级赋能生产线，化成箔由原来的最高电压 63 伏扩大到 160 伏，使 CD60 型电解电容器形成了年产 15 万只的生产规模。

（3）1982-1984 年，为了提高产品质量，建立产品例行实验室，先后购进高温负荷试验台、低温箱、潮热试验箱、浪涌电压试验台、振动冲击台等十余台套试验设备。山东省电子产品监督检验所验收合格。

（4）1986 年，为了提高 CD11 型铝电解电容器质量，采用国际 IEC 标准，为彩色电视机配套，企业先后派员到西安交通大学、西安科技大学学习培训，在专家教授的指导帮助下，成功研制出宽温工作电解液，使电容器的环境工作温度由 -40 度到 55 度，扩大到 -55 度到 105 度。经上级主管部门主管抽样做高温负荷试验，达到 1000 小时。产品可靠性能指标达"亚五级水平"，获四机部优质产品称号。

（5）1985 年，企业通过电子工业部的生产许可证审查验收；1986 年企业通过国家的安全认证验收。

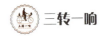

忆往昔 峥嵘岁月——淄博无线电十一厂

淄博无线电十一厂商标

淄博无线电十一厂坐落在陶镇山头,原博山陶瓷厂大门口北侧的河对岸。南邻博山链条厂,北靠铁路桥。

时光荏苒,岁月蹉跎,市场经济的变革使无线电十一厂大部分员工被迫顺应新的环境,再次创业打拼。随着年龄的增长,大多相继退休,或享天伦之乐,或赋闲颐养天年,有的已离开升华天堂。时光去,人已老,情依旧,夕阳好。

怀揣着对母厂的一份真情,搜集整理了部分老照片,呈献给大家,共同追寻曾经的青春年华,共同追忆曾经的企业辉煌,共同回忆曾经的酸甜苦辣,共同怀念曾经的朝夕相处⋯⋯

1977 年 4 月赴南京学习全体人员留影

1991 年 3 月 CBB60 型产品鉴定会留影(右图)

1991 年 3 月 CBB60 型产品鉴定会留影(右图)

淄博无线电十一厂职工合影(上图)

1977 年 7 月全体团员合影

1983 年技术考察于北京留影(左图)

1983 年 10 月博山无线电元件厂第一届职工二次工会代表大会代表合影留念

1984 年 8 月赴西安交大学习留影

1985 年 11 月技术科
全员于济南留影

1999 年包卷工序

1991 年 3 月与西安交通大学曹婉珍教授合影

1986 年 9 月于厂区

（淄博无线电十一厂照片由康红俊提供）

淄博无线电瓷件厂

淄博无线电瓷件厂，前身为淄博瓷厂六车间。1966年7月，应国家国防需要成立该单位，专生产压电陶瓷水声元件。单位行政上归属山东省陶瓷公司下的淄博瓷厂，业务上归属山东省国防工办。1976年1月归属淄博市电子局管理后，组建淄博无线电瓷件厂。迁址博山区赵庄后并入淄博无线电一厂，后因体制问题又分开独立。期间，曾为我国运载火箭、首颗通讯卫星及新一代鱼雷研制生产过配件，多次受到党中央、国务院，中央军委、国防科工委的嘉奖，为国防现代化建设做出了重要贡献。

1993年由淄博市下放到博山区管理。2001年11月企业进入改制程序，2002年3月组建成淄博宇海电子陶瓷有限公司。2017年，由博山赵庄迁至博山经济开发区创业大道57号。

经过几代人的创新劳作，企业在中国科学院上海硅酸盐研究所和声学研究所、山东大学等单位的帮助下迅速发展，先后为国内水声、电声、超声、计量、通讯、探测、自动控制、引燃引爆等几十个行业400多厂家提供了上千个品种的产品，部分元件出口国外。

目前，淄博宇海电子陶瓷有限公司已是全国敏感元件与传感器研制、开发和生产的创始厂家之一。公司由以材料及元件为主的经营方向逐步向传感器及超声波、水声设备领域发展，形成了材料、元件、器件及整机一体化的生产经营模式。成为省内最大的集压电陶瓷材料、元件及传感器生产线与压电陶瓷研发为一体的压电陶瓷生产基地和研发平台。

整理／张华明　李景远

原淄博无线电瓷件厂车库（摄影：张华明）

原淄博无线电瓷件厂旧貌（摄影：张华明）

原淄博无线电瓷件厂旧貌（摄影：张华明）

淄博宇海电厂陶瓷有限公司（摄影：张华明）

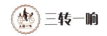
淄博电子工业的辉煌篇章

淄博的电子工业始于1959年。当时的山东省生建八三厂开始试制半导体硅材料和二极管、三极管。1965年1月，时任淄博市委第一书记王世超亲自带队，到上海专题学习新兴电子工业的发展经验。同年11月，成立淄博无线电元件研究所和稀有金属材料研究所，淄博电子工业开启了发展新篇章。

至1969年，淄博市先后建立了博山无线电试验所、张店无线电厂、淄博电阻厂、无线电瓷件厂等15个电子工业厂点。1970年，在"大办电子工业"的口号鼓动下，淄博电子工业厂点猛增到65个。1972年，成立淄博市电子工业局，对厂点和产品结构进行了调整。至1975年，全市形成电子工业厂点20个，有些产品填补了国内空白。

1976至1978年间，淄博市加强了电子工业骨干企业和重点产品的开发，一批半导体器件用于我国人造地球卫星、运载火箭等重点工程。1978年，淄博无线电五厂生产的海底地貌探测仪获得全国科学大会奖。

1979年至1985年，淄博市积极调整产业结构，使电子工业进入一个新的发展阶段。至1985年，

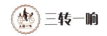

1972年，淄博生产的永红牌晶体管收音机
（摘自《淄博日报》五十年1952-2002）73页

淄博市电子工业系统共有企事业单位39个，其中广播电视和应用整机厂5个，电子元器件企业19个，从业职工5800余人。工业总产值1.4亿元，占全省电子工业总产值的14%，居全省第4位。其中淄博电视机厂（原无线电四厂）、无线电五厂、无线电六厂、无线电瓷件厂等都是山东省电子工业的重点企业。根据2007年中华书局出版的《淄博市科学技术志》（1986-2003）记载：到1986年，淄博市电子工业体系已经相对完善，形成了电子元件、电子仪器、半导体器件、广播电视等诸多产品生产基地。

1988年，全市电子工业系统完成销售收入22842万元，产生税收2526万元，实现历史性的重大突破。"七五"期间，淄博电子工业系统利用国家金融政策，筹备资金、改造技术、研发新产品，以新技术带动产业进步，创造了发展的新活力源。在此期间，不少企业的产品填补了国内空白，获得了许多技术奖项。自1986年以来，共研发省部级鉴定的新产品140余项，获得自主产权数量52项，科技成就十分显著。

整理／张维杰

"三转一响"博物馆藏品晶体管特性图示器
（摄影：王岩）

品名：晶体管特性图示器
规格：JT-1A
生产厂家：淄博无线电三厂
制造时间：20 世纪 70 年代
尺寸：50 厘米×40 厘米×4 厘米

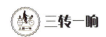

淄博市主要电子企业及产品

厂名	发展历史	地址	产品
山东生建八三厂 （国内最早研制、生产硅材料和半导体器件的厂家之一，六晶体管超外差式收音机为山东省首台收音机）	1958年成立山东省生建八三厂研究所，1963年11月改为山东省半导体研究所	周村	1958年，开始试制单晶硅材料和硅三极管 1961年，试制3DG高频高压小功率三极管 1962年2月至1969年12月，试制成功低压小功率三极管3DX 1963年，试制一批全硅管及硅锗管混装的七晶体管袖珍收音机 1970年，试制集成电路、3DG晶体管、高频率大功率晶体管，填补国内空白 1971年，成功仿制3台"北京"牌14英寸电子管黑白电视机 1973年，安装成功电子管、晶体管混装的14英寸黑白电视机 1979年，CG35X硅超高频低噪声小功率三极管获省优质产品奖 1980年，向太平洋海域发射的运载火箭使用了该所产品，3DA101-110系列硅低压高频大功率三极管获山东省科技进步二等奖 1981年，3DG142硅超高频低噪声小功率三极管获省优质产品奖 1984年，3DG141、3DG142硅超高频低噪声小功率三极管、3DD157、159硅低频大功率三极管获电子工业部颁发的产品生产许可证，发射试验通讯卫星的运载火箭采用了该所生产的3DD低频大功率三极管
淄博无线电一厂 （1970年代喷射蒸发式燃料实际胶质测定仪填补国内一项空白）	1965年成立技术革新小组，1966年3月组建博山机械实验厂，1971年改为淄博无线电专用设备一厂，简称"五专一"厂，1972年并入淄博无线电三厂	博山	1976年，生产远红外辐射元件 1978年，生产FCS-1型0.1赫实验电压发生器 1979年，生产FCS-1型0.1赫试验电压发生器 1985年12月，研制成功ws-1型微量水分测定仪，填补国内空白 1987年，获省科技进步三等奖 1988年，获山东省优质产品及省优秀新产品二等奖 1987年，研制成功CT-2型声波探测仪 1988年，研制成功PJ型喷射蒸发式实际胶质测定仪，填补国内空白
淄博无线电二厂 （1970年2CZ53型硅整流二极管用于我国第一颗人造卫星）	原淄博无线电元件研究所，1972年改为淄博无线电二厂	张店	1966年9月，试制投产2CZ53-55型金属壳二极管 1968年，生产3CT101及KP100-200硅可控整流器 1970年-1976年，先后试制投产2CZ56-60及ZP100-200A硅整流元件 1970年，2CZ53型硅整流二极管用于我国第一颗人造卫星 1978年，产品为国防重点工程配套 1981年，产品在华东六省一市27个同行业厂家质量评比中列第四名 1982年，试制成功ZDBA-1型触电保安器 1984年，批量生产解放军总后勤部车船研究所研制的QTZ型微电脑制动特性测试仪 1985年，批量生产CTM汽车、拖拉机综合测试仪。获省优秀产品二等奖 1987年获国家经委颁发的优秀机械电子新产品奖
淄博无线电三厂 （全市最先生产工业电视的厂家）	原张店包装制品厂，1969年1月组建张店电子仪器厂，1969年4月改名淄博电子仪器厂，1970年12月改为淄博无线电三厂；1972年11月淄博无线电一厂并入该厂，1982年与第四机械工业部宏星器材厂联合成立国营宏星器材厂淄博联合厂，1988年改名为淄博计算机设备应用公司	张店	1968年5月，试制成功JT-1晶体管特性图示仪，至1988年累计生产6996台 1969年，生产JT-1型晶体管特性图示仪/便携式4管收音机 1969至1973年，试制成功晶体管参数测试仪 1971年7月，试制成功JT-3型大功率晶体管特性图示仪 1976年5月，试制成功QK-6型晶体管开关测试仪，至1988年共计生产103台 1976年，试制成功SGD-1型工业电视，当年试产3台，1979年生产30台，同年移交淄博无线电四厂 1978年，试制成功JT-1A型图示仪，至1988年累计生产2812台 1981年，生产实心电位器，填补国内空白 1981年，QL-80只读存储器写入仪获山东省科技成果三等奖 1983年，研制成功SCC-1型彩色电视差转机，当年12月通过省级鉴定，小批量投产 1985年，生产汽车、拖拉机综合测试仪 1985年，研制成功MZSC型色谱分析数据处理机，达到日本1980年代初同类机型水平 1985年8月，研制成功ZJL-1A型粮食收购计算机，居国内先进水平 1985年12月，研制成功MS-1/RS-1型微机电力远动控制装置 1987年，微机电力运动分站获省优质产品奖

续表

厂名	发展历史	地址	产品
淄博无线电四厂 （1974年参加全国第一届计算机展览，受到朱德等领导赞扬。跨越了电子管式计算机和晶体管式计算机，直接生产第三代计算机——集成电路式计算机）	原为1966年5月成立的张店无线电原件试验厂，1967年改名为张店无线电厂，1972年改名为淄博无线电四厂，1984年4月与张店新华仪表厂合并，改名为淄博电视机厂	张店	1967年，生产便携式、台式收音机 1971年，生产501型"卫星"牌五管便携式收音机，后生产"红卫"牌ZP-4A型4晶体管便携式收音机、玻壳二极管 1972年，生产"海鹰"牌六晶体管便携式收音机，1973年获全国评比第二名 1973年3月，研制成功山东第一台集成电路电子束离子束控制机，它比国内第一台计算机晚了15年，但跨越了电子管式计算机和晶体管式计算机，直接进入第三代计算机——集成电路式计算机 1974年3月，完成第二台130型计算机，给空军后勤部工程设计局，整机性能优于上海同类机型。同年参加全国第一届计算机展览，受到朱德等领导赞扬 1976年，与淄博丝织一厂合作生产光电提花机，创全国纪录 1978年，以上海"飞跃"9D3型黑白电视机为参照，试机成功电视机，定名"双喜"牌 1979年，生产12英寸黑白电视机 1979年，在省内首次试制成功五头一尾工业电视 1981年，生产"双喜"牌收音机，"双喜"牌8201型二波段交直流两用晶体管台式收音机获第八届收音机质量评比三等奖
淄博无线电五厂 （全国研制和生产水声设备的主要厂家之一，为海洋和海军建设做出了积极贡献）	建于1968年，原名为淄川电讯仪器厂，1970年改名为淄博无线电五厂	淄川	1969年，仿制鱼群探测仪 1970年，仿制"北京"牌14英寸电子管黑白电视机2台，为我市最早的电视机产品 1971年，生产便携式晶体管收音机 1972年，自行设计并研制成功SCH-1型数字探测仪 1974年，研制成功SCH-2A型便携式数字探测仪，与中科院声学研究所联合研制成功SDH-7型单侧海底地貌探测仪 1975年，试制深海地貌仪 1976年，研制成功SDH-5型5千米测探仪，1978年获第四机械工业部科技成果二等奖 1979年，研制成功SDH-12型万米测探仪 1980年，与中科院声学研究所联合研制成功SDH-8型双侧海底地貌探测仪，获山东省科技成果二等奖。自行设计、试制落地式二波段12关高传真度收音机 1983年8月，试制成功YCR-1型压电超声乳化节油装置，1984年获山东省科技进步三等奖。批量生产DYF-G-2型管道含水量测试仪 1985年，与中国科学院声学院合作的"双侧海底地貌探测仪"获国家科技进步三等奖
淄博无线电六厂 （山东省规模最大的电阻器生产厂家，全市电子行业第一家合资企业）	原为周村机电社，1966年改名为淄博电阻器厂，1971年改名为淄博无线电六厂，1988年与香港合资成立淄博鲁元电子有限公司，1998年下放为区属企业	周村	1965年，开始生产电阻器 1966年，批量生产电阻器，年产64.9万只 1967年，试制成功RT11型金属膜电阻器 1970年4月，生产第一炉氧化膜电阻器 1973年，研制生产测量模电阻器，在省内首家试制成功RTX小型碳膜电阻器，当年产量达540.5万只 1985年，"银鹰"牌RT14型碳膜电阻器获省优质产品奖，并获电子部颁发的生产许可证，1987年获机电部优质产品奖
淄博无线电七厂 （省内建厂较晚、倒闭最晚、生产收音机台数最多的厂家）	原为创建于1968年的周村电声器厂，1970年11月改名为淄博无线电七厂	周村	1972年，试制成功"宝灯"牌6101型六管一波段台式收音机，生产台式晶体管收音机、5A1五管便携式收音机 1982年，7201-2型七管一波段台式收音机获全国收音机评比三等奖 1985年后，全市仅有该厂一家生产收音机，年产167050台 1987年，生产便携式单声道收录机608台，生产电唱机1065台 1988年，生产电唱机8328台 1984至1988年，收音机产量占山东省总产量的36%~98%，是山东省收音机产量最高的厂家

厂名	发展历史	地址	产品
淄博无线电八厂 （生产的热敏电阻于1988年获山东省和机电部优质产品称号）	1966年建厂，初名博山晶体管厂，1968年更名为博山无线电实验所，1970年12月更名为现名	博山	1966年，始生产2CP（2CZ）10-20、41-50、51-60系列硅普通二极管 1970年代，生产3DG12中功率晶体管 1973年，试制成功砷化钾隧道二极管 1976年，试制锰钴镍热电阻红外探测器TB2型红外原件，1977年自筹资金组建生产线，当年投产 1978年，生产TB-A型红外测温仪硅二极管TDB 1982年，研制成功硅二极对管TDR，1987年该产品获山东省优质产评奖 1984年，试制生产2CZ82-85硅整流二极管 1985年，试制成功M2-T彩电消磁正温示数热敏电阻，投产MZ-72型热电阻，并于1988年获山东省和机电部优质产品称号
淄博无线电九厂 （与航空工业部631所联合研制成功WFX—4型球磨机负荷微机控制装置）	1965年组建"淄博仪器仪表研究小组"，1966年4月更名为：淄博市仪器仪表实验厂，1970年改名为淄博无线电九厂	博山	1966年，生产光电白度计、光电光泽计 1972年，仿制SZ-01型晶体管直流参数综合测试仪 1980年，研制成功GJD系列高压静电除尘电源 1983年研制水泥垛包机光电分析仪器、晶体管直流稳压电源。 1984年，与山东建材学院联合研制成功WTC型震动式传感器和DBZ型振动式变送器 1986年7月，与山东建材学院联合研制成功MFK-3型球磨机负荷控制装置 1988年8月，与航空工业部631所联合研制成功WFX-4型球磨机负荷微机控制装置
淄博无线电十厂	原淄博人民印刷厂，1971年改为淄博无线电十厂	周村	1971年，始生产显像管 1976年，接产华东电子管厂移交的8SJ31J和13SJ38J示波器，该产品在全国质量评比中获第二名。试制成功19英寸黑白显像管和示波管、电子枪、高频小功率锗晶体三极管枪等 1983年，获得电子部电子产品展销许可证 至1987年，该厂累计生产示波管42485只
淄博电子管厂	1982年改名为淄博电子管厂	周村	1975年，始生产瓷介电容器，1982年产量达到81.25万只， 1983年停产该产品 1976年，接产华东电子管厂移交的8SJ31J和13SJ38J示波管 1985年，开始小批量生产31SX5B型12英寸黑白显像管，1987年停产
淄博无线电十一厂 （全省生产电解电容器的两个厂家之一）	1974年成立博山防空器材厂，1977年名为博山无线电元件厂，1983年改为淄博无线电十一厂	博山	1977年，转产CD12-15型铝电解电容器 1979年，试制生产CD11型电解电容器 1981年，生产CD119型电解电容器 1983年，根据电视机厂家的特殊需求，试制CD117电解电容器 1987年，试制生产CBB60型金属化聚丙烯薄膜电容器， 至1988年生产2万只
淄博无线电十二厂 （生产的砷化钾隧道二极管，为军用通讯机配套，声誉较高）	始建于1970年，原名临淄无线电元件厂，1984年改为市属企业，更名为淄博无线电十二厂	临淄	1970年代，生产硅双基极二极管 1986年，试制成功MYZ2型消躁压敏电阻 至1988年，生产压敏电阻1675.94万只
淄博无线电十三厂	原淄川无线电材料厂，1984年改名为淄博无线电十三厂	淄川	1974年，始生产硅碳棒 1977年，生产碳化硅砂轮、碳化硅研磨料，试制成功白刚玉微粉，1980年停产 1980年，生产恒磁贴氧体环形磁钢

续表

厂名	发展历史	地址	产品
淄博电子元件厂 （山东省唯一生产电感元件的厂家）	1954年成立制镜小组 1956年改为周村制镜社 1961年改为塑料制镜厂 1965年挂周村无线电原件厂牌子，1970年改为制镜厂 1985年成立淄博电子元件厂	周村	1966年，始生产电子产品 1967年，在省内首家生产出合格的CII玻璃釉电容器 1972年，开始生产为广播电视产品配套的变压器 1978年，生产电感器 1985年，生产的LG1/LG2固定电感器全国质量评比一等奖，并获省、部优质产品称号 1986年6月，试制成功LG-W型固定电感器 1987年6月，投产彩电用LGB0606/LGB0909固定电感器及TLH型立式固定行线形线圈 1987年，调频收音机用振荡线圈和黑白电视机用中周获全国质量评比二等奖 1988年，投产彩电用中频变压器及可调线圈10A/10K型黑白电视机用中周获省优质产品奖
淄博无线电瓷件厂 （全国生产压电陶瓷元件规模最大、产品最多的厂家）	原为淄博瓷厂六车间，1976年1月单独建厂，命名为淄博无线电瓷件厂，2002年改制更名为"淄博宇海电子陶瓷有限公司"	淄川 后迁 博山	1966年，始研制生产压电陶瓷 1970年代，生产YDD压电点火器、SZQ-1型压电陶瓷拾振器 1980年，试制成功压电陶瓷蜂鸣器，1983年投产 1981年，生产PTC半导体定温发热元件 1983年，全国同行业评比名列第三 1984年，试制成功6.5MHZ压电陶瓷滤波器
淄博电子磨具厂	1983年从淄博无线电十厂分出建厂	周村	主要生产电子磨具
周村第二电子元件厂	周村航校五七工厂	周村	1972年，生产BK-50变压器、中频变压器， 至1975年生产能力达1200万只 1976年，产品开始出口，至1978年出口500万只收音机中频变压器 1979年，生产电视机配套变压器等，至1985年生产变压器272.55万只
山东医疗器械厂拉杆天线分厂	1979年山东医疗器械厂成立拉杆天线分厂	张店	1979年，始生产拉杆天线， 1987年，获山东省优质产品奖，TL7-260III型1180-5型拉杆天线被评为机电部优质产品
淄博无线电研究所 （1982年HLCJ-1海用微波测距仪获山东省科技成果二等奖）	建于1975年6月	张店	1976年，研制SK-1型顺序控制器SK-1型顺序控制器 1979年，研制成功KSJ型步进式顺序控制器 1981年，研制成功HLCJ-1海用微波测距仪 1982年，HLCJ-1海用微波测距仪获山东省科技成果二等奖 1984年12月，研制成功CX-2光电式绞车限速器

整理／张维杰

"三转一响"博物馆成为对青少年进行爱国主义教育的好阵地（摄影：张维杰）

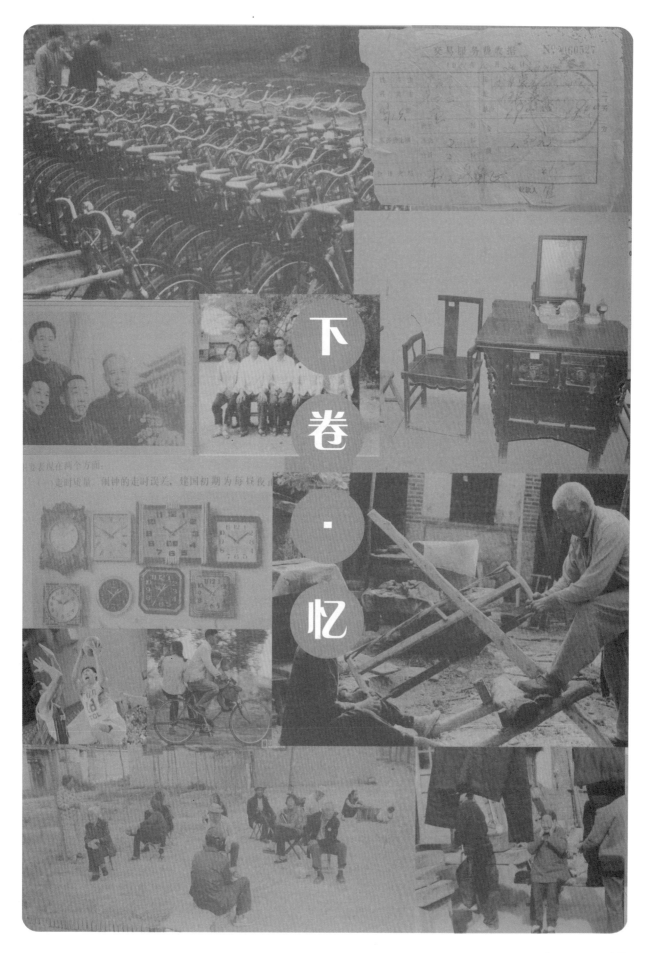

下卷·忆

2020 年 11 月 28 日，"'三转一响'与大上海"在上海纺织博物馆展出

综

合

篇

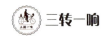
那年月的"奢侈品"

"三转一响"博物馆藏品

与自行车和缝纫机两"大件"相比，手表和收音机属于"奢侈品"，因此出现在鲁中乡村较晚，家庭保有率也较低。老人和孩子对待这两大件的态度截然不同，因此会发生激烈的矛盾冲突。老人认为，刚刚填饱肚子，花闲钱买这些中看不中用的东西败家。年轻人则坚定地认为，手表才能代表与时代同轨——"时间就是金钱"嘛！听广播才能知道外面的世界，才不会落伍。收音机除了放流行歌曲、说相声外，放黄梅戏、唱京剧的时候，你不也笑眯眯的听得很惬意么？因此尽管有争吵，一家人还是为凑齐了这"三转一响"而心满意足，生活充满了阳光的味道。

最初的手表以"上海"牌为尊，单就看看表盘上"上海"两个美术字，都会觉得心情舒畅。表链子一定要用镀镍不锈钢的，要松一些，割麦子垒猪圈时，不时地抬起胳膊晃晃手腕，让手表往下落一落，更重要的是明晃晃的能让别人看见，咱也是有表一族！买不起"上海"牌的，买块其他牌子的也凑合。我上初中时帮着家里收了一假期的花椒，父亲给我买了一块"宝石花"牌手表，我在班里就格外牛气，不时地抬起手来看看，像是自言自语又像是特意告诉同学们现在几点了。

后来从南方倒腾过来了电子表，几点几分直接写在屏幕上，晚上天黑看不见，一按按钮，灯

"三转一响"博物馆藏品

"三转一响"博物馆藏品

泡一亮，清清楚楚的。不过这电子表也不便宜，二三十块呢！而且总感觉南方来的这轻飘飘的东西没有"上海"牌的铁疙瘩靠得住，万一要是坏了找谁修去？邻家大哥是个能人，从南方倒腾电子表，曾放在村里十几块让人帮着代卖。既然是代卖，就先戴上试试呗！于是一人一块，晚上戴着去浇地，不一会儿就摁下按钮看看几点了。还不时地摁下自动报时，听里面的标准普通话讲"现在时刻，几点几分整。"几天后大哥回来了，发现电子表一块也没卖出去，倒是有两三块给戴得没了电，弄得他很不高兴。

收音机跟手表一样，是满足人们精神需要的，因此尽管价格不菲，一家人还是努力挣钱尽早把它买回家。当时淄博无线电四厂、七厂生产的"海鹰"牌、"双喜"牌收音机很有名，后来又有了"红灯"牌、"宝灯"牌等。这收音机下宽上窄，是个长方体的匣子，有些地方干脆叫作"戏匣子"。喇叭装在里面，正前面的上半部分用带花纹的厚布装饰，美观大气。下半部分用透明的玻璃盖住频率指示表，两边装有两个旋钮，左边的调频道，右边的调声音。这"戏匣子"当然是越大越好，因为越大越显得气派，摆在一进门的大桌子上，再盖上一块崭新的毛巾，旁边放着擦得锃亮的马蹄表，这是当年鲁中乡村家庭的豪华摆设。

收音机白天播放的节目不多，而且大多是农林函授课程节目，广播中一男一女，一问一答，显得很生硬很枯燥。小卖部的六哥书明对这些函授节目却很感兴趣，经常把音量开到最大，往往是听了节目，忘了买卖。一到晚上或者星期天，收音机里顿时热闹起来，调频率时手要旋转得很慢很慢，生怕漏掉任何一个节目。家里人经常为收听哪个节目而意见不一。有愿意听流行歌曲的，有喜欢听广播剧的，还有喜欢听评书的。解决争议的原则是，大的让着小的，闺女让着儿子，老人让着孩子。喜欢的节目听不到也不要紧，第二天上午还会重播，因此最后大家都能搁置争议，共同收听。

最容易流逝的东西就是时间。一晃几十年过去了，当年家喻户晓的"三转一响"现在几乎绝迹了，就连这种叫法也得努力跟年轻人解释一通人家才能听懂。我们中老年人怀旧，尤其是这"三转一响"对我们影响极深，是我们曾经的光荣与梦想。不管年轻人喜不喜欢，从那个年代过来的我们却无论如何也不会忘记那些转动的轮子和响起的声音。

撰文／王书敬

我家"四大件"的变迁

作者家中藏品（摄影：冯光明）

在20世纪六七十年代，自行车、缝纫机、手表、收音机被人们称为"四大件"，每当讲起这些事来爷爷总是如数家珍、感慨万千，因为这几样东西伴随着他们那一代人走过了一段既令人潸然泪下又使人喜上眉梢的历史。爷爷说，那时候一块手表很可能就是一个女孩子的全部嫁妆，而一辆自行车或许就让一个男孩子当上新郎。如果你骑着一辆崭新的"永久"自行车在大街上闲逛，其得意扬扬的劲头不亚于今天开着"大奔"在闹市区张扬。

计划经济时代，生活物资极度贫乏，什么东西都要凭票供应，不

作者家中藏品（摄影：冯光明）

要说没有钱，就是有了钱也买不到。所以，"四大件"对于普通百姓来讲就是"财富的象征"，是渴望而不可即的事情。爷爷告诉我他从20世纪70年代初到20世纪80年代中历经了十几年，通过票证购买、托关系购买、买零件组装等办法，费尽九牛二成之力才勉强置办齐了"四大件"，这在当时已属"凤毛麟角"了。

20世纪八九十年代，改革开放的春风吹遍了祖国大地，丰富多彩的日用品走进了千家万户，人们告别了商品紧缺的时代，我家的"四大件"也升级换代变成了黑白电视、电冰箱、洗衣机和录音机。

到了世纪之交和21世纪初，随着改革开放的深入和科学技术的发展，人们的生活犹如"芝麻开花节节高"，我家"四大件"的更新速度加快、周期变短了，在几年时间里竟然上了两个台阶，先是彩电、空调、微波炉和摩托车，很快又变成了微机、手机、智能大彩电和小轿车。

现在已经进入了以网络和5G为代表的信息时代，新生事物层出不穷，每时每刻都有高科技产品进入"寻常百姓家"，人们已经懒得再去扳着指头去盘点什么"几大件"了。

见微知著，"四大件"变迁的故事告诉我们，只要沿着当前的路坚定不移地走下去，国家将会变得越来越强大，生活将会变得越来越幸福。

撰文 / 冯泽宇

作者家中藏品（摄影：冯光明）

作者家中藏品（摄影：张维杰）

编者按：

　　"三转一响"作为特定时期的历史烙印，已深深镌刻在了20世纪60年代及其以前出生的那些老人的心目中，如同挥之不去的"乡愁"一样，成为永远的记忆。受其影响，"70后"至"90后"的人们也对此略知一二。但对那些"00后"出生的青少年来说，似乎成了遥远的"天方夜谭"故事。征集到的这篇出自"00后"中学生之手的文章，说明我们的这个主题是具有广泛社会基础和强大生命力的，愿这一特殊的历史DNA永远传承下去。

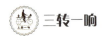

霍俊萍先生走进"三转一响"博物馆

霍俊萍先生到访"三转一响"博物馆，受到当地政府和亲朋的热烈欢迎。（摄影：李咸堂）

2020年8月27日，第五届、十九届中国戏剧二度梅花奖获得者，"五音皇后"霍俊萍先生一行来到"三转一响"博物馆参观，同时带领她的戏迷团队到博物馆献艺。

这天早上8点多，我和同事到霍俊萍先生家里去接她，只见她身穿白色的旗袍裙，披一件大红色的镂空外套，头上扎一马尾辫，穿着高跟鞋，她满面春光、精神矍铄，一点看不出是一位古稀老人。霍老和蔼可亲，上车后，我们互相介绍认识后，霍老不停地问我"三转一响"博物馆的事情，我也毫无顾忌地谈着我对"三转一响"博物馆的印象和对博物馆馆长张维杰老师的敬佩之情。一路上，我们轻松愉快地交谈着，由于霍先生有极强的感染力和亲和力，谈得越来越投机，一会儿工夫，我们俨然成了无话不说的忘年交。

霍俊萍出生于淄博周村，今年73岁。她是五音戏著名表演艺术家，中国首批非遗项目五音戏国家级传承人，原淄博市五音戏剧院院长，原山东省戏剧家协会主席、名誉主席，九届、十届全国人大代表，国务院特贴专家，国家艺术基金评委，第25届中国戏剧梅花奖评委，国际小戏艺术节评委，全国专业剧团红梅奖大赛评委，山东省泰山文艺奖评委等。2016年受聘山东省人民政府文史研究馆馆员。她从艺60年以来，主演了30多部大戏，其中，1979年她主演的悲剧《半把剪刀》轰动省城，被观众、专家誉为"一个演员救活了一个剧种"。1991年主演的聊斋戏《窦女》被蒲松龄国际研讨会专家誉为"北方越剧"。1985年主演《豆花飘香》获第三届中国戏剧梅花奖提名。1987年主演的《石臼泉》获第五届中国戏剧梅花奖，实现了山东省戏曲界梅花奖零的突破。2001年主演的《腊八姐》获中宣部全国"五个一"精品工程奖、中国文化部文华新剧目奖和中国人口文化奖优秀剧目第一名，最佳主角奖第一名，在北京人民大会堂隆重的颁奖仪式中霍俊萍被推选为获奖代表大会发言。2002 年获中国文联、中国剧协主办的第 19 届中国戏剧梅花奖第一名，在宁波隆重的颁奖仪式中她作为获奖代表大会发言。2008 年被评为中国首批非遗项目——五音戏国家级传承人，在人民大会堂参加了隆重的颁证仪式，并获首届非遗展演荣誉证书。

上午 9 点 30 分我们到达坐落在周村古商城的"三转一响"博物馆，她的戏迷 10 余人已经等候多时，博物馆上方悬挂着醒目的大红标语"五音戏走进三转一响博物馆"，博物馆门前聚集了很多人在等候，有周村区宣传部的领导，电视台的领导、记者和摄影师，报社的记者以及前来参观的人们。

霍俊萍与周村古商城领导在"三转一响"博物馆
（摄影：李咸堂）

霍俊萍接受采访（摄影：李咸堂）

霍俊萍先生一下车就被戏迷粉丝团团围住，大家以娘家人的神态喜迎出嫁多年的周村姑娘，热情地问寒问暖。

一到博物馆，霍俊萍先生就迫不及待要参观，于是博物馆馆长张维杰当起了专业讲解员，带领我们一同参观。张馆长首先介绍了"三转一响"博物馆的基本情况：淄博盛康"三转一响"博物馆现有展陈面积 500 平方米，仓储面积 300 平方米。藏品上万件，其中，自行车 200 余辆、缝纫机 160 台（部）、钟表和手表 600 余件、收音机 400 余台（部）。截至目前是全国唯一一家有规模地保存"三转一响"工业文化遗产，以"三转一响"为时代主题的综合性博物馆。这是 50 岁以上的人回味乡愁的好去处，是青少年开展爱国主义教育的好场所。

尔后，张馆长从博物馆一楼的收音机展厅开

始，一边参观一边讲解。在周村音韵展区，霍先生驻足良久，这里有她的恩师邓洪山（艺名"鲜樱桃"）先生在 20 世纪 30 年代由世界五大唱片公司之一的 EMI 唱片（又称百代唱片）灌制的原声唱片。1935 年，五音戏的创始人、五音泰斗邓洪山在上海百代公司灌制了《王小赶脚》《王二姐思夫》《安安送米》《松林会》《站花墙》《祝英台》及《尼姑思凡》七个戏，共六张唱片，获赠"五音泰斗"锦旗，五音戏得以定名。淄博盛康"三转一响"博物馆收藏的唱片就是其中之一。有霍俊萍先生主演的曾获全国"五个一"工程奖的《腊八姐》唱片、《豆花飘香》演出节目单也在展柜中端正陈列，还有张店区委宣传部 20 世纪 80 年代为展演五音戏下发的文件，以及为五音戏

张维杰馆长讲解馆内藏品（摄影：李咸堂）

（摄影：李咸堂）

发展做出突出贡献的刘洪早先生的照片和创作记录、专著《五音戏曲研究》等。霍俊萍先生参观后，非常激动，眼含热泪述说着她与"三转一响"的故事。

今天来到"三转一响"博物馆，听了张馆长的讲解，每一件物件背后都有一个生动的故事，这些故事深深地触动了我。在"三转一响"的那个年代，作为一个演员，作为一个百姓，手里能拿着一个半导体，边走边听那是时尚，令我向往。1979年我主演了清朝的四大悲剧之一《半把剪刀》，当时在济南人民剧场连续演了一个月。作为演员，我就想听一听在山东人民广播电台的录音效果如何？到处借收音机，跑了好几个地方都借不到，后来我告诉人家是我参演的剧目，人家才借给了我。收音机是我和听众的联系纽带，很多戏迷听众是通过收音机听到我的演唱，给我写信的。《半把剪刀》《豆花飘香》《石臼泉》《窦娥》等剧演出后，我收到了多封观众来信。1985年，我主演的《豆花飘香》拿了全省的优秀演员奖第一名，奖金是300元，我拿着300元先去买了一个播

放机，就是张馆长说的"半头砖"，这就算是高端的物件，已经心满意足。至于自行车、缝纫机都买不起，当时的自行车不仅是人们追求高端的物质产品，也是很好的交通工具。"三转一响"的时代记忆，深深地印刻在心里，我们永远不会忘记。

通过参观"三转一响"博物馆，我对张馆长非常敬佩，非常感动。他传播文化，记录一个时代，具有很强的社会责任感。我参观完"三转一响"第一个感受就是受到了很好的教育。这些物件很有意义，像这样大规模收藏了这么多物件很不容易，他的收藏品门类齐全，一件藏品的前世姻缘都挖掘出来了。《豆花飘香》演出节目单，还有演出的文件，我都没有，从这里看出张馆长是一个很有心的人，值得我们尊重他、敬佩他。我是一个戏剧人，也可以参与这项工作，我是从这个年代一步一步走过来的，一些文化元素包括一些以往的唱片、物件等，也要把它收藏起来，贡献给咱们"三转一响"博物馆，让五音戏传承下去，在文化保护方面尽自己的力量。

"三转一响"博物馆，它已经超越了物质存在的价值，带给人们更多的是精神层面的享受。所以今天听到这些故事，看了这么多物件，我觉得那个时代淳朴亲切，空气好，水好，吃的东西

霍俊萍先生的老家全国先进社区周村区元宝湾社区民众到"三转一响"博物馆开展"新时代文明实践志愿服务"活动（摄影：张维杰）

霍俊萍先生在演唱（摄影：李咸堂）

本文作者和霍俊萍先生合影（摄影：李咸堂）

安全放心。现在的人追求利益最大化，就很容易出现德不配位的现象，例如转基因的食物，带有剧毒农药的蔬菜，空气污染严重。物质生活富余了，但是道德滑坡了。我时常怀念"三转一响"那个纯真的时代。

说着说着，霍俊萍先生联想到了前年文化部对我们山东的几位演员做了一个抢救记录国家非遗工程的事情。她说，我们做的是非物质文化遗产，今天在博物馆看到的是物质文化遗产，文化是软实力，物质是硬实力。

参观结束后，霍俊萍先生演唱了《王小赶脚》和《王二姐思夫》两段五音戏，在场的观众听得如痴如醉，演出厅掌声雷动，人们欢呼喝彩，她的表演让所有的观众享受了一场高雅艺术的盛宴。

回来的路上，霍俊萍先生又给我们讲起五音戏这个非遗剧种的传承保护问题。她说："目前国家的形势很好，国家对文化的投入很大，每一个非遗的项目国家都给予了大力扶持。作为一个非遗传承人要有高度的文化自觉，尊重本土文化，努力保持它的戏剧品质、艺术个性和地域特色。广大观众热爱、喜欢的山东地方戏曲，如吕剧、五音戏、山东梆子等剧种，就是几百年来流传、积淀下来的那个老汤老味道，原汁原味，就像我们吃西红柿不能吃出萝卜味，吃萝卜不能有芹菜味儿一样。真乃一方文化水土养一方人也！霍先生说，2010 年她设立了首个"五音戏娃娃剧社"，并撰写了《百年五音戏》（之一、之二、之三）

校本教材，2014 年该剧社获团中央表彰，近 20 年来她在专业剧团收徒 7 名，民间收徒 100 余名。交谈中还得知她 2013 年获中国文化部、全国非遗保护中心第三届"中华薪传奖"和"山东省十大模范传承人"。

对于五音戏的传播，霍俊萍先生走出了国门。2017 年她应邀赴法国、瑞士、英国展演剧目《王小赶脚》，期间得到欧洲广大侨胞和各使馆参赞、同乡会及国际友人的高度评价，五音戏首次走进了欧洲。2018 年她被列入中国文化部、山东省文化厅国家级传承人抢救记录工程。入选中国文化部中华优秀传统艺术传承发展计划名家传戏——当代戏曲名家收徒传艺工程。

与霍俊萍先生短暂的相处，她的人格魅力、大家风范，给我留下深刻的印象；她身上散发出的对祖国、对人民、对戏曲的热爱，让我深受感动；她对事业的执着追求和文化传承的责任担当，是我们学习的榜样。

撰文／巩霞

李庆洪先生在"三转一响"博物馆挥毫泼墨（摄影：张维杰）

我与"三转一响"

■自述：李庆洪，原市社科联副主席

1967 年的一个夏日午夜，我突然发高烧，父亲连夜骑自行车把我送往单位医务室。我坐在车子的横梁上，父亲猛蹬自行车发出的"哒啦啦"的声音在漆黑的夜里听得格外清晰。

那是一辆"大国防"自行车，1960 年买的，花了近 150 元，在当时实属"高消费"。因为那年父亲被从机关派往 20 多里外的农办园艺场工作，离家太远，不得已才买了这辆车子。那时正值生活困难时期，为买这辆车子还借了同事 100 元钱，直到两年后才还清了借债。1961 年的全家福照片上，父亲是一副清瘦的面容。

1970 年，家里生活条件好了一些，父亲换了一辆"永久"牌 28 型自行车。几年后他把这辆车子给了刚参加工作的哥哥，自己又买了一辆"凤凰"牌 26 型锰钢车。

当时，我刚刚学会骑车，每当哥哥回到家里，我立马抢过车子骑出去"兜风"。一次，我骑车带着同学一溜烟跑到航校机场路上，哥哥突然有事却找不到车子了，急得团团转。

这辆锰钢车链条是可以倒转的，还有链盒包着，在周村老城的石板路上，发出"哗啦啦"的响声，着实令人羡慕。那时买一辆自行车，不仅需要花费几个月的工资，还需要几十张工业券，需要积累几年才能"下手"。

我高中毕业后，下乡到了离城十几里的小山村。村里没有电，精神生活匮乏，便时常跑到公社或其他村去看露天电影。有一次听说城里正在上映《难忘的战斗》，就召集了几个知青，借了自行车，沿着羊肠小道，下山到城里观看。当时全村只有五六户人家有自行车，我借到的是一辆破旧的"大金鹿"。结果由于道路颠簸，把一个脚踏板弄丢了。

参加工作后，单位按规定给我配备了自行车，也是"大金鹿"。机关单位的自行车是有配额的，坏了可以修，零件换了也可以，但是不到时间不能报废。

直到 20 世纪 80 年代末，我自己才买了一

"三转一响"博物馆藏品

辆"永久"牌自行车，后来又换了一辆"飞鸽"牌，再后来就很少骑自行车了，因为有轿车坐了。2007年，我又买了一辆山地自行车，但它已不再是代步工具，而成为锻炼身体的工具。

打我记事起，家里就有一台"美多"牌收音机。宽40多厘米，高30厘米左右，木匣的。其实收不到几个台，放在桌子上，父亲不在家时，其他人很少打开。只有姥爷来时当作宝贝，每天都要听"说书"，记得听过《烈火金刚》《平原枪声》《红岩》《欧阳海之歌》等。后来又给姥爷买了一台"半头砖"大小的收音机，他经常拿出去与老哥们一起听说书。1979年，父亲有了一台小巧可爱的"熊猫"牌收音机，最新款的，可是没过多久，被堂兄"劫持"了去。1981年我结婚时，在无线电厂工作的内兄自己组装了一台落地收音机作为贺礼，在当时也是很"时髦"的，可惜没有保存下来。

1976年底，我从乡下进城参加了工作。转年春节前，我下乡的村里捎信来说年底分成了，一共分得110元钱。我随即添上10元钱，买了一块"上海"牌手表，作为对自己的"慰劳"。这块手表我一直珍藏至今。

我结婚时，妻子的陪嫁是一台"蜜蜂"牌缝纫机。可惜她没有多少缝纫的天赋，总共也没做出几件衣服来。到现在缝纫机已闲置了30多年。

以上就是我与"三转一响"的"缘分"。在20世纪六七十年代，"三转一响"几乎是结婚时必需的"大件"。它们既是那个时代时尚的象征，也是那个时代生活水平的标杆。

改革开放以来，居民日常消费品不断升级，逐渐由"实用型"向"享受型"发展。80年代后，彩电、冰箱、洗衣机"新三件"取代"三转一响"成为结婚时必备的物件。如今，结婚除了要购置新房和全套家具、家电，还要有汽车这个"新大件"。另外还要拍摄婚纱照，置办豪华婚宴，甚至出现了空中婚礼、海滩婚礼、童话婚礼等新奇项目。百姓生活更新换代之迅速，真有点让人目不暇接。

张维杰先生在周村古商城开办了一家"三转一响博物馆"，成为人们睹物思情、温故知新的好去处。参观过后，勾起许多回忆，引发诸多感慨，即兴写下一副对联：

"三转一响"珍藏悠悠岁月甜蜜生活向往，
寻常百姓感念浓浓情怀美好家国梦想。

整理／王雁

"三转一响"博物馆藏品

我与"三转一响"的故事

作者与90岁高龄的老母亲共同回忆"三转一响"的往事
（摄影：张维杰）

置身于淄博盛康"三转一响"博物馆，仿佛进入了时间隧道，穿越回早已泛黄的、斑驳陈旧的时光里。那些大半个多世纪都炙手可热，而如今只能在电视剧、电影中看到的老物件即刻呈现在眼前——原来历史是如此触手可及。近距离的观摩，那些实用与艺术结合的精美展品深深地吸引了我，使我思绪万千，久久不愿离去。遐想着那个年代，一块手表是人们身份显赫的象征，座钟、收音机更是家庭富有的标志，自行车比现在的宝马车还要显得罕见和尊贵，缝纫机也是很少人家才有的奢侈品……不知不觉地回忆起自己当年那些相关的事。

那个年代，一个青工的自行车梦

我出生于20世纪50年代末，还记得小时候，常听老人讲起20世纪二三十年代至1949年前周村街的自行车比现在的豪车更少、更显身份。那个年代只有进口自行车，比如英国产的"飞鹰""立人"等牌子，因此人们把自行车都叫作"洋车子"。当时，只有那些有钱的东家、掌柜的才能买得起，骑着自行车游走在大街上比现在骑摩托飙车还要

威风呢，会引起好多人的驻足观看。即便到了60年代中期，胡同里有一位中年大婶每天骑一辆小小的、看上去很旧，但总是擦得干干净净的坤式自行车上下班，都让我们感到好奇和羡慕。

我20世纪70年代参加工作，在一家纺织厂上班。众所周知纺织属于轻工业，但人们常有句口头禅叫作"轻工业不轻"，尤其是男工要承担着车间的脏活、累活，一个班干下来已经甚感劳累，加之常年三班倒，更是疲惫不堪。那时候不管上什么班，不论白天黑夜、刮风下雨，还是冰天雪地，都是步行去上下班。心里多么希望能拥有一辆属于自己的自行车啊！但是，在那个年代，刚刚参加工作每月只有二十几块钱，除了生活费之外剩不了几个钱，若买一辆自行车需要151.3元钱呢，可是多少年的积蓄！还有一个主要原因就是购买自行车需要三个或更多的工业券，那时每人每年只发半个工业券，还常常延期发放，实际发放的工业券经常还没拿到手，就被亲友早打招呼借用或直接截流了。所以，拥有一辆属于自己的自行车是我这些刚刚参加工作的青年人的理想。这个理想或者叫梦做了好几年，直到外祖父退休后，才将他骑了好多年、用十几年的积蓄、费尽周折托人从河南兰考买回的"大金鹿"自行车转送给了我。虽然车子品相旧了些，但是丝毫不影响我对它的喜爱和珍惜，不亚于今天买到一辆汽车那样高兴。终于圆了梦寐以求的自行车梦，拥有了属于自己的、能随时骑用的自行车了。

"三转一响"博物馆藏品

说到自行车还有件很有趣也值得回味的事：三中全会后，我们开展摄影创作活动，其时立刻想到以自行车为主题进行相关创作——因为当时自行车仍是家庭的财富象征。我利用自行车设计了一组场面，在农村的田间地头，用一辆崭新的自行车做前景，摆放了一对系着红丝带的盖杯，还放了两双沾着泥土新的男女鞋袜，意图是通过景物来描述新婚不久劳作场景，以反映改革开放后人们通过劳动致富走向幸福生活；还有一组也用崭新的自行车做前景，背景是一家人站在贴着春联福字平房门前，中景突出一个小孩在燃放烟花那种欢乐祥和的场面，表现了人们安居乐业的美好生活。两组创作后来都受到了业内人士的关注和好评。

缝纫机，家庭脱贫的工具

说到缝纫机，思绪又回到了20世纪70年代初。母亲当年的针线活非常好，尽管如此，要做我们一家五六口人的衣服，平时还有缝缝补补，除了白天要上班外，几乎每天晚上都要在油灯下熬夜做针线活。要解决这一问题，首先就是缝纫机。在那个物资匮乏的年代，父亲费了九牛二虎之力，托上海的朋友买了一台旧缝纫机，虽然是二手的，但母亲见了还是非常高兴，也知道它来之不易，请客送礼先后给人家送了花生、大枣、香油、陶瓷，还有阿胶（那时的价格较低，要按现在一盒阿胶的价格能买好几台缝纫机），几经周折，搭上了多少人情和金钱，才总算有了自己的缝纫机。

当时，母亲利用业余时间学习蹬缝纫机，一件衣服缝了拆、拆了缝不知要重复多少遍，终于做成了一件新的"制服"。当十几岁的我穿着母亲制作的新衣服走在街上或与同学一块儿玩耍时，心中油然生起一种自豪感。如今，我可亲可爱的母亲已经90岁了，还不时戴着老花镜使用着曾陪伴她几十年的老缝纫机，做一些简单缝补或是针线活。

还有一件与缝纫机相关的故事，是我终生难忘的。20世纪80年代初，我结婚后花了几年积蓄买了一台"凤凰"牌缝纫机，一是给家里添件撑门面的物件，二是给孩子做些衣物，缝缝补补的比较方便。可没有想到十几年后，这台缝纫机却成了我们家庭渡过难关的主要设备。20世纪90年代末，企业彻底破产。为了生计先后摆过地摊，

20世纪80年代初作者夫人利用缝纫机开启小作坊
（张惟梓供）

卖过早点，给人家打过工，也当过技术师傅，生活很是辛酸、艰难。当时孩子还在读高中，生活的压力非常大。无奈之际，妻子参加了政府组织的免费培训，经过一个月的刻苦学习和实践，本来就能缝制衬衫、裤子的妻子掌握了更多的服装的裁剪与制作技能。她利用我们楼区宿舍的储藏室，用已有的缝纫机又添置点相关的设备，开起了服装制作加工的小作坊。刚开始，因为手慢不熟练，又自我要求特别严格，一天忙到晚甚至得加班熬夜才能做好一件衣服，忙忙碌碌一天只能挣几元钱，但她的认真负责也赢得了客户的信任。经过一段时间的磨炼和钻研，熟能生巧，不但能熟练地使用缝纫机，服装制作起来也得心应手，速度快了很多，还掌握了一些特殊人群如矮胖的、挺胸驼背的等裁剪制作技巧，社区周边的人也纷纷慕名而来，一时客户盈门，小生意红火了起来。一时间妻子成了下岗培训自主创业的能人，还接受了淄博电视台的采访上了电视节目和后续宣传报道。我们家也度过了经济最困难的时期。

淄博盛康"三转一响"博物馆给我们周村增添了一道靓丽的风景线，增加了一处人们茶余饭后谈古论今的新场所，给中青年一个革新创造的想象空间，给青少年一个认识未知事物增长知识和启发探索未来奥秘的社会课堂，这就是它最大的社会价值和现实意义所在吧。

撰文／张惟梓

"飞鸽"自行车、"鹰轮"缝纫机、淄博购物券……
多少淄博人没见过?

20世纪六七十年代,正值我的少年时代。那年代的印记,从我家和我收藏起来的老物件可见一斑。

那辆"飞鸽"牌自行车,曾是我家的骄傲。20世纪60年代初,父亲买了辆"飞鸽"牌自行车,不记得是不是二手货,记忆中是很新的样子。那时我们煤矿家属区有自行车的家庭多是国防大飞轮,很少有这种飞鸽小飞轮。这成了我们兄弟几个的骄傲和虚荣,比现在有个私家车都牛。

父亲是先买车后学车,到老也不会遛车,都是把车子一歪,腿跨上座位一蹬就成。我们学车都是穿裆式骑车,人小个矮,坐车座脚够不到车蹬脚,只能从车大梁下的三角空档斜插右腿骑车。大的学会教小的,没车的同学帮着我们学,也随着学会骑车。那时候不管家里有没有自行车,都想办法学,不会骑自行车的不多。我属手脚动作笨拙的,到今天也不会驾车,只好望车兴叹。当时学自行车连磕加碰,也没费多大劲就熟练自如了。自行车是那时的重要交通工具,父亲上下班、探亲访友、捎带货物都用它。星期天有时邻居也借用,家人不仅不吝惜,反而有点炫耀的感觉。

我和同学及邻居孩子也经常骑着它上路过瘾。有次我们四个孩子骑着它,一个跨裆骑,座位上坐一个,后座上挤俩。从洪五宿舍向矿上二立井驻地罗村骑,沙石路面,还算平坦,一路下坡,我们在车上抱作一团,大呼小叫,铃声清脆,骑的飞快。突然一辆卡车迎面而来喇叭一响,我们一慌,车轮正好压在路边堆着的保养路面的沙石,轮子一滑,把我们一下子摔了出去。幸好人小体轻,并无大恙,胳膊腿的有些磕碰流血。那时路面车辆少,交通事故也不多见。

父亲好喝酒,回老家都是中午喝酒,睡一觉后很晚才回来,有时喝多了在亲戚家就住一宿。后来大哥能骑车带人了,父亲就叫大哥一块回老家,回来时大哥用自行车带着父亲。这样父亲就放开了喝,有次喝多了,大哥和父亲从老家走了二三里,到张博路后大哥骑上车子,父亲就是坐

不到后座上,一跳就落空摔个跟头,大哥又笑又气,折腾了大半天才回到了家里,大哥从此再也不和父亲回老家了。

父亲在矿一立井上班,这是矿机关所在地。我们有时候去矿上捡乏碳(煤核),捡多了就让父亲下班后用车子带,父亲从矿上买些木屑刨花也用它带。它承载了我家的艰辛和欢乐,它见证了我们的成长,它是那个年代我家生活的无间伴侣。

到了20世纪80年代父亲年龄大了也不敢骑车了,我们也先后买了新的自行车。

"三转一响"博物馆藏品

这"飞鸽"旧车就搁置在院子的棚子里,年久失修,锈迹斑驳。被邻居一位王大叔发现,他喜欢"飞鸽"车的老牌号优质梁架,非要买走。父亲说车子都成破烂了,一直在这插旮旯,你想要就搬走吧,还给钱干啥。他推走后重新拆装更换零件,又恢复了代步功能,焕发了生机。他还在宿舍区骑着它兜风呢。后来他还专门登门给了父亲70元钱。

那架"鹰轮"牌缝纫机,是20世纪50年代初,公私合营青岛联华缝纫机的产品。20世纪60年代初父亲90多元从老乡手里买的,那时开始有

作者家中藏品（摄影：赵守光）

翻斗式缝纫机，这种不能翻的过时了。人家换新的，旧的卖给了我们，那时新的100多元。买了缝纫机后，母亲学着用缝纫机"匝（缝纫）"衣服，我们一家八口的衣服基本都是母亲用它做的。每天母亲下班回来，晚上的时间总是在灯下忙。整天蹬得缝纫机咔嗒咔嗒地转个不停。再后来我们也学着"匝"鞋垫。衣服破了用它补个补丁，衣服不像现在的牛仔裤，还要故意弄上个洞，像乞丐装似的，那年代谁的衣服没补丁啊？人小正长个子裤子穿不烂却短了，就用它接上一截。我1970年初中的毕业照，裤脚处的一截裤腿就是明显接起来的。我们的鞋垫都是自己学着匝，简单的来回转圈匝也熟能生巧了。

1973年我在农场广播室时，俱乐部做幕布，从柳疃请了一位裁缝在后台缝制，一位帮工的农场场部女员工，缝纫机熟悉程度还不如我呢。我看她那吃劲样，就帮着匝了几块，受到裁缝师傅的夸赞。

1975年我参加工作分配到黑旺铁矿汽修工段，发了个棉坎肩工作服，就像石油工人那样的竖条缝制式的。工人师傅们大都接上个棉袖子当棉袄穿，我回家让母亲给我裁剪了两个同类布的袖子，絮上棉花，我用缝纫机匝上了竖条，然后母亲给缝到棉坎肩上，非常协调的一件工作服棉袄成型。回到车间我告诉师傅们是我的手艺，他们都用质疑的目光看着我。

这缝纫机已经十多年不用了，闲置在母亲家的储藏室里，当我搬出来拍照时，这些往事也随之浮现。这是贫困节俭的记忆，也是温馨幸福的回忆。

还有我家的电子管收音机。20世纪五六十年代的商品奇缺和经济匮乏，一般家庭拥有四大件的不算多。我家虽不富裕但父亲买的二手旧货相对便宜。这台上海东方电子管收音机伴随了我们的童年岁月。

记得这是父亲的同事高叔叔有次酒后忘了关收音机，烧坏了个零件，修好后卖给了我的父亲，已记不起多钱了。收音机里的小喇叭广播、小说连播节目是我们的最爱，至今仍怀念那时候的美好享受。邻居的小伙伴、大爷大叔也定时来我家收听，热热闹闹。

记得当时播出的《红岩》《敌后武工队》让我们如痴如醉。江姐受的酷刑、装疯的华子良、武工队的奇袭等情节在幼小的心灵留下无比的震撼。最不愿听到的就是"要知后事如何，且听下回分解"这话。有时那悬念搅得寝食不安，急切地等待第二天的连播。那时也没有书看，这台收音机成了我们认识了解家门校园以外的天地的通道和舞台。或许我们兄弟偏文爱好与其有关吧。到了1977年我在黑铁时，电台里重播小说《红岩》，我还又专门听连播，对照小说原版看与小说连播的细微区别，但已找不到当年那种神圣的感觉了。

我还存着1974年下乡时用的柳条包。现今商店里的箱包品牌样式多的让人眼花缭乱，我家里的箱包，大大小小也20多个。但这个破旧的柳条包还静卧在我家的地下储物屋的一角。这是40年前陪伴我辗转下乡、铁矿、钢厂近二十年的衣物书籍储藏箱。1974年12月确定报名下乡第二天，我和发小会明乘坐小电车去20多里远的洪山镇土特产供销社，选购了两个一样的紫色柳条包。价格我和会明都记不起来了，经向友人汝峰询问才记起是40多元钱，他也是和我们同批下乡的矿务局煤矿职工子弟。他也保留着那时的柳条包，他父亲在世时曾说起过这包的事，他留下了印象。

那年代买这样的箱包是一个工人月工资的支出，也算是家庭大物件了。那

作者家中藏品
（摄影：赵守光）

时东西少，被褥衣物日用品，一个包足够装的。到农村后最初是用学校里的两条凳子当柳条包架。后来学校开学，队里就用一个驴驮架把凳子换了去。那时找点砖和木板也不容易。驴驮架就是放在驴背上两边驮两个筐的驮架。拱形四条腿像座独孔桥样。比凳子高一倍，用起来不方便。后来我就借了把锯，把驴驮架的四条腿锯下一段。当快锯完时，被知青带队的彭队长发现，他说这驴驮架还有用，也挺贵的，这样就废了，太可惜了。此刻也无法补救了，后悔莽撞也晚了。幸好队里一直没再提这驴驮架的事。到黑旺铁矿后干汽修就焊了个铁架，柳条包跟随我从新工人临时宿舍、汽修工房宿舍、运输部单身宿舍楼、矿机关单身宿舍，再后来又随我到张钢单身宿舍、职工家属平房、职工家属楼。用途也不断变化，箱内一半盛衣物，一半放书籍杂物，最后成了废旧衣物杂品的储藏箱。2000年搬迁，我才把这柳条包移至了地下储物间。

还有20世纪70年代的购物证和购物券。最早

作者家中藏品（摄影：赵守光）

的购物券我印象是那种一张张购物券排在一起的大张纸页，按编号分品种定量供应购物，用时就用剪刀剪下几张。1970年开始用彩色购物券，1973年开始用购物证，从记录看直到1978年才停用。

那时我大姐大哥和我已转出户口，购物证上母亲是户主，父母加三弟小弟四口人。凭证按季度、按月定量供应的品种从记录可以看出，红糖1.2斤、肥皂4块、鸡蛋5斤、茶叶3两、酒1斤、火柴8盒。无须多叙，那物资短缺的日子从这泛黄的证券上一览无余。提起当年，女儿这些"80后"们匪夷所思，总是要问：是真的吗？

我家里还保存着几张20世纪60年代的车票，上面的最高指示"要斗私批修"大都熟悉，可那"洪鲁职工电车票"的字样就很陌生了。或许在外人

作者家中藏品（摄影：赵守光）

眼里这就是张废票。但在我的眼里则是一段岁月，一份情感。老人常说破家值万贯。这万贯不是金钱的价值，更多的是一种旧物情感的珍藏。

洪山煤矿的职工主要是从罗村、寨里周边十几个村里的农民招来的，距矿井十多里左右，大都每天赶班。家在外地的职工住各矿井的单身宿舍，家属转为市民的住洪五宿舍。为方便职工上下班，洪山煤矿20世纪60年代初，修建了一条电机车铁路，自洪山（南煤台）至鲁家（北煤台），20多里的路程，共6站。电机车头与拉运矿车的电机车头一样，只是矿车换成了5个绿色的车厢，每个车厢乘坐15～20人，座位是硬座连椅。我们称为"小电车"或"人车"（拉人的车），途径的各站都是职工相对集中的村落。工人凭乘车证免费，非职工需买票，每站三分钱，全程一角八分。我们去洪山、矿务局、淄川城都要乘这趟车。那时洪五有通张店的公共汽车，却没有通淄川的公共汽车，估计就是有这电车的缘故。

这电车路窄车厢宽，车速快了就晃来晃去，感觉不稳。但对我们孩子来说，乘电车不光是为赶路，更多的是一种享受。车厢逛里逛荡，车铃叮叮当当，穿行在田野村镇，窗外山林风光感觉很美。"文革"期间，我们几个同学以到车上发放革命传单的名义，免费坐车来回好多趟，后来逢人就显摆好像占了大便宜一样。

煤矿工人三班倒，电车24小时运行，对我们来说去洪山镇、淄川城很方便。

随着煤矿的发展和职工生活条件的提高，职工赶班骑自行车的多了，20世纪80年代中期电车停运，改为汽运客车班车，不几年这条铁路线也随之拆除。倘若保留下来，现在作为一条老电车观光线，都不失为创效之路。

撰文／赵守光

我生活中的"三转一响"

经历过20世纪六七十年代的人都知道,"三转一响"即手表、自行车、缝纫机和收音机。它们是那个时代的农村人对美好生活和幸福婚姻的四大物质追求。这"四大件"曾让极少数拥有者倍感满足和荣耀,又让大多数没有者万分羡慕、渴望和梦寐以求。

就"三转一响"而言,我的青少年时代,就是在这种羡慕、渴望和梦寐以求中度过的。

我出生在潍坊市昌乐县一个偏僻的小山村。父母都是地地道道的农民。3个姐姐1个妹妹都没上过学。那时候,有不少孩子多的家庭在春季青黄不接闹饥荒时靠挖野菜维持生活。我家虽没有缺粮断顿忍饥挨饿,但对"三转一响"那也是想都不敢想的。

秦晓楼照片

——

我第一次见到收音机与我本村的六叔有关。

那时,我父亲是生产队的饲养员,六叔是另一个生产队的饲养员,他们经常在一起放牛,又加上有一点远房亲戚关系,故二人成为很好的朋友。六叔的父亲早年在国民党军队中任职,国民党败退时,带着六叔的三个哥哥去了台湾,排行四、五、六的兄弟,第三个留在了家里,许是因为这个问题,六叔40岁了也没有找上对象成个家。他兄弟三个并不生活在一起,都是各自单过。到了

晚上,六叔一个人在家孤独寂寞时间难熬,就常到我家和我父母在昏暗的油灯下抽烟拉呱消磨时光,我因此也和六叔十分亲近。

他一个整劳力,没有任何负担,故年终总能从生产队里分得八九十元的结余。六叔骨子里不是一个守旧落后的人,而是一个热爱生活、追求时尚的人。他养花弄草、喜鱼爱鸟,更崇尚现代文明。他用自己的积蓄购买了我村第一块巴掌大小的收音机。晚上,他到我家耍时,常常带着他的半导体,我喜欢得不得了。他们大人坐在床边炕沿上说话,我就躺在炕上饶有兴趣地拨弄这能说会唱的新鲜玩意儿。我很好奇——是谁在说话?难道里面有人?强烈的猎奇心理曾让我不止一次地打开收音机后盖查看。打开,盖上,再打开,再盖上,反反复复地探究,对其浓厚的兴趣应该是源于年幼的无知和无邪的天真。

我家的第一块收音机,是我参加工作后的第二年花120元从南定百货大楼买的。当时我的工资是每月34.5元,为了买它,足足用了我大半年的积蓄。在家境没有改善的情况下,我仍然"不顾一切"地买了它,也是因为没有管住自己那颗骚动又没数的心。

我买的这块收音机已经不是单纯的收音机了,它同时还具有磁带录放功能。过去的收音机和它相比,其收听效果简直就是天壤之别。那超大的

"三转一响"博物馆藏品

音量、清脆的音质，足足让我神采飞扬了一两年。每逢节假日回老家，我都会把它带上。在我们那个收音机还不多见的山村，它曾经不止一次地嘹亮和清爽过我家亲朋好友和左邻右舍的耳膜和心灵。

后来，随着双卡录音机的迅速兴起，我的这种单卡的"半头砖"也就悄悄地退出了历史的舞台。

二

在我参加工作后的1986年以前，我家是没有自行车的，但是，我小学毕业时就已学会骑了。

临朐县的舅舅家和安丘市的姨娘家距我家都有40多里路。我的表哥逢年过节来看我娘时，大都是骑自行车来。我的姑父是吃公家粮的，每次来我家也是骑自行车。我姐姐们找婆家时，对方来人都是骑的自行车而且还是好几辆，其中有些还是缠着彩色塑料带、系着鲜艳红绸子的崭新的自行车。看着家里来客人了，院子里停着自行车了，我也就无心出去玩了，目光和心思都聚焦到了院子里的自行车上，总想在没人看见的时候把它推出去，到大街上或场院里遛一遛。每逢他们上了锁，也会硬着头皮、厚着脸皮，变着法子去把钥匙要来，推出去骑一骑。农村的路很不平，有时候在外面摔了、磕了、碰了，回家也会挨大人一顿说，但下次还是会如此这般地照行不误。我就是这样，在偷偷摸摸、机动灵活的"游击战"中学会骑自行车的。

有一天，家里来人给我二姐提亲，我便主动请缨，骑着来人的自行车到西北岭的庄稼地里把正在给队里干活的二姐接回家。回来的路上，很

"三转一响"博物馆藏品

虎很野地学着村书记骑车下坡时身上的的确良褂子在身后随风飘舞的潇洒的样子，故意将自行车骑得飞快。可因为缺乏驾驶经验，在一急拐弯处不懂得提早刹车，以至于冲出路面，栽倒在路边水沟的沙滩里。

因为骑自行车，我曾经吃过大苦头。那时我在距家80里外的县城读高一，有一次家里给我的周转粮吃光了，钱也花没了，一时接续不上，又没有别的办法，只能饿着、靠着。也算是急中生智吧，在饿得实在坚持不下去的时候，我忽然想到我一个远房姨家的表哥就在学校附近的矿山机械厂上班。他是合同制工人，老婆孩子都在乡下，隔三岔五地要回60里外的村里帮着家里下地干活，他都是骑自行车赶班的。于是我决定趁他上班时间借他的自行车，骑着回家拿饭取钱——因为当时确已身无分文，连坐车都成了奢望。

没想到骑车回家的路会是那么艰难。刚上路时，还是满面春风、精神焕发，心想：80里路，足可以过过好久没骑自行车的瘾了。可是因为前两天没吃饭，骑车走了不到一半的路就再也骑不动了，平路上稍有点慢坡就骑不上去，只能下来推行。到最后走也走不动了，只感觉腿上一点力气都没有了。人地两生，举目无亲。两眼无助、内心无法的我，只好停下来坐在路边的地头休息。那时，已全然没有了刚上路时的神采。就这样蔫巴巴、迷茫茫地坐了好一会儿，忽然眼睛一亮：面前地里快要成熟的麦子不是可以吃吗？这样一想，我立即研起了"小钢磨"——用双手搓麦子吃。搓了一会，感觉身上有劲了，于是开始继续往前走。走了一段又没劲了，就再坐下来搓。这样，走一段，搓一会，再走一段，再搓一会，终于在天黑之前赶到了家。

这一路，真正让我感受和体会到了饥饿、无力状态下艰难困苦的真正含义！

我第一次购买自行车，不是为自己买的，而是受六叔之托帮他买的。在老家人的心目中，只要是在外地城市工作，就会以为你神通广大，什么事

都能办。

20世纪80年代初，自行车属紧俏商品，市面上很难买到，尤其是名牌自行车更甚。六叔托我，我当然会尽心尽力。那时候在农村，但凡想买自行车的，都是买载重量大的大轮自行车。人们最喜爱的青岛"大金鹿"凭一般关系根本买不到。就连淄博出的"千里马"和沂蒙山区一个兵工厂生产的"金象"，也很难买到。我托了同学，同学托了舍友，舍友又托了他自己的同学，这才从临沂那个厂子买了辆"金象"牌的。那朋友很热心地说找机会搭便车把自行车捎给我，可过了半年也没有捎来，我很理解，因为他们那里向我们这里跑的长途货车几个月也不见得有一趟。

眼见六叔着急，我便决定利用暑假自己去那厂里骑。

那时的交通和通讯不像现在这么方便，长途车很少，电话也只是单位和邮电局里才有，亲朋好友之间的联络主要还是靠书信。在这样的情况下，我仅凭"厂子在沂源"这一点并不确实的信息，就毅然上路了，这符合我当时年轻冒失的性格特点。

第一天，因为没赶上50里路外的去沂源的客车，只好改道去了临朐县城。

第二天，从临朐县城赶到沂源县城，多方打听，没人知道这个厂子的地址。最后，还是从邮局了解到：此厂不在沂源而在蒙阴。

第三天，在去往蒙阴县城的长途车上，我边走边打听。在热心人士的指引下，我从一个叫岱崮的地方下了车，又步行十多里，终于在一个大山沟里找到了这个厂子和帮着买自行车的那个陌生朋友。

第四天，早晨六点，我在厂里吃了一顿工人常吃而农民少见的令人相当幸福的早餐——半斤油条、两碗豆浆，然后骑上崭新的"金象"轻松愉快地踏上了回家的路程。经过6个小时的翻山越岭，中午12点，我到达了沂源县城。为了防止太累，也是购买的新自行车到手后有了闲情逸致，我决定在沂源县城休息半天。下午，游览了县城南面的沂河，只见十分宽阔的河面上，横亘着不久前被洪水冲断的大桥。桥面上那一根根严重倾斜的拳头粗的铁栏杆，告诉我洪水的凶猛与可怕。晚上，又在坐落于沂河边上的沂蒙新华制药厂看了一场露天电影，《小兵张嘎》中抗日将士

那矫健的身影和清脆的枪声一直萦绕到了我熟睡的美梦里。

第五天，我仍然是六点出发，骑行8个小时，于下午两点到达了昌乐县漳河老家。进门后，我把自行车往院子里一插，那感觉那神情就像自己是从战场上归来的英雄。

小时候常听娘说：孩子对父母的心思只有筷子那么长，父母对孩子的心思却和脚下的路一样长。这比喻很形象也很恰当，一点也不假。孩子的心在外面的世界，父母的心在孩子的身上！到家后我才知道，病床上的父亲和满头白发的母亲，在这五天的时间里为我担了多大的心！

母亲对我说，我走的第二天，庄上的大喇叭里广播，在临朐县五井发生了一起重大车祸，一穿白褂子的小青年身受重伤……他（她）们越听越像我，越想越不安，以致晚上整夜睡不着觉……人，有些记忆是留不住的，而有些记忆是抹不掉的。现在我能清楚地记起，当时我刚到家正在一手推着自行车一手开大门时，已经病得下不了炕连话都无力多说的父亲，对着正在外间干活的母亲喊："快去开门，孩子回来了！"我进家后，看到父母喜悦得有些激动的表情，哪曾想到这几天他们在家过的是度日如年的日子——我是不孝的儿！

在由蒙阴返回的路上，所遇到的人，几乎看不到有骑自行车的，都是靠两条腿走着，有挑担子的，有背包袱的，骑行在他们身边嗖嗖而过的那种感觉，不亚于21世纪初买了私家车的人，驾车行驶在骑自行车的人流中。

路上给我印象最为清晰深刻的是，从沂源县城出发进入山区公路后不久，即遇上了暴风骤雨。白茫茫的雨幕中，蜿蜒曲折的山区公路上见不到一辆行驶的汽车，只有我顶风冒雨艰难前行。行

图片由秦晓楼提供

"三转一响"博物馆藏品

进中，两耳充满了山洪的巨大轰鸣和野鸟的悲惨鸣叫声。独自骑行在一边是悬崖一边是峭壁的山腰间，我居然一点都不感到害怕，反而有一种饱赏风雨中大山美景的兴奋和愉快之感。

写到这里，我不由得深深地感叹：人的精神的力量真是无穷的！我想：我当时无惧无畏的精神支柱，除了年轻，大概也和载着我一路前行的崭新的"金象"自行车有一定关系吧。

我的第一辆自行车是1987年初购买的青岛"小金鹿"牌自行车，是用来带女朋友的。结婚后给媳妇买了一辆安阳"三枪"牌弯梁自行车，是用来比翼双飞的。孩子上初中后，我们又买了一辆广州"五羊"牌自行车，是用来供孩子上下学用的。至今我们还完好地保留着女儿的车子，这是那个时代留给我家的重要印记。

三

孩子上学之前我家不曾有过闹钟，更不曾有过挂钟。我小时住在舅舅家，夜里听着他家墙上那个老式挂钟发出浑厚悦耳的报点声，总能给人一种文雅、高贵的感觉。舅舅是公办教师，表哥是赤脚医生，在我的心目中，那时挂钟就好像是书香门第和大户人家的标配。

手表是我考上了县重点高中后才有的，是姐夫把自己带了多年而且颇为珍惜的钟山牌手表毫不犹豫地撸给了我。高中毕业考上大学后，还是姐夫从微薄的收入中拿出60多元为我购买了崭新的"聊城"牌手表，让我在手表上实现了第一次更新换代，而那块老旧的钟山手表又回到了姐夫的手腕上。想到这些，我心头忽然一阵感动，泪水顿时盈满了眼眶！

那时的钟山手表30元一块，与120元一块的"上海"牌手表相比，虽然档次不高，但确也经久耐用且计时准确。

我已多年不戴手表了。今年，为了我的生日，女儿静悄悄地给我买了一块浪琴高端间金手表。尽管现在的我已不习惯戴表了、更不想追求什么品牌，但这块手表我会戴着、一直戴着，直到老去——女儿有女儿的厚意、老爸有老爸的深情。

我是从不拿自己的生日当回事的，每年的生日我几乎不曾想起过。但女儿对我的生日，自她懂事起至今20多年，却一次都不曾忘记过。

四

第一次见缝纫机，是在我本族一个大叔的家里。大叔是我国援建坦桑尼亚的汽车司

"三转一响"博物馆藏品

机，每月两份工资的收入使他的家境很是殷实。他家的照相机、电视机和缝纫机大概都是我村的第一部。虽然家里有了缝纫机，大婶却不会用。它被摆放在家里最显眼的地方，常年不曾有人动一动。看来它的存在也只是成了那时大叔家良好条件的一个象征。

我家的缝纫机是结婚时妻子的大哥陪送给妹妹的名牌——"蝴蝶"牌。她擅长裁缝，喜欢缝纫机，很珍惜地用了很多年。我和孩子的许多衣服都是妻子亲手裁制的。我也正是从那时起，才彻底改变了穿衣服颜色、款式、肥瘦、长短常常被人笑话的窘迫历史。

随着社会的发展、时代的进步，缝纫机的利用率越来越低，我身边的人，更多的是喜欢到20公里外的淄川服装城或附近的超市，购买既便宜又好看的时髦服装。我家的缝纫机也因此闲置在车库里被冷落了许多年。前年，差点被人100元买走。今年，因为车库要改作他用，又把它搬回了家里。安放到合适的位置后，一种分明的感觉忽然涌上心头：家里还是有个缝纫机好——它能使家更有家的样子，能使家人更真切地感受到家庭的温馨！

"三转一响"博物馆藏品

"三转一响"博物馆藏品

撰文／秦晓楼

感恩岁月

"三转一响"博物馆藏品

前进牌缝纫机说明书

受朋友之约，一起到张维杰先生的"三转一响"博物馆参观学习，见到了许多昔年熟悉的老物件，便心生感触，想起了年少时在老家的久远往事。

我的老家在平度的乡下，是一个只有60多户人家的小山村。村子依山傍水、景色秀丽，但交通却极为不便。村里人大多孤陋寡闻，没见过什么大世面。记忆中的20世纪六七十年代，生活艰难，物质极其匮乏，"三转一响"算得上是奢侈品，村里人根本买不起。我的父亲当了几年兵，转业后到核工业部的地质队工作，被乡亲们羡慕地称为"在外面的人，吃国家饭的人"。父亲是村里唯一的"挣工资"的人，我家的生活便宽裕些，关于"三转一响"，20世纪70年代时我家里有两件都是全村第一。

先说那"一转"，是缝纫机，"前进"牌，大连货。刚买来的时候，乡亲们都很好奇，纷纷

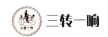

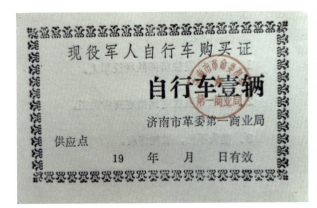

"三转一响"博物馆藏品

跑到我家看个究竟。机器缝纫又快又好，远胜手工。母亲也是热心肠，常常替人做些针线活，尤其是女孩子家的花衣服，委实帮人做了好一些。记得我的堂姐也十分爱缝纫，常到我家"踩踩机器，做点小活"，乐此不疲，也成了村里有名的巧闺女。

再说那"一响"，便更加有趣。1977 年春节前夕，父亲带回了一台收音机。我记得很清楚，那是我们村第一台收音机，上海产的"春雷"牌，块头不大，外面包着黑色的皮套，精致得很。收音机一打开就听到了远方传来的声音，村里人当作稀罕物，好奇这小小的匣子里怎么会有说有唱。有老人略懂些的，称之戏匣子。1978 年，刘兰芳开讲评书《岳飞传》。在那段刚刚经历了"文革"，精神生活极其匮乏的时光，这部评书如久旱的土地遇到甘露一般，滋润着人们的心灵。我记得每到评书开讲前，我家便热闹起来，四邻八舍的人们纷纷聚拢来，坐满了院子，俨然如说书场。戏匣子一开，整个院子瞬间便安静下来，每个人都屏气息声、全神贯注地听书，生怕错过一个字。人们沉浸在刘兰芳那清脆而极富表现力的声音中，心情表情都随着书中的故事起起伏伏。书说完了，大家还意犹未尽，迟迟不愿离开，继续议论着，为书中的人物感叹不已。每日的听书时间，便成

了街坊邻居最期待的时光。那时候，母亲还会流露出一些小小的虚荣，故意用抱怨的语气感叹"他爸不会买东西，我的意思收音机要大些才好，摆在家里更像样，声音也会大点，大家听起来更清楚。"说着这话，脸上却是透着满足与自豪的。

回忆往事，想到了那些如今不起眼的旧物曾经如此珍贵，更承载着满满的亲情和岁月沧桑。往事如烟，感慨岁月艰难的同时，更多了几分感恩与满足，庆幸自己生逢其时，衣食无忧、生活富足、人生足矣！

如今，国家发展，人民富裕，"三转一响"都成了历史，许多人家都已淘汰了那些过时的东西，但这些曾经的旧物件也为我们留下了难忘的故事，我们还是很怀念它们的。张维杰先生是个有心人，他自费收集了这些陈年的旧物，开办了博物馆。我想社会是需要张先生这样的人的，他的博物馆不但留住了岁月痕迹，让我们这些有着共同成长经历的人们有机会重温那段难忘岁月，也让年轻的人们到这里参观学习，了解历史，更加珍惜现在的生活。张先生的这份情结难能可贵，我是十分敬佩的。我想，他的奉献也应得到社会的鼓励和回报。期待张先生的博物馆能越办越好，为更多的人所知所懂，更期待有着共同情结的人们可以在这里可以畅谈过往，共叙岁月沧桑。

撰文 / 梁菊红

"三转一响"博物馆藏品

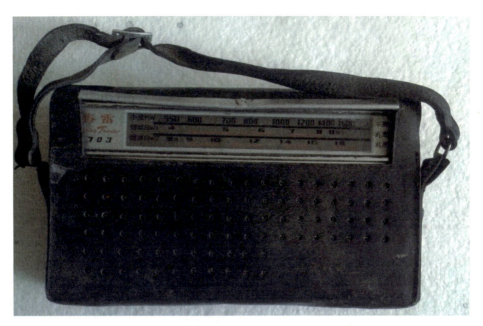

"春雷"牌收音机
"三转一响"博物馆藏品

"春雷"牌收音机
"三转一响"博物馆藏品

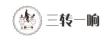

俺爹用棺材换来的"行头"

■自述：焦波，国务院新闻办公室图片库艺术总监

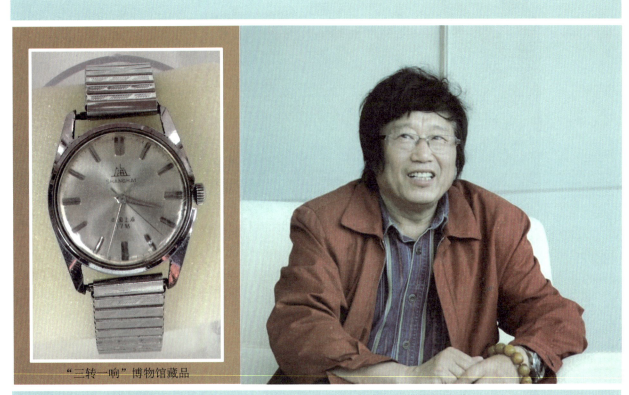

"三转一响"博物馆藏品

作者焦波

　　一块手表、一辆自行车，对于多数人来说或许只是普通的日常用品，但对于我来说却是无价之宝。因为那是爹和娘倾尽心血换来的。

　　爹和娘在一起生活了整整72年。他们吵过闹过，年轻时甚至三年不说话。我问爹娘："你们怎么不离婚呢？"爹说："离婚，咱家不兴这个，结了婚，就像钉子砸到木头里，再也拔不出来了。"娘说："俺让你爹吵了一辈子，生了他一辈子气，但有时还怕他不吵。他嗓门一小，就是身体有毛病了。"

　　爹靠拉大锯供我上学。临近毕业参加工作时，爹一口气给我置办了一整套上班的"行头"：一块125元的"上海"牌手表，一辆120多元的自行车，还有一件短大衣。收到这些贵重物品后，我惊喜交加。当时也挺奇怪，爹哪来的这么多钱？直到20多年后我才知道，那是爹用做了一辈子木匠活攒下来的一副寿材换来的！

　　我原以为，自己一工作就能让爹娘享清福。但这个美梦在我领到第一个月的工资后立即破灭。因为工资袋里只有24块钱。在别人的爹退休回家安度晚年的年纪，我的爹却来到城里打工，以养家糊口。爹在一家煤矿做木匠活时，被电刨子削掉了一截指头，他却一直瞒着家里继续干活。

　　我工作后远离家乡，爹娘想我，我想爹娘。每次离家时，我都不让娘送，娘也答应不送，但当走远了我一回头，娘总是跟在身后。有一次，我离开家时已是晚上十点多，山村里没有一点灯火。娘拿了手电，执意送我到大门口，将手电光照到通往村外的小路上。路上的光越来越淡，直至消失。我知道已走出很远了，但回头一看，那束手电光依然在那里晃动。

　　爹娘除了我，还有一个智障的儿子，那就是

摄影：焦波

摄影：焦波

摄影：焦波

摄影：焦波

我的大哥。大哥生活不能自理，让娘操了一辈子心。娘怕他饿着，又怕他冻着，每天夜里总是起来给他盖被子。娘在82岁那年，在给爹和自己做好了寿衣之后，又戴着老花镜给哥缝寿衣。80多岁的老娘，顶着满头白发，为傻儿子缝寿衣，一针一线穿的都是她的心头肉啊！缝完以后，娘对我说："你哥一辈子没成家，他穿着娘做的衣裳走，我放心了。要是他死在我后边，你记着，他走时千万给他穿得板板正正的。"爹感慨地说："别看你哥他命不好，但是70岁了，还有爹有娘，天底下有几个人比得上他呢！"

这就是俺爹俺娘！俺的亲爹亲娘！我没有别的可以报答爹娘，只有利用我的相机不断地为他们拍照，以表达我的孝心。

摄影：焦波

1998年12月1日，在娘86岁生日那天，我在中国美术馆举办了《俺爹俺娘》摄影展，请俺爹俺娘为影展剪彩。娘突然病倒了，但她强行出院，在火车上打着吊瓶到北京。在中国最高的艺术殿堂里，爹娘用在家里磨好的剪刀为我的影展剪了彩，也为儿子的孝心剪了彩。

2002年秋，娘过90大寿。寿宴之后，我要再给爹娘照一张合影。爹拉着娘的胳膊，使劲往自己身边拽，还使劲把头向娘那边歪。爹一边拽一边说："从小的夫妻到老亲。"爹娘把最美好

的瞬间留在了我的镜头里。没想到，这竟是爹娘的最后一张合影。一个月后，爹走了。一年多后，娘也走了。

整整30年，我给爹娘拍了12000多张照片和600多个小时的录像，我终于用镜头留住了爹娘。这些照片和爹娘用寿材为我置办的手表、自行车一起，成为我对爹娘最好的回忆。

整理／岳家锦

幸福来之不易　要倍加珍惜

朋友，当你坐在客厅的沙发上，收看高清彩电的时候，当你把玩着智能手机，收发微信的时候，你是否回忆起，20世纪五六十年代，那些艰苦的岁月；那时若想拥有生活必需品的"三转一响"，可不是一件容易的事情。

我想谈谈自己在这方面的经历。我是1956年夏天参加工作的，被分配到当时的淄博七中担任数学教师，第一年月工资是43.5元。20世纪60年代初，家里分了自留地，星期天必须回老家，帮着家里干农活。从我工作的单位淄博七中（驻地周村南郊韩家窝村）到老家邹平县韩店村，距离是60多公里。星期天干一天农活夜里两点钟要从邹平的家里出发，步行走回学校，要走5个多小时，为的是不能耽误上午8点给学生上课。直到1965年，我被派到农村搞"四清"，才分到了一张票，到周村百货商店，买了一辆青岛产的"金鹿"牌自行车。

再说缝纫机。我和妻子孩子多，缝制孩子的衣服，是个费时费力的事。到1972年，我们节衣缩食，才攒够买缝纫机的钱，买了一台青岛生产的"工农"牌缝纫机。我学会了裁剪，妻子用自己织的粗布给孩子们做衣服，那时在我们的村里，已经算比较先进的了。我的大儿子就是穿着这样的衣服，吃着自己家蒸的干粮，从邹平一中考上山东大学的。

作者与他的学生们在"三转一响"博物馆（摄影：张维杰）

作者和他的同事们到访"三转一响"博物馆
（摄影：张维杰）

我是一个很关心时事政治的人，很想每天收听中央台的新闻联播，那是多么盼望自己能有一个收音机呀！

1972年在大姜中学工作期间，学校有一个教物理的马化南老师，是曲阜师范学院毕业的。他有一台自己安装的半导体收音机。在他的指导下，

"三转一响"博物馆藏品

"三转一响"博物馆藏品

我也买了原件，插了一个超外差半导体收音机。自己打了一个木匣子装起来，外面刷了漆，美得很！每天可以收听新闻和样板戏了。

我带上手表，是到了1982年的事了。妻子辛苦了一年，养了一头大肥猪。我们用卖猪的钱，花了120元买了一块"上海"牌手表，戴在手腕上，风光得很。

往事历历在目，回想起来，感慨万千。近日有机会到周村，参观淄博盛康"三转一响"博物馆。面对铭记着时代印记的展品，得到了更多的启示：让历史铭记，让文化传承。

党的十一届三中全会以来，经过改革开放40年的奋斗，中国完成了从站起来、到富起来、强起来的伟大飞跃。人民生活水平不断提高，真是芝麻开花节节高！

现在家家户户，不仅有了彩电、冰箱、洗衣机，而且不少家庭有了自己的轿车。节假日里自驾游变成了寻常事。吃饭穿衣真是像天天过节一样，满满的获得感、幸福感。但不能忘记，今天的幸福快乐，来之不易，应倍感珍惜。

撰文／韩士梓

"三转一响"博物馆藏品

"三转一响"博物馆藏品

"三转一响"博物馆藏品（摄影：王岩）

三转一响

自

行

车

篇

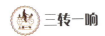

难忘那辆加重自行车

■自述：于庆臣，淄博市教育局原局长　淄博职业学院原党委书记

作者在"三转一响"博物馆（摄影：李凤华）

我一生中推过、拉过、骑过、开过各种各样的车，但我最爱的，还是那辆"永久"牌加重自行车。

这辆让我难以忘怀的自行车是上海自行车厂生产的 ZA52 型农用加重自行车，它是在标定 51 型自行车的基础上，将主要部件进行加固而成：轮圈加厚、辐条加粗、货架加宽加长、链轮与飞轮比减小，专为农村运输设计，可载重 150 公斤。

1971 年 12 月，我从解放军 6185 部队农场二次分配来到临淄区还正在筹建中的孙娄中学工作。1975 年 2 月与在淄博市精神病医院工作的爱人结婚，之后便在坐落于淄川区洪山镇的医院安家，工作地点和家庭住址相距百里。

当时，孙娄到临淄区政府所在地辛店还未通公交车，我需要步行或由同事骑车相送才能到达，再乘 6 路公交车到张店，之后转乘 1 路车到淄川，接着转乘 23 路车到医院。由于车次少、路况差，往往赶到淄川时，23 路车已经停运了。有一次 6 路车在半路抛了锚，我赶到张店时 1 路车已经停运，只好坐末班火车到达淄川，当我千辛万苦回到家时已经是晚上 11 点多。

周而复始的来回奔波，让我产生了想拥有一辆自行车的强烈愿望。但在当时，买一辆自行车

对我来说谈何容易！且不说每月 42.5 元的工资要攒多长时间才够，即使有了足够的钱，也需要有相应的票券才行。当时在农村学校工作的我还从未见过这种票券。

在山东农药厂工作的叔伯姐夫有一个家在上海的朋友，便托他这个家在上海的人买来一辆自行车，这便是上海自行车厂生产的"永久"牌 ZA52 型农用加重自行车。当这辆自行车托运到家后，我并不十分满意。因为它看起来略显笨重，尤其是那个又长又宽的货架有点别扭。但无论如何，我终于拥有了属于自己的一个"大件"。骑上自行车，我便得意地在街上飞奔，差点因为不熟悉车闸而闯祸。

对于这辆来之不易的自行车，我真的是关爱有加。清洗、上油、打蜡自不用说，为了避免磨掉车漆，我专门买了塑料带，一圈圈地把车架、货架包了个严严实实。结果却适得其反，若干年后把塑料带拆下一看，车漆都被捂爆了皮。但我每年把自行车拆洗一次，恰当地延长了自行车的寿命。

然而拆洗自行车也不是件容易的差事，尽管我小时候见七叔操作过，也常常见他人修车，但真要自己操作，心里还是没底。第一次拆洗时，为避免失误，我专门请教了修车师傅，并准备了汽油、黄油、工具等。另外，我还琢磨了一个笨办法：铺上报纸，把零件按拆卸顺序依次摆放，逐件擦洗上油，再依拆卸顺序依次组装，虽然麻烦，但一次便装好了。然而部件安装过紧，试骑沉重，又反复调整了好几次才算真正完成。拆装次数多了，我总结出一条规律：重点在轴部，关键在配合。

我对自行车悉心保养，自行车也越骑越顺手。至 1981 年 8 月被调到坐落于淄川区的淄博师范学校为止，我已记不清在孙娄与洪山两地之间骑行了多少次。不论是回家、返校、下乡支农还是家访学生，也不论遇到什么路况和天气，我的自行车从未"抛锚"过。这使我在职场与家庭、工作

与生活之间能够长期兼顾。

然而这种兼顾并非易事，我也为此吃了不少苦。当时临淄区的学校实行坐班制，纪律要求严格，我周六下午2点左右才能离校，周日晚上又要返校开周前会。离校回家时多是上坡路，我一般要骑5个小时才能到家。返校时则是一路下坡，但也难得一帆风顺，有时会遇到风沙雨雪，延长骑行的时间。有次我出校门不久便刮起了西北风，而且风势愈来愈大。我只好放弃了常走的路，转向南边经过齐鲁石化和青州庙子，希望能在傍晚到达洪山。但那天大风持续时间长，加上天色已晚，路况又不熟悉，直到晚上10点多才赶到家。当我看到爱人和孩子在医院门口焦急等待的身影时，心里不禁泛起一阵酸楚。

"三转一响"博物馆藏品

骑车骑得久了，我也学到了一些"歪门邪道"，攀扶拖拉机"借力"便是其中之一。这种"借力"是非常危险的行为，现在回想起来还有点后怕。至于说到达学校也顾不上吃饭、穿着汗透的衣服就去开周前会等等都不算什么了。我所在的学校风气好，同事之间互相关爱，伙房的师傅也总会给我留着热饭，这令我至今都感动不已。

除去感动的事，也有一些令我痛恨的事。有一次我骑车到南定附近，发现车胎被图钉扎破。我观察四周后发现是有人故意而为，但由于急着赶路，只能忍气吞声推车到附近修车摊修理。之后，我再也不走那条路了。

1981年8月，我调到了位于淄川区的淄博师范学校工作，迎来了我职业生涯中最为轻松的一段时光。那时我每天在家吃完早饭后，先用自行车送儿子到幼儿园，再骑行到学校上班。下班之后，先去幼儿园接上儿子，再骑着车悠然回家。到了周日或假期也不必再像从前那样忙碌，我便骑自行车带着全家人一起出去兜风，好不惬意。

1984年5月，我又调到了淄博市教育局。由于工作面广、量大，我的压力陡增，但骑自行车的习惯一直保留

着。直到1993年做了局长后，汽车配备逐渐增多，我骑自行车的习惯才慢慢发生变化。后来，我把这辆自行车赠予住在乡下的内弟，他很是看中我的自行车，非常珍惜，并打理得非常干净。

此后，家中又买过几辆自行车，如今更是早已开上了汽车，但我对最初的那辆"永久"牌农用加重自行车，仍是情有独钟，颇有物人一体之感。因为那辆自行车陪伴了我20余年，同我一起经历过许多风风雨雨，早已成为我挥之不去的青壮年记忆的一种载体。

于庆臣和他的同事们到访"三转一响"博物馆（摄影：张维杰）

车轮咏叹调

■自述：王力丽，山东省作家协会会员

说起车来，我的感慨可谓是一咏三叹。

20世纪70年代初，买自行车还是要票的年代，"永久""凤凰""白鸽"是自行车中的三大老牌子，而自行车、手表、缝纫机又是每一个家庭所追求的"三大件"，尤其是小伙子骑上一辆崭新的"永久"牌自行车，找对象都比别人好找，因为"永久"牌自行车是行业品牌之首啊。终于我们家风风光光迎来了一辆加重28型"永久"牌自行车，记得是锃亮的黑颜色，有条件的家里都用彩色的丝条把自行车的车架、前叉、车把缠绕的五彩缤纷，弥补了满马路都是黑色车流的单一性。

每天下课，我和姐姐们都抢着把自行车推出来，我当时还不会骑，姐姐在车后面扶着，我晃晃悠悠把着把，渐渐地，我在姐姐们的搀扶下学会了骑车子，自那以后下课后的兜风是必不可少的，学会了大撒把，学会了带人骑行。记得，有一次，和小伙伴赛车，骑的飞快，突然一块不大不小的石头把我从车上摔下来，直接摔进了路边的沟里，摔得我一时动弹不了了，小伙伴们惊惊咋咋跑回家告诉我的父母，我在路人的帮助下被送到了医院，其实也没有什么大事，外伤加惊吓，把自己和别人都给吓着了。当我包扎完后，回去找自行车，竟发现有一个陌生人在守着自行车等我呢。

上了高中，家人托人找关系买了一辆红色的青岛产的"小金鹿"，在一套挂牌、砸钢印、发自行车本等程序后，我终于拥有了一辆属于我自己的车，骑着"小金鹿"像是骑着一匹欢快的小马，东游西逛，"小金鹿"始终不掉链子的陪伴我，平时碰碰磕磕的也泼辣的很，刮风下雨的从没耽误我上学放学，整整伴我读完两年的高中时光。

到了20世纪80年代初，每家每户基本都有了自行车，甚至不止一辆。上了班后，单位发了一辆"白鸽"牌自行车，洋洋得意地骑了一段时间，但好景不长，没骑多久，"白鸽"就"飞"了——在车棚被偷走了，渐渐地，家家都有了自行车被偷的经历。

20世纪90年代，是一个日新月异的时代，

作者王力丽近照

图片由王力丽提供

图片由王力丽提供

"三转一响"博物馆藏品

自行车的品种、款式、牌子也多了，什么山地车、赛车、变速车、公主车等五花八门，孩子们也不像我们上学时对自行车那么向往了。我邻居的一个小女孩，上小学时让她父母给买山地车，父母怕丢了，给她买了一辆普通的自行车，可她却嫌难看，硬是不肯骑，竟说"丢不起人"，气的父母下决心就是不给她买，可她却宁肯天天挤公交，也不愿骑那辆普通的自行车。

　　想我上小学的时候，有同学骑自行车上学的很是奢华招摇，那大部分是家庭有"海外"背景的，让我们很是羡慕嫉妒呀！大部分家庭有辆共用自行车就很不错了，一般先让上班的人骑。我记得我只有在星期天或二姐下班后，才能骑骑自行车过过瘾，只要有辆骑的，管什么牌子，能让骑就一蹦三跳地高兴坏了。我们大多是徒步上学，连五分钱一张车票的公共汽车也不舍得常坐，经常搭不花钱去郊区的马车、拖拉机，甚至炮兵营的敞篷军车。那时候民风淳朴，大家都互帮互助，一声"上来吧"，我们就挤挤挨挨地爬上去，说说笑笑的，一路也不闲着。有时候也会碰上爱开玩笑的赶马车人，到了该下车的地方，一扬鞭子，马就加快速度蹄踏蹄踏地跑起来，害得我们往回走了老远一段路，现在说起来还觉得好笑。

　　我在20世纪90年代初终于"鸟枪换大炮"，告别了自行车，买了轻骑木兰，没有了蹬车的满身臭汗和辛劳疲惫，而是轻轻松松、潇潇洒洒地骑车了。

　　再往后，自行车的发展变化眼花缭乱，自行车已经不是单纯的交通工具，而是可以运动健身，可以休闲娱乐的一个玩伴，品种也多样细化，什么比赛用自行车，公路自行车，山地自行车，场地自行车，特技自行车，样式不仅仅是单人的，也有双人骑、多人骑自行车，体积也不像原来那样笨重，高科技的材质和制作，生产了能折叠便携式的自行车，小到一个手提包能放进去的地步。

　　如今的交通工具太发达了，公交已遍布城市的交通要道。市区车、郊区车、旅游专线车，应有尽有。BRT快速公交也进入了城市的生活。地铁、轻轨也将人们更快的送往目的地。从起初的打面的，到招手即停的各种出租车，以及现在的互联网时代的网约车、滴滴出行等，出行方式越来越快捷方便。距离已经不是问题，列车提速到了仿佛"闪电"的速度，那慢腾腾、晃悠悠的绿皮火车成了遥远的回忆，现已基本淘汰。动车、高铁、磁悬浮列车像火箭加速度一个劲地快，更快，更更快的向前飞进。私家车的发展速度之快已到了让人瞠目结舌的地步，我在2002年初买了第一辆小汽车，很快一两年的功夫，私家车快速进入千家万户，遍布了城市的大街小巷，汽车沦落成了20世纪七八十年代自行车的地位。

　　不知若干年后，时代还会有什么样的变化，包括自行车在内的交通工具，我相信任何奇迹都有可能发生。

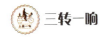

响当当的"大金鹿"

照片摘自王文澜、倪萍著《自行车的日子》

20 世纪七八十年代的淄博农村，"大金鹿"是个响当当的名字。

所谓"大金鹿"，是青岛自行车厂生产的一款名牌自行车。这个厂家原来的产品是"国防"牌，人们都称它为"大国防"。由于这个品牌的自行车生产工艺落后，款式老化，于是从 1964 年开始，该厂设计并试生产了"金鹿"牌自行车，到 1969 年全部转产"金鹿"。

当时的青岛自行车厂主要生产两种"金鹿"：一种是轻便型"金鹿"牌自行车，俗称"小金鹿"；另一种是载重型"金鹿"牌自行车，也就是人们耳熟能详的"大金鹿"。"金鹿"牌自行车的主要特点：后轮采用倒轮闸，向后轻倒即可刹车；前轮采用杠杆触闸，刹车力强；另外还以"三大一吊"著称，即大飞轮、大牙盘、大扣链子、吊簧鞍座。

"大飞轮"自行车的原创来自德国的"钻石"牌，这种技术在中国的延续主要是青岛自行车厂，而其他厂家生产的自行车大都是"小飞轮"。"大飞轮"和"小飞轮"的最大区别在于自行车后轮中心轴的瓦套。"大飞轮"的瓦套内有可供刹车的各种配件，组合起来就实现了脚闸功能，人们习惯地称之为"大轮"车，而没有脚闸功能的则称为"小轮"车。实际上，"大轮"车和"小轮"车的轮子大小是一样的。

在淄博农村，人们特别青睐"大金鹿"自行车，原因是它的车身重，骑着稳当，上坡有劲，载重量大，既能带人又能载物。农村家庭购买"大金鹿"，主要目的并不是通常意义上的代步，而是用它来承载重物，满足家庭生活的迫切需要。

家住博山区的"70 后"王永清楚地记得，在他小时候，有些缺粮的生产队自产的粮食不够吃，需要到邻近的莱芜去买。条件好的人家就骑着自行车结伴去，那自行车是清一色的"大金鹿"。村民们家家都养猪，猪仔要到淄川去买，也是骑着"大金鹿"结伴去。总之，那年代"大金鹿"既是交通工具，又是载重工具，真算得上是农民们的好帮手，所以人们都亲切地管它叫"不吃草的小毛驴"。

那时买自行车要用工业券，农村不发工业券，因此农民要买自行车就得到城里投亲拜友先弄到工业券再筹钱。而城里人的工业券也非常紧张。那时工业券的发放是跟着工资走的，按工资总额的 5% 发放，即每发 100 元工资就配发 5 张工业券。学徒工刚进厂时大都执行月工资 18.85 元的标准，也就是说每人每月还领不到一张工业券。这也是工业券带小数的原因。工业券不是专门用来买自行车的，日常生活用的所有工业品都需要工业券。当时一张工业券可购买一块香皂或一片刮胡刀用的双面刀片。而购买自行车所用工业券的数量是根据市场上自行车的供求状况决定的，最多的时候需要 150 个工业券才能拿到一辆自行车的指标。由此可见，要弄辆"大金鹿"着实不容易。如果谁家有了"大金鹿"，自然是非常招人羡慕的。

王永家在大费一番周折后，也买来一辆"大金鹿"。父亲常骑着它去镇上赶集，夏天给他带回来清凉的西瓜，冬天给他带回来甘甜的冻梨。村里有些人也经常来借用，他们也总是爽快地答应。

父亲还常用这辆"大金鹿"带着王永出去玩。

"大金鹿"的前梁很粗壮，但王永坐在上面，还是会担心，怕掉下去。于是父亲特意用木板在车子大梁上做了一个板凳，下面用螺丝固定住，这个小板凳就成了王永的安全座椅。小时候的他就经常坐在这个小板凳上，双手扶着车把，又舒服，又安全，又能享受父亲温暖的呵护。

后来王永渐渐长大了，不喜欢再坐在车子前面，父亲就让他坐在后座上，并且把后座又焊接了一块，说是这样驮东西更多，而且坐在上面更方便。有时王永喜欢反着坐，面朝后，脊梁贴在父亲背部，耳边吹着小风，两眼看着风景，真是有说不出的惬意。父亲为了王永坐在后面更安全些，还在后轱辘的轴承处做了两个脚踏，这样他就可以把脚放在上面，甭提多开心了。

几十年过去了，父亲的这辆"大金鹿"自行车直到现在还保留着。王永多次劝他卖了吧，他总是舍不得。如今，年迈的父亲有事没事就把他的"大金鹿"推出来，从上到下，前后左右，擦个锃亮。有时还会把"大金鹿"全拆开，把所有的轴承和辐条重新安装一遍，重要部件抹上黄油，滴上润滑油，说自行车也需要维护保养，勤清洗勤加油，它才能更顺滑，更听话。在他眼里，这辆"大金鹿"早就成了他的伙伴，一个陪了他一辈子的亲密伙伴。

撰文 / 向谊萱

"三转一响"博物馆藏品

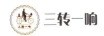

拉拉"洋车"那些事儿

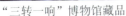

"三转一响"博物馆藏品

"三转一响"博物馆藏品

"三转一响"是什么？出生于20世纪五六十年代的鲁中乡民肯定不会陌生，它指的是自行车、缝纫机、手表和收音机这"四大件"，因为前三件能"转"，后一件能"响"，所以被形象地称作"三转一响"。当时这可算是响当当的"大件"，普通人家别说四样备齐，即便有一件也是很有面子的事情。小青年结婚，能将这"四大件"置办齐了的，一定是足够"硬实"的"大户人家"，十里八乡也不见得有几户，因此会成为好几年街头巷尾的谈资。

"四大件"里面，地位最高、使用价值最大的当属自行车，那就先从自行车说起吧。

中华人民共和国成立前国家生产力水平低下，大部分日用品靠进口，于是就有了"洋火""洋油""洋布"的叫法。新中国成立后，鲁中地区将这种语言传统保留了下来，仍习惯地将新潮、时髦的东西冠以"洋"字，这自行车最初便叫作"洋车子"。直到20世纪80年代后，"洋车子"的叫法才完全被"自行车"代替。

40年前，每个村里或多或少都有几个在城里工作的"打工人"，效益好的单位会给派"公家车子"，作为上下班的代步工具。现在想来，那就是"专车"，是相当高的待遇！普通家庭买一辆自行车绝对算是一件大事，若论轰动性和影响力，绝不亚于时下谁家买了一辆"宝马"。车子

买回来，放在院子里，锃光瓦亮，邻舍百家听闻消息都赶来看新鲜，围着车子品头论足，啧啧称赞。骑上车子到村头场院里转一圈儿，绝对吸引眼球。

自行车品牌不一样，价格差别会很大。"凤凰""永久""飞鸽""国防"等牌子的自行车属于高档次，当然也最贵，普通人家买不起。即便家境殷实，这些名牌也不是想买就能买得到，因为那时是"凭票供应"的时代，越高档的商品，这供应票就越紧张。

"大金鹿"次之，但由于它敦壮厚实，后座上能驮货、能带人，用现在的话说因"性价比"超高而深得乡民的喜爱。年轻人拥有一辆"大金鹿"，生活顿时有了亮色，后座上捆上百十斤大葱，天不亮就去城里，下午卖完葱回家太阳还高高地。更重要的是，城里葱价高，一个冬天下来手里有了余钱，自行车后座上"对象"（未婚妻）揽着小伙儿的腰，铃铛"当啷啷"一响，潇洒地进城赶会去了，这婚事年后十有八九能成。所以说，这"大金鹿"某种程度上还有"红娘""月老"的作用呢。

再次一些的就是些"杂牌"车了，什么"金狮""金象"，价格要低一些，就像现在的"长安""富康"汽车一样，牌子是没有那么显眼，使用功能却差不多一样。

按照车轮尺寸的大小，自行车可分为"二八"

和"二六"两种，分别指车轮的半径为28英寸、26英寸，当然车子的长度和高度也相应地有大小之别。老百姓通常叫作"大轮儿"和"小轮儿"，男人骑大轮儿的，女人骑小轮儿的。后来才出现了没有大梁的女式"坤车"，以及把链条都包起来的高档"大链盒"。十来岁的小孩子也想骑自行车，可无论"大轮儿""小轮儿"，骑上去都够不着脚踏板，于是就侧着身子从大梁下面蹬车，这叫作"掏大梁"。只不过"掏大梁"很难掌握住平衡，掏着掏着就掉进沟里去了。

骑自行车是一项技能，须学习才能掌握。人的天赋不同，学起来差别很大。有人试了几下就能骑得很稳当，另一些人学了好几年硬是学不会。总体而言，农村妇女学骑车要慢一些，可能跟过于谨慎有关。常见满脸紧张的女人紧紧地攥住车把，男人则在后面牢牢地扶着车座，累得满头大汗。往往男人扶得越牢靠，这女人越是学不会，因为她没机会揣摩掌握平衡的技巧。倒是那些偷奸耍滑的男人，扶着扶着手就松开了，只跟在后面跑，这女人却在不知不觉中学会骑了。

刚学会骑车的那段时间，因为技能不是很熟练，尤其是刹车的时机和力度掌握不好，经常会撞墙、撞树、撞柴火垛、撞人。特别是"大金鹿"一类的"二八"车子，车座很高，上下车很费劲。"大轮儿"车的前闸一般在车把上，一刹闸容易翻车，因此用得较少。后闸在脚蹬上，往前蹬车子就走，往后蹬就是刹车。用右脚刹闸，待车子停下后左脚再蹬下半圈儿，就势下车最合理。关键是遇到紧急情况右脚不可能正好处于刹闸的位置，习惯

了右脚刹车的人就得再蹬一下，右脚才到位。于是就有了下面的段子：一个学骑车的小媳妇晃晃悠悠奔着路边的大爷过去了，大爷高声喊着："看人！看人！"可还是被撞倒在地。大爷很生气，一个劲地数落："我老远就喊看人，你还不快点刹住车下来！"小媳妇愧疚道："大爷，俺听见了，也看见了，可你得让俺蹬下这一圈儿来啊！"

自行车是家里的"大件"，大家自然会十分爱惜。刚买来的车子通常要用二指宽的塑料胶皮将大梁、车架缠起来，花花绿绿的。平时经常用一条毛巾将车子的上上下下、里里外外擦个遍，尤其是车把下面的商标，要擦得一尘不染。骑一段时间就要紧紧辐条，上上螺丝，给链条和轮盘上上油。细心讲究的人家还会用毛线编织车把套子、车座套子啥的，既保暖又美观。更有人怕下雨天螺丝淋了生锈，还在螺丝上面拧上牙膏盖防水防锈呢。

改革开放后，人们的生活水平迅速提高，而自行车的地位却是一落千丈。20世纪80年代中后期，往往一家好几辆自行车，没人再稀罕这物件了，甚至对它"大不敬"起来：不再爱惜，不再维护保养，骑完了随手一扔，或靠墙或躺地上，经常是"除了铃铛不响，哪儿都响"。厂矿企业、大学校园里最让后勤部门头疼的就是一堆堆难以处理的废旧自行车了。"昔日王谢堂前燕"，如今寻常百姓家也弃之如敝屣了，当真是"时位之移人"啊！

撰文／王书敬

"三转一响"博物馆藏品

骑自行车的梦

作者竹云近照

20世纪60年代的农村，骑自行车的人绝对是极少数。我那时候刚上小学，但已经是很懂事了。看到人家的小孩学骑自行车，心里痒痒的，眼馋极了，总是远远地站着看，从来不敢在父母跟前说。

因为那个时候家里很穷，父亲一人在生产队里劳动，挣的是工分，那年头工分价值很低，一个工日只有几毛钱。到年底开支，扣除全家人的口粮钱，能拿到手的也只有百元左右。这是六口之家一年的开销啊！我们姐妹四人都要上学，母亲又是常年有病，能勉强吃饱肚子就不错了。哪能奢望买自行车呢？

于是，骑自行车成了我少年时期的一个梦。多少次在梦中，骑着崭新的自行车在大街上飞奔，小伙伴们纷纷投来羡慕的眼神，自己心里那个美呀，那个高兴劲，真叫过瘾，简直比吃了糖葫芦都甜。而梦醒时分，总免不了竹篮打水一场空的惋惜，自己常常在心里偷偷地想：我们家什么时候才能有辆自行车呢？

或许是父亲看出了我的心事，或许是因为家里也确实需要一辆自行车。终于有一天放学回来，听母亲说父亲去赶集买自行车了，我高兴地跳了起来，饭也顾不得吃，眼巴巴地盼着。父亲是步行到30里外的"朱桥"去赶集的，那是当时县内较大的集镇。门声一响，我们姐仨一块围了上去，

争先恐后地想看一看、摸一摸这辆心仪已久的、属于我们自己家的自行车。

这是一辆用旧车零件组装起来的、准确地说是一辆破烂车，大架子上早已没了油漆，车圈上铁锈斑斑，两只轮胎还是黄颜色的，而且每只轮胎上都鼓起了几个大包，那是车胎快爆了的象征。人骑上去摇摇晃晃，咯咯噔噔，就像喝醉了酒，整个车子除了铃铛不响，其余哪都响。就这样，父亲说，还是费了许多口舌才讲好价，花60多元钱买下来的。

看了这辆自行车，我的兴奋劲下去了一多半，心里却还在嘀嘀咕咕，自我安慰着，总比没有车骑强得多吧。

过了几天，父亲把这辆车大修了一番。前后轮子里外胎全部更新了，车外胎变成了黑颜色，辐条也进行了彻底整理，扳子、钳子齐上阵之后，这辆车总算成了一个整体，骑上去不摇晃、不咯噔、也不响了。最扎眼的是，在弯弯的、黑黑的车把上，镶着一个铮明瓦亮的车铃，这是整个车子唯一有亮光的零部件，用手一按叮当作响，听起来十分清脆悦耳。

当时，乡下人骑自行车，习惯在车梁上挂个布兜兜，那形状类似过去生意人背的钱褡子，中间搭在大梁上，两边布兜合在一起，下角分别固定在车的三角架上。为的是随手放个小东西。父亲买了二尺蓝布，自己动手，做了一个非常漂亮的车兜。车兜的两侧各有四个大字，一边是"脚踏实地"，一边是"奋勇前进"。这八个大字，蓝底白线，非常醒目，是父亲用缝纫机一点点绣上去的。因为父亲是个手艺极高的老裁缝，当年闯关东，在哈尔滨跟苏联人学的。

父亲为什么要绣这样八个字呢？当时只是感觉很新鲜，在骑车和成长的过程中，我渐渐地懂了。它印记着父亲的人生态度，也寄托着父亲对我们的教诲和期望：做人，要踏踏实实，以实为本；立业，要不怕困难，勇往直前。这八个大字深深地烙在了我的心上，一直影响着我的整个人生。

经过一番精心装饰，这辆车的面貌就大不一样了，给人的感觉不亚于一辆新车，我深深地爱上了它。

父亲把这辆自行车推到场院，用绳子在车的后座绑上一根长长的扁担，手把手地教我们学骑车。在几个姐妹中，我是学的最快的一个，一会儿工夫就能独立作业了，第二天就把车骑上路了，从此，这辆自行车成了我的伙伴，它伴随着我长大，成了我生活中不可缺少的一部分。

父亲膝下无子，我是他最小的女儿，素有"假小子"的"光荣"称号，平时，最是听不得大人们说"没有儿子就是不行"的话。当时大姐在哈尔滨读书，二姐比较文弱，三姐有点任性，常常惹父母生气。随着父亲年龄的增加，我也渐渐长大，成了父亲的得力助手。家里的重活累活，诸如外出办事、赶集等重大事情，自然而然地落到了我的头上。由此，家里这辆自行车基本上成了我的专车，只要我用车，其他人就都得让路。

从我记事起，母亲就拖着个病身子。记忆中，父亲经常用小车推着母亲外出看病。母亲坐在车的一边，而车的另一边，则用绳绑着一块大石头配重，否则车子是无法推的。现在有了自行车就方便多了。我曾骑着这辆车，带着母亲四处求医问药，跑遍了县内外的各个医院。当时在我们家，只有我能骑车带母亲，父亲已是年过花甲，二姐和三姐车技不高，我和父亲从不放心让她们带，所以骑着自行车带母亲看病，就成了我的使命。

1971年，生产队大集大挖土杂肥，拆掉了我家的百年老房，为了盖新房子，我骑着这辆自行车，东奔西走，辗转于方圆百里，跑遍了县城和各大集镇，四处购买材料。

后来，我又骑着这辆车参加了工作，成了一名公社干部。下乡驻村、检查生产、到县里开会，靠的都是这辆自行车。那个时候到县里开会，下乡蹲点都是自带行李，常常是行李卷儿和日常生活用品，全部家当都在自行车上，人在车在，人走车走，走到哪带到哪。

那时候我的自行车技可以说是达到了炉火纯青的地步。再加上年轻气盛，迈出门槛就上车，不达目的地不下车。而且常常骑飞车，感觉最过瘾的是超越，凡是视线以内的自行车全部超过去。那种征服和胜利的满足感溢于言表，常常是自我陶醉。

那时候的路全是沙土的，好天骑车还可以，遇上个刮风下雨天，就得劈风斩浪，顽强拼搏了。对我来说，那是最具挑战意义的，而父亲亲手绣的那八个大字，则永远激励着我勇敢向前。

1975年，公社给我分配了一辆新的自行车，是青岛产"大金鹿"牌的，我的这辆"破烂车"才光荣的退役，给当教师的二姐骑着去上班。二姐又是倍加珍惜地骑了好多年，记得二姐多次对我说，这辆车为咱家立了大功了，真该送进历史博物馆当文物了。

后来，改革开放了，收入提高了，物资也越来越丰富了，我先后换过好多自行车，什么"飞鸽""永久""凤凰"，还有坤车、变速车等等。再后来，还有了家庭轿车。但是，不论换多少新车，再也找不到当初的感觉了。

在我的心目中，最留恋、最怀念的，而且永远挥之不去的，还是那辆骑了多年的老旧车。

撰文／竹云

"三转一响"博物馆藏品

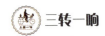

与自行车相伴的日子

■自述：孙树木，原淄博师专校长

作者与美国艾丁堡罗大学校长获堡先生（照片由孙树木供）

我第一次见到自行车是在1937年，那时我父亲正在博山洗凡中学读书，暑假期间回家带回了一辆进口的小轮自行车。

父亲在场上骑，吸引了几乎全村人都去观看，就像看马戏团演出那样热闹、好奇。1938年，我的父亲参加了抗日战争，当了八路军，从此再也没有骑过这辆自行车，自行车就挂在家里后院的屋檐下。抗日战争中兵荒马乱，我们一家背井离乡，在淄河流域逃荒避难。父亲1942年牺牲后，那辆自行车也不知哪里去了。

我第二次见到自行车是在1945年日本鬼子投降，抗战胜利后。那时我舅父冯毅之担任了青州市第一任市长，我和大哥、表姐去青州城第一小学读书，在青州城区街上经常见到卫戍司令王道及卫队骑自行车的场景。王道在抗战中曾当过汉奸旅长，他起义后当了青州城区的八路军卫戍司

令。舅父兼任副司令，他们都在青州城驻扎。王道不减当年的威风，上街都骑自行车，而且在他的身后，也有十几个卫兵骑自行车跟随，浩浩荡荡在大街上路过，引得众人驻足观望。

这样的情景，我在放学的路上曾见过多次，真是大开眼界。我的舅父上街也带卫兵，却都步行，不骑自行车。市民反映冯市长还是老八路作风，生活朴素。

后来，由于国民党军队向解放区发动进攻，八路军撤离了青州，我也回到了淄川农村老家，

"三转一响"博物馆藏品

从此再也没有见过这样热闹的骑自行车场面。

我回老家后就参加一些辅助性的生产劳动，帮助家人干活。春天和村里的小伙伴们搭伙轮流刨地，然后就帮大人耩地、下种、送肥、剜苗、除草，秋季参加庄稼的收割。农忙完了，就上山割草，给家里打水、挑土、垫栏、积肥。一年忙个不停，只有过年时，才有时间休息，同小伙伴去玩耍。有几年农闲，还跟村里的大人赶上毛驴，去淄川煤井运煤到大集上卖，挣很少的钱来贴补家中的开支。

1949年中华人民共和国成立，那时我已15岁，才开始去邻村上小学三年级。后考取了离家50里的淄川县第一高等小学，开始住校，周末步行回家背煎饼吃。炎热的夏天，煎饼三天就生白毛，仍然照吃不误。寒冷的冬天就睡在铺有乱草的地上，也不在乎。那时觉得只要有书读就很满足了，徒步回家自称是坐"11号汽车"，非常乐观。国家刚解放，经济还没有得到恢复，老百姓生活贫困。不仅在农村，就是在县城里也没见有人骑过自行车。我上初中、高中时，国家经济有了好转，对在校的贫困学生都有助学金补助，生活水平得到很大的提高。

1958年我考取了山东师范学院，学生都免交学费上学，而且生活费国家全包，所以大学生活无忧无虑。但在校园里仍然见不到人骑自行车，只是偶然看到一位老师戴着眼镜，骑一辆洋式自行车上下班，很新奇。听别人说，这位老师是从美国留学回来的，是物理系的一位教授。学生们对他非常羡慕，认为他既有身份，又有自行车骑。当时学校领导也只有一辆黑色轿车专用，后勤有一部大卡车供运输用，这就是大学里全部的运输工具。

1962年，我从山东师范学院毕业，被分配到位于周村的淄博师范学校工作。初到周村时，这座历史小城镇古韵犹存，只是街面上的店铺少了一些，商业没有那么繁华了。最大的国营商店是在东门外的百货公司，因为它是平房建筑，又在路南正面向北，人称百货大南屋。街上少见骑自行车的，只有徒步的人来人往。唯一能载人的交通工具，是一种独特的三轮人力车，与别处的不一样：外地的三轮车是人骑着，东西放在后边斗子里拖着往前走；周村这种车是斗子在前，人坐在上面，骑着车用后轮驱动拱着向前走。这是我

第一次见到这样载人的交通工具，感到很新奇。周村人还给它起了个名字叫"倒骑驴"。后来才知道这是周村最原始的"出租车"，这种结构是为了给乘坐的客人以尊重，并且容易与客人交流。

淄博师范学校校址坐落在周村城东南方向，在城区通往火车站大路的路北，开南门面向铁路和农村，沿马路向东南便是火车站。学校院内有一座灰色的高层大楼和一些平房，多是西洋建筑。院子虽然不大，但环境显得很别致。据说这是德国传教士所建，原是一所名叫培德的小学。

后来，这里成为荣军医院，属部队所有。经过省教育厅与部队协商，后归教育部门所管，淄博师范学校开始进驻。1950年淄博师范学校成立，校址在油坊街一户大地主院内。我去淄博师范工作时，女生住在院内大楼的地下室，男生宿舍依然在油坊街。淄博师范学校是一所专职培养小学教师的中专学校，三年制，每年暑假招生一次。中间因生产救灾和小学教师过剩，曾停过两次招生。所以我在1962年进校时，只有二、三年级，没有一年级，我教二年级语文。1963年新生入校，我开始教一年级语文，并担任班主任。

1964年暑假后开学不久，我被分配到山东海洋学院后勤总务工作组。

我一有空闲，就推着李道海的自行车去操场上练习骑车。初学骑车时，心中还有些紧张。开始上不去，即使勉强上去了，手脚也不听使唤，东倒西歪地走几步就跌倒下来。经过多次练习，总算能上路了。

一天，我大着胆子一个人骑着自行车去开会。路上要翻过一道山梁，上坡虽然费力，但没有危

"三转一响"博物馆藏品

189

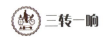

险，下坡时却出了意外。我骑着车子，顺下坡滑行，越来越快，像飞一样地向下奔跑。我心中发慌，刹不住闸了。下面就是海，如果冲下去就跌到大海里了。就在这时，我突然发现有条向里的路，便一歪身子连车带人摔在路旁。虽然躺在路边爬不起来，但终于一块石头落了地。霎时引来一群人围观，并问我怎么样，有好心人还伸手去拉我。我苦笑着从地上爬起来，拍拍身上的土说："不要紧，谢谢你们。"

自从发生这件有惊无险的事后，我骑车子格外谨慎小心了。有很长一段时间，我在青岛宁愿步行，也不再骑车上街了。过了几个月，组织上让我去胶县外调，我乘火车到了胶县县城，一问要去的地方，离城还有50里远，只好租了一辆自行车前往。在经过一个小村庄时，因为是土路，我的骑车技术又不好，自行车左右摆动，晃来晃去。一群在村里玩耍的孩子见状蜂拥而上，紧跟在车子后面，有的抓住车子后座，有的干脆跳起来坐在后座上，弄得我更骑不动了，只好下了车推着走出村子。孩子们却在后面朝我拍掌嬉笑，让我十分尴尬。

1966年，我回到周村淄博师范原单位。1970年，淄博师范离开周村迁入张店办学，先暂借山东农业机械化学院的校舍。这时多数人的家仍在周村，我爱人还在淄博六中工作，每周星期天仍需回周村一次。因为当时张店与周村之间没有公共汽车，坐火车也很不方便，就想买一辆自行车。那时，买自行车谈何容易？甚至比现在买一部汽车还难。我大学毕业后月工资51元，15年没有涨过，上有老下有小，生活拮据。买一辆青岛产的"大金鹿"自行车要花140元，买一辆"小金鹿"也要120元。我下定决心，花了120元钱和40张工业券买了一辆"小金鹿"自行车。

当时，每人一月只发两个工业券，凑工业券比凑钱还难。多亏我弟弟在煤矿工作，他请工人们帮忙凑了40张工业券才解决了问题。我在青岛虽然学会了骑自行车，但技术很差，加之十几年不骑了，骑起来很不熟悉。张店、周村又相隔较远，骑一趟就花两个小时。早晨六点从淄博六中出发，路又不平，只能推车到丝厂的南门才骑上车子。有时八点还到不了张店，往往耽误上班。一路累得张口气喘、头上冒汗。

那时农村正发展初中教育，急需教师。为适应全市教育的需要，淄博师范1972年开始分科办

原淄博师范在周村的教学楼（摄影：张维杰）

学，两年学制，学生入学不考试，由贫下中农推荐上学。当时第一批学生分语文、数学、理化三个科上课，教材以高中课本为主，教师为了培养学生的授课能力，也编些补充材料。为了贯彻教育与生产劳动相结合的方针，还组织学生拉练，访贫问苦受教育，并在张店北部的闫桥村附近办起了农场。在校内还建了一个用新华药厂废水熬制火碱的厂子，由学生轮流去参加劳动。

周村早期的"出租车"，当地人号称"倒骑驴"（摄影：张维杰）

为了提高语文班的写作能力，由教师领队去煤矿学习采访，写调查报告。在校生要进行两次教育实习，去农村中学学习教书育人的经验。一次，我陪学校主要负责人崔硕星乘火车到临淄农村看望实习的教师和学生，在下乡的路上，正遇上公社的文教助理骑着自行车去检查工作。看见我们两人徒步行走，他非将车子让给我们骑不可。我们谢绝了，他便激动地说："今天你们不骑，我也不骑了！"这件事在我的记忆中留下了深刻的印象。

后来，淄博师范在张店城区共青团路西首购地盖房，重建新校，1976年新校落成，从此，淄博师范结束了在山东农业机械化学院办学的历史。

1977年，恢复了高考制度。在这种大好形势下，山东各地纷纷办起了师专，为九年义务教育服务。淄博市也筹划办师范专科学校，但为了节约资金，没有另立门户，而是将淄博师范一分为二，将全部在校生和少部分教师分去淄川淄博教师进修学校，继续办淄博师范。而大部分师范的教职工留在张店，在师范的校址上挂上了"淄博师范专科学校"（淄博师专）的校牌。

淄博师专刚建时面临许多困难，校园规模小，教师缺乏，经费不足。市教育局让我临时负责淄博师专的筹建工作，我压力很大。经过一段时间准备，学校工作基本就绪。1978年，分中文、数学、物理、化学四个专业，招生160人。我任第一副校长兼党委副书记。

经过6年的努力，淄博师专克服了办学经费和教师数量不足的问题，教学也逐渐走上了正轨。

1984年摘掉了师范大专班的帽子，由山东省下文正式批准为淄博师范专科学校。1985年，公布我为校长。我上街无论办公事还是私事，仍然骑那辆"小金鹿"自行车。

1986年，淄博市委、市政府确定学校重建新校园，自此淄博师专陆续开始了建设、迁入张店五里桥校区办学的进程。为了提高工作效率，学校决定在建设新校和搬迁中为每个部门和专业系配上一到两辆"大金鹿"自行车，这样解决了很多问题，提高了办事效率，大家都很乐意。

搬迁新校后，校园面积和办学规模都扩大了。随着经济的持续向好发展，学校的交通工具也有了很大的改善。1986年，学校经过审批从广州购买了一辆日本产"马自达"面包车，不久还购买了"奥迪""桑塔纳"轿车和"天津大发"面包车，市里又送了苏联产的"伏尔加"轿车，再加上拉货的几辆车，学校便有了近10辆汽车，为此还专门成立了一个车队，负责车辆的运营管理。这些交通工具的增加，促进了学校的发展，对学校的教学、科研、外事、后勤等都做出了很大的贡献。这个进步是我1937年第一次见到自行车时想都不敢想的。

初学自行车（摄影：张维杰）

学骑车

刘琳小时候就喜欢上了骑车。她喜欢骑学校里的三轮车，也对大人们的自行车充满了好奇。那时她的爷爷管理一间仓库，仓库里时常有从汽车上被替换下的旧轴承，爷爷便利用几个轴承、两根木棍和一块长木板做成一个简易的滑板。在桓台农村长大的刘琳身上有股子"愣"劲，四五岁就敢坐在或是趴在滑板上，从坡度大而且凹凸不平的坡顶急速滑下。刘琳现在回忆起来说这样做很危险，当时也受了不少伤，身上常常青一块紫一块，但也只是跑回家用红药水擦擦就完事，又接着出去玩。

上小学五年级的时候，班里的同学陆陆续续开始学骑自行车了。从小就喜欢骑车的刘琳自然也不甘示弱，每天下午放学后就匆匆忙忙跑回家，推出爸爸的自行车，招呼上同学一起去学。

记得刚学骑自行车的时候，因为个子太小，即使把车座位放到最低，刘琳坐在上面还是够不着脚蹬子，于是就把腿从大梁下面插过去骑。第一次学时，她一边让同学帮她扶后座把持平衡，一边听同学讲骑自行车的要领。在学骑车中途休息时，她也注意观察别人的姿势。很快她就领会到了骑自行车的要诀就是掌握平衡，平衡掌握好了，只要踩好踏板，就能稳当地骑了。在村子里唯一的一条像样的土路上，陈琳把小小的身体别在大大的自行车里，起先是歪歪扭扭，最后是横冲直撞地学会了骑自行车。

学会骑自行车后，刘琳一下子就感觉自己长大了。爷爷不会骑自行车，去附近赶集、办事情的时候只能步行。刘琳就自告奋勇，骑着自行车为爷爷跑前跑后。刘琳骑自行车的路子特别"野"，特别喜欢从坡上往下冲的感觉。她常常站在小坡上，双手扶好把手，单腿用力一蹬，自行车就从坡顶端"咻"的一下冲下去，她自己也感觉仿佛飞了起来。

刘琳读初中后，学校离家有2公里路程，一开始上学和放学都是步行，后来一起走的同学越来越少，于是刘琳就想拥有一辆属于自己的自行车。爷爷后来从亲戚家推来一辆他们废弃不用的平把自行车，去修车摊换了一条内胎，加了两块刹车皮后，这辆车就成了刘琳上学和放学路上与同学们比赛的"赛车"。

有了这辆自行车后，刘琳感觉自己的活动半径大了许多，逢年过节、走亲访友时都离不开它，家里有什么事情她也乐意去。她还记得到附近田庄的亲戚家去送鸡蛋，骑到半路上，由于道路非常颠簸，她从车子上摔了下来，鸡蛋也打碎了；也记得不辞辛苦骑车20多里，就是为了和同学交换武侠小说看；更记得冬天骑行在小雪掩盖着的有冰的路面上，不小心摔倒时刻骨铭心的痛……

一辆自行车，满载着刘琳无忧无虑而又野性十足的少儿时代的故事。

撰文／向谊萱

本照片选自李波《齐城故事集》

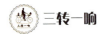
与自行车相关的尴尬事

图片由李松和提供

一

20世纪70年代末80年代初的春夏季节，父亲是村里第二生产队保管员，为社员孟春的大闺女芳做媒，介绍给邻居家男孩子明国，准备认亲。

头天晚上，孟春两口子熬了一大盆猪肉冻，两口子与几个男人在炕上打扑克，让芳端大盆冻。芳手滑没端住，掉地上打碎了，芳被她妈骂了几句，正好被父亲看到，父亲让孟春两口子抓紧把肉冻收起来，清水冲洗，放锅里再继续熬熬，明天还要用来待客。

父亲批评孟春两口子："闺女大了，明天还要认亲，应该收拾一下，你们两口子可好，不心疼孩子，只顾忙着打扑克。"两口子羞红着脸，说不出话来。

第二天上午认亲后，孟春家里中午请客，请父亲和他本家族的财和、孟义等人去吃饭，当天下午及晚上，参加吃饭的人都肚子痛，拉肚子，有的还呕吐，有的从村里卫生室拿药吃了，有的坚持着。财和最严重，当天就去马连庄公社医院住院，父亲在家里躺了一下午，傍晚兴和哥从马连庄高中念书放学回家，母亲赶快让兴和哥借用别人家的自行车，带着父亲去马连庄公社医院，过邻村小河涉水时，十五岁的兴和哥骑车技术不稳，父亲从自行车上摔了下来，兴和哥吓哭了，赶紧将父亲扶起来，所幸没有摔伤。到达公社医院，医生检查后诊断为吃了死猪肉冻，引发食物中毒，村里已经来了几个，都住院了，父亲也被要求住院治病。

隔天中午，兴和哥去医院给父亲送饭，返回学校时，在校门口被训导主任王老师拦住，问兴和哥中午不午休干什么去了，兴和哥说俺爹病了在医院住院去送饭。王老师对学生管理很严厉，也特别认真，他不相信，说看你挺老实的，还挺会撒谎的，让兴和哥与他去医院看看。王老师五十多岁，不到一米五的小矮个，胖墩墩的、溜光的头、穿着大汗衫、无裆大裤衩子，手里拿着蒲扇，扇呼着，在前面走得很快。可怜兴和哥，只好跟在王老师后面又返回去公社医院。

到了医院病房，王老师问父亲："你是李兴和的父亲吗？"父亲说是的，王老师又问了一下病情，就领着兴和哥回学校了。与父亲一个病房的财和悄声对父亲说："大叔啊，您家李兴和，可能在学校犯什么错误了，人家老师领着来找家长了。"父亲也纳闷，又觉得不可能。

父亲住院两三天就出院了。马连庄赶集那天，奶奶踮着小脚去公社医院看望父亲。平时，奶奶与母亲打仗骂架，却又来看望父亲，老太太心思多变，常人难知。

后来听说，父亲他们几个出院回家后，过了几天，孟春的媳妇拿着东西挨家去看望，每家两个大馉馉、两包饼干，以表示歉意。那时候，农村还比较艰苦，孟春家里闺女认亲一事，赔上了不少。

二

媳妇娘家的嫂子来省城办事，我们请嫂子吃饭，她谈到我们20多年前结婚的趣事，勾起了我心里的一段情结，那擦肩而过的尴尬。

我和媳妇是高中时的同学，都来自胶东农村，20世纪80年代末期，我们从不同学校大学毕业，先后来到省城工作。到了婚嫁的年龄，与媳妇商量婚事，她通情达理，认为刚参加工作没有经济基础，婚事应该节俭不能讲排场浪费，也不能给父母亲增添麻烦，采取两头隐瞒的方式，回家对双方老人讲已经在单位结婚，回到单位对同事讲在老家举行仪式了，时间选在夏天，可以少花钱少买衣服。

回到家里，父母亲问儿媳妇在哪里，我说回她家了。第二天，也就是我们俩自己定的结婚日子，我要去接新娘，父母亲说既然不能结两次婚，那就在自家大门上贴上喜对联请亲戚朋友来吃饭，以示喜庆，父亲自己用毛笔写了对联。

早饭过后，我骑自行车到了马连庄镇驻地，请在镇拖拉机站工作的同村伙伴孟强中午去参加我们的婚宴，他听了我要骑自行车去接新娘，龇牙笑着说："你这个老伙计，在城里工作，对老家的事都不知道了，骑自行车接新娘那是老皇历，现在都时兴用大汽车去接，最起码也得用拖拉机。"

图片由李松和供

他帮忙从站上借了一辆大汽车，与我一起去了媳妇家。

从心里感谢儿时的伙伴，我是幸运的，他的慷慨帮忙让我即将面临的尴尬擦肩而过，我差点就闹个骑自行车接新娘的笑话。

更没有想到，嫂子来又增补了趣事，当时媳妇娘家人看到大汽车来接新娘很纳闷，唉，这个女婿家怎么这么粗心不讲究，大汽车上竟然没有贴大红喜字。这么多年来，我一直不知道，媳妇的娘家竟对大红喜字，看得如此珍重。

这简单的婚事一直蒙在鼓里，这回也一起给揭秘了。

撰文／李松和

父亲的车技

■自述：林之云，济南市作协副主席

"三转一响"博物馆复制藏品

记忆中，家里一共有过两辆自行车。第一辆是苏联式，大梁弯下去的那种，刹闸靠脚往回蹬，在我们老家叫倒蹬闸。那车子模样浑圆，结实，座子是皮的，很厚，也很硬。

20世纪60年代末，家里添了辆新自行车，红旗牌的，还是托北京的大姨找关系买的。车子从邮局寄过来，得专门请人来安装。那是一个夜晚，一个个纸箱子被拆开，来的人一件一件精心组装着它。全家人都怀着激动的心情，在那里看着它诞生。虽然过去了很多年，到现在还记得它刚成型时的样子，黝黑锃亮，闪着不一般的光泽。

那时候，还都很穷。几乎在整个北方，结婚讲究三大件：缝纫机，手表，自行车。

父亲在县城一完小当老师，离家有一段距离。每到周末，父亲才骑车回家，住上一天，算是团聚。家里有什么事儿，父亲就骑着那辆红旗牌去办。

姥爷往下，虽然只守着母亲一个人，但他上一辈儿却有弟兄五个，都住在一个带后院的四合院里。在我的记忆里，满院子出来进去都是老人，还有几个小脚老太太，谁病了，都是父亲骑车带着去医院。

父亲生在农村，上过私塾，后来考上大专，当了老师。踢足球进过市队，写诗登过报纸，还写得一手好毛笔字，也算得上多才多艺。

可能是熟能生巧，也可能专门练过，反正印象里觉得父亲的车技很不错。

奶奶的家在另一个县的乡下，离我们生活的县城有30多里。兄妹三人里，只有我随了父亲的姓，所以每到过年，大都是我跟父亲回老家。

那时，自行车后座上就会装得满满的，大米、白面、菜籽油，还有猪头和猪下水。面袋子垂在两旁，其他的在座位上摞起来、用绳子来回捆好几道，结结实实的。

一切准备停当，我就坐到大梁上，跟着父亲，骑行好几个小时，回到老家。现在想想，那么漫长的归程，对父亲的车技是很好的历练。

平时出门，有哥哥在的时候，坐大梁就成了他的专利。

因为两个人都小，上不了后座，哥哥就先在大梁坐好，接着，父亲手持双把，蹲下身子，让我从后面搂住他的脖子，再站起来，我就吊在他的身后。然后，他偏腿上车，我趁势站上后座，再顺着父亲的腰慢慢向下挪，出溜着坐好。下车的时候，完全是上车时的回放。

有时候，我先不坐下，就那样站着，看看四周的光景。立在自行车上，自然就有了高度，风大的时候，难免有些紧张。

有一次，我正站着，一阵风过来，将帽子吹落了。我下意识地伸出双手，捂向头顶。父亲感觉到了，惊诧地喊了一声。我赶紧收回手，重新搂紧他。

那次历险，父亲后来提起过好多次，每次说完，都开心地轻笑几声。

如果出门时再加上母亲，我就只能一直站在自行车上，有了前次的经历，我的手再也没敢离开过父亲的脖子。

妹妹比我小 5 岁，有了她之后，一家人出行的难度就大大增加了，母亲要抱着她坐在后座上。现在想起来，父亲就像一个杂技演员，骑着一辆满载的自行车，行走在故乡的人流里。那时候，家乡的人还真是见多识广，我们一家人从街道上经过时，并没有引起什么人的好奇。

《珍爱》（摄影：张维杰）

记得有一次，父亲骑车带着全家，去看母亲的姑姑——她们全家因为成分不好下放到十六七里外的乡村。我们就那样一路出城，打听着，找到了地方。

那时候，父亲的确还很年轻，妹妹出生那年，他才不过 37 岁。

等我们慢慢长大以后，全家人一辆车出行的情景，就再也没有了。也不记得是什么时候，那辆自行车，也渐渐散落了骨架。

再后来，父亲得了脑血栓，半身不遂，从那之后，就再也没骑过车子了。

我从来没有想过，那个年轻的父亲，骑着自行车，带着整整一家人，从故乡的时光中穿越而过时，他的内心会有什么样的感受，兴奋？骄傲？还是幸福？而现在，即使想问，也永远不会有答案了。

我知道，我的父亲肯定不是天下最好的父亲，但他的车技，或许是全世界最少见的。每一次，当我随着他的身子腾空时，都会有一种飞的感觉。

"三转一响"博物馆藏品

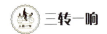

"大金鹿" 驮起的 "万元户"

■自述：侯光武，原周村区北郊镇个体户

侯光武先生向"三转一响"赠送这辆有故事的自行车
（摄影：张维杰）

我是周村区北郊镇圈头村村民，生于1953年3月。从小时候记事开始，我家里就有一辆旧自行车。

那时，我所在的村子还非常贫穷，绝大多数1949年后在邹平食品厂工作，吃"公家"粮，领工资，所以我家相对比较富裕，才有了令人羡慕的自行车。

在我的记忆里，家中的自行车虽然破了点，但全家人都把它视为珍宝。尤其是我，把它当成了一件最心爱的东西。我12岁的时候就学会了骑自行车，成为村里村外的一件稀罕事。当时，我个子小，只能从大梁下面，叉开双腿，斜着身子，一起一伏地蹬着轮盘转动。当时我骑自行车的那个兴奋劲儿，还有小伙伴投来的渴望的目光，至今记忆犹新。

我第一次骑自行车出远门，是去离家三四十

在生产队担任记工员，常骑着这辆新自行车为生产队外出办事，还骑着它赶集上店、卖粮卖菜、买盐买油……鸟枪换炮，我活得更"潇洒"了。

那时候，我家乡的农贸市场不发达，粮食价格很低。而在离我家10里开外的淄川区昆仑镇，每斤玉米的价格要高出1毛钱。于是，为了一次多挣10来块钱，我便骑上自行车，带上100多斤玉米，到昆仑那边去卖。途中路过两镇交界处时，坡很陡，骑车非常难上。因此每次骑到这里时，我都默默地说："自行车，加油！"然后用尽力气蹬车。等爬上陡坡后，总是汗流浃背，连衣服都湿透了，但心里数算着多挣的钱，却比吃了蜜还甜。

1987年，我在周村纺织大世界租下了一个门头，做起了卖布的生意。在此后的11年里，我照旧骑着这辆大"金鹿"自行车，每日往返于大姜、大杨、梅河纺织厂和纺织大世界之间，上货、带货、送货，有时一天跑两三个来回。风雨不误，日夜兼程。正是这辆自行车，帮助我在卖布这个行业里崭露头角，赚了一桶又一桶金，成为当地较早的"万元户"之一。

几年后，我用卖布挣来的钱，在老家盖了五间北屋带托厦、五间东屋带大门的"豪宅"，现在仍然使用着。后来，又在周村城区买了楼房，还添置了门面房。我的买卖越做越红火，儿女们也因受到良好的教育而成家立业。我永远也不会忘记，正是因为有了那辆"大金鹿"的助力，才有了我今天的幸福生活。

整理／王雁

里外的邹平食品厂替已经退休的爷爷领工资。当我告诉会计员来给爷爷领工资的时候，会计员感到非常惊奇。他把我上下打量了一番，然后对着车间大声喊道："同志们，侯大爷的孙子能骑自行车给他领工资了，真了不起，大家快来看啊！"回到家后，爷爷数了数领回的工资，一分不少，对我大加赞扬。

26岁那年，我通过养猪卖猪积攒了100多元钱，便恋恋不舍地卖掉了伴随我长大的旧自行车，又买了一辆崭新的"大金鹿"自行车。当时，我

"三转一响"博物馆藏品

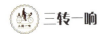

闹心的杂牌车

自行车修理老专家李执顺在"三转一响"博物馆献艺（摄影：张维杰）

胡森出生于 20 世纪 70 年代初，居住在博山区一家工厂附近。小时候，他看着工厂里的人偶尔骑着自行车进进出出，很是眼馋。但那时，自行车对胡森来说只是可望而不可即的稀罕物。一辆"永久"牌自行车将近 200 块钱，胡森的父母每个月工资加起来只有 80 多块，买一辆自行车差不多需要一家人攒一年的钱。

1983 年，胡森开始上初中了，那时买自行车的人渐渐多了起来，但胡森父母还是舍不得给他买。放学时，胡森常常和有自行车的同学轮流骑车回家，通常是三四个同学一辆自行车。

有一次，胡森借了同学的自行车回家，骑在一条小路上，看见一伙人边走边打打闹闹，把道路占满了，胡森只好从旁边绕行。道路旁杂草丛生，还分布着许多乱石。胡森车技不好，一时没把控好方向，车把手转了 180 度，他从车上一个跟头摔下来，在地上打了好几个滚。

1986 年，胡森考取了市里的一所重点高中。从家里到市里路途遥远，胡森最开始是先走 1 小时到镇上，再坐 1 小时公交车到市里，为了不迟到，他不到早上五点就得出门。

后来学业逐渐紧张，加上家里条件也慢慢改善了，父母每月的工资加起来有 200 多元，家里积蓄了 2000 多元的存款，为了上学方便，父母便为他买了第一辆自行车。这辆自行车花了不到 200 元钱，是一辆杂牌车。

所谓杂牌车，是在自行车产量不断扩大的过程中产生的。随着自行车产量的扩大，国家对自行车配件不再实行计划供应。这些配件来自各个不同的生产厂家，适用于不同的自行车款式。而且厂家供应的配件几乎没有一等品，多数都是等级外产品。有些人就专门购买这样的配件，自己组装成自行车，然后廉价销售。

这样的杂牌自行车因配件不相吻合，在使用过程中就容易出现故障，质量自然比名牌自行车差一大截子。但它的好处是价格便宜。名牌自行车如"永久"牌的那时将近400块钱一辆，而杂牌车一辆也就200块左右。胡森父母掂量来掂量去，还是给他买了辆便宜的。

有了自行车，胡森不仅上学快捷多了，而且可以抽时间去镇上为家里买一些日常物资。但在骑杂牌车的日子里，也出现过许多状况，比如链条断了、轮胎爆了，经常让他头疼不已。链条基本上几个月就要修理一次，修理一次一般1块钱左右。他成了修理自行车摊位上的常客。

修车次数多了，胡森也学到一些经验，后来再出现简单的问题，自己也能修一修。这辆杂牌车摔过几次之后，就布满了铁锈，前轮的插杆也松了，他只好自己拧紧再骑。后来他才知道，这种配件原料就不合格，造出的螺栓硬度不够，使用一段时间就松动。反复拧紧的次数多了，它就滑丝了。

还有一次，胡森周末回家，在半路上自行车链条突然断了，一路上也没有看见修理自行车的摊位，他只好在下坡和平地时溜着自行车走，在上坡时推着自行车走，大概走了七八公里才到家。

又有一次，胡森载着一个同学回家，自行车在下一个有些坑洼的坡时抖动了几下，他下车后发现后座的钢筋都被压弯了，而坐在后座的同学也不过100来斤。其他同学的"永久"牌自行车，在后座装个200多斤的货物轻轻松松，不管骑哪儿骑多久都没有一点问题。

1994年胡森开始了工作实习。一天晚上，他从家里骑上自己的杂牌车到工作单位。一路上没有路灯，突然从前面来了一辆逆行的自行车，两辆自行车瞬间撞在一起，人也顺势向两边歪去，所幸没出大事。胡森到工作单位后才发现，自行车前轮的插臂（前叉子）弯掉了，这辆本来就锈迹斑斑、伤痕累累的自行车看起来更加残破了。胡森就将它停在宿舍楼下，此后再也没有管过它。

胡森的这第一辆自行车，由于"出身"低微，再加上骑行过程中给他增添了不少麻烦，更重要的是最后险些出了大事故，各种原因交织在一起，让他对这辆车子厌恶多于喜欢，冷漠多于怀念。在不知不觉间，这辆杂牌车就彻底地从他的视线中消失了。

撰文／向谊萱

"三转一响"博物馆员工在精心护理自行车藏品（摄影：张维杰）

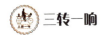

我的第一辆车

■自述：谢加沛，淄博实验中学纪委书记

"三转一响"博物馆藏品

在今天的中国，汽车作为现代化交通工具，已经进入寻常百姓家。而自行车的交通功能则逐步弱化，变身成为人们怡情养性、强身健体的工具。然而，在40年前，自行车作为先进的交通工具，却让很多人可望而不可即。

我至今还清楚地记得买第一辆自行车时的情形。那是在20世纪70年代末期，作为生活在博山农村的青年人，我和其他同龄人一样，把拥有一辆自行车当作最高荣耀。那时，我们村有自行车的人家还不多，只有个别家庭有"吃公家粮"的人，才有闲钱购置这体面的"家什"。每当这些"公家人"下班归来时，那亮闪闪的"永久"或"金鹿"牌自行车，伴随着一串串清脆悦耳的铃声，成为山村里一道别样的风景，常常会吸引人们驻足围观。家中有自行车的孩子，也会趁这个时候骑上大人的车子，风光地到附近的土路上兜风。我看着这些小孩子骑在大自行车上，一副有板有眼、神气活现的样子，就忍不住拿羡慕甚至忌妒的眼神瞧上一阵子。但也仅是瞧瞧而已，买自行车对我来说还是一个遥远的梦想。

后来，我参加了工作，有了收入，开始正经八百地盘算起买自行车的事。我每月从微薄的工资中攒下一点点，经过两年多的积累，终于攒够了车钱。但在那个物资极度缺乏的年代，一切都凭票供给，即使攒够了钱也难以买到名牌自行车。我只好降低要求，托亲戚搞到一张淄博产自行车的票据。钱和票都有了，还必须自己到自行车厂购买。于是我坐上公共汽车，从博山辗转来到张店，再一路询问着到了自行车厂。只见来买自行车的人排起了长龙，经过一个上午的漫长等待，我终于买上了渴盼已久的自行车。虽然不是什么名牌，但我心里还是美滋滋的。每日总要把车子擦得铮明瓦亮，像呵护孩子似的，精心地照看它。为不伤及它的"皮肤"，后来干脆将整个车身缠满了塑料带。

买了自行车后，我有事没事总喜欢骑上它，到野外遛上一圈，那种得意和满足之情，是难以言表的。拥有自行车，似乎所有的事情都好办起来，家里事邻里事，我总是有求必应。有一次，父亲叫我到城里去买东西，并嘱咐我人多的地方一定要小心，要下地推车，不要碰了车子。我二话没说，骑上车便出了门。当我沿着陡峭的山路下行时，车轮呼呼生风，车速越来越快，就像一匹脱缰的野马难以控制，我的心里渐渐发起毛来，不知道是咋回事儿。只能用尽全身力气握紧车把，控制着自行车小心行驶。但随着人流的增多，车子越发不听使唤，为避免发生事故，我只好把双脚放在地上，用双脚当减速器。等自行车停下时，我的鞋底也被磨去了一半。

这第一辆自行车，虽然不是尽善尽美的，但还是给我留下了甜蜜的回忆。随着生活水平的提高，我后来又买了第二辆、第三辆自行车，并且都是名牌。再后来，买了摩托车。现在，又开上了汽车。但说起我最难忘的车，还是那第一辆淄博产的自行车。

张店自行车厂生产的第一批"千里马"牌自行车（摄影：张维杰）

周村"八卦楼"下的老艺人传统手工做鞋大比武（摄影：张维杰）

缝

纫

机

篇

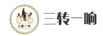
妈妈的缝纫机

"三转一响"博物馆藏品

妈妈领着我的手，穿过禹河的沙滩，走过露珠剔透的小路，槐花的清香和枣的甘甜伴着我在时光的隧道里奔跑。流光的岁月像花一样矜持，我听见来自河流和心间的回声，那是妈妈脚下翻滚的缝纫机声。

缝纫机在妈妈的手里和脚下，那简直就是奔腾的浪花。当妈妈低头盯着机针，右手推动一把传动带，将布料压正，脚下踩动，俩手一伸一缩在针眼里凝视时，是诠释着屋里悬挂的"朱子治家格言"。妈妈性情温和，盯着机头时，她的眉梢和姿势告诉人。什么是安静祥和。当妈妈专注于一条裤子的针脚时，把这个情景和其他专注的物件相比：老师专注于课堂，理发师专注于推子，工人专注于机器设备，老板专注于市场。此时我觉得妈妈是天下最温柔善良的人。

那时，体现富有的物件是缝纫机、自行车、手表，因此"蜜蜂"牌缝纫机是家里的奢侈品，比较贵重。被摆放在屋里很明显的地方，四个抽屉。机头穿着妈妈缝制的花外套，喜悦地站着，不把任何人放在眼里。缝纫机的针头是一位雕刻师，却丝毫没用雕刀的威力。它在创作的世界里，是一位女人。那些五颜六色的布，被密密麻麻的

针脚镶嵌在衣服、床单、枕套、鞋垫里，像一串串小小的足印。在家里，在妈妈的空间里，缝纫机与布料和线一起生活，一起讲述关于星星，肌肤和知识的话语。这些语言被河水冲刷过，被太阳照射过。我带着水和河流的语言，在异乡寻找着诗和远方。

我结婚的前一天，妈妈都在缝纫机前制作红色的床单、被罩、内衣、内裤、鞋垫。我记起，这些红色物件一个月以前已经做好，她又拿出来，重新检查遗漏的针脚。重新检查并没有特殊的意义，床单、被罩不会用坏，内衣、内裤、鞋垫用久了自然丢弃，但妈妈重复手里的活计，就是她此刻的全部。在生活面前，她主导不了一切。女儿是自己亲生的，但仍要被命运之手带走，带到远方。妈妈的话语和针脚的话语一样，缠缠绵绵，掷地有声。当女儿离家，当整洁的床单、被罩、内衣、内裤、鞋垫一起带走时，妈妈的心里只剩下一台孤零零的缝纫机。

妈妈把它盖好，在靠近针头的周围压上盒子。她定是想起我幼时，觉得缝纫机上下跳动的针有趣，摸一把，被机针扎到大拇指的情景了。其实女儿大了，已不在眼前，已经不用担心她好奇，扎破手指。

现在的家庭，恐怕很少有缝纫机了。城里，乡下都没有缝纫机，没有人自己裁剪缝制新衣，缝补旧衣。年轻的妈妈为孩子准备的都是成堆的在实体店或是网购的衣服。在城里、乡下，和缝纫机一起丢失的，还有简朴的诗情画意和那些难忘的情景。

撰文／丁淑梅

"三转一响"博物馆藏品

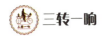

40 年的"老相好"

王尉伊提供

"自从买了这台缝纫机，我一天也没闲着。"出生在淄博市沂源县的王天兰，回忆着这段与缝纫机有关的经历。

1979 年，王天兰 17 岁。不再上学的她想让父亲给她买台缝纫机。她早已打听好了，最好的缝纫机牌子是上海的"蜜蜂"牌，其次是天津的"牡丹"牌，再次是青岛的"工农"牌。一台缝纫机在当时很金贵，"蜜蜂"牌的托人买需要 150 多块钱，"工农"牌的托人买需要 120 块钱。父亲跟王天兰商量能不能买"工农"牌的，王天兰不愿意，她说要买就买最好的，她要"蜜蜂"牌的。

王天兰家里就她这么一个女儿，剩下的三个都是儿子，因此父亲特别宠她。当时一家人一年赚的工分凑起来也就值 200 多块钱，父亲每年把黄豆、玉米、地瓜干等卖掉一部分，也能赚上一点钱。王天兰的表爷爷是供销社主任，这年上级

部门为当地供销社分配了 5 台缝纫机。表爷爷给要到了一张工业券，父亲花 146 块钱给王天兰买了一台"牡丹"牌缝纫机。

在当时，一个管区都没有几台缝纫机，更别说一个村庄了。王天兰还没结婚就有了自己的缝纫机，自然成了村里被羡慕的对象。认识她的人见到她就询问缝纫机的事，还有人说这下连找婆家都不用愁了。

"这边裁好了翻过来量三分再裁，这边需要过来两分，还有这里"……"嗖"，王天兰把尺子扔了出去。王天兰脾气不好，跟人家学裁衣服没了耐心，就把尺子一下子扔飞了。父亲弯腰捡起来温和地对她说："孩子啊，你这是干什么？我专门请木匠做的尺子，你摔坏了还得欠人情呢！"不想学裁衣服的王天兰没法去给人加工衣服，缝纫机在家里闲放着。父亲又托人去天津给

"三转一响"博物馆藏品

她带回一本学做衣服的书，王天兰自己在家里硬是把书给看明白了。

"立秋处暑云打草，秋分白露正割田"，农村人每天都要在庄稼地里劳作，衣服坏得很快。听说王天兰家买了缝纫机，有需要缝补的东西就拿到她家，还有的花两分钱买一个线轴辘让她帮忙匝鞋垫。见有人需要帮忙，王天兰很爽快地答应下来。

快过年时，亲朋买了布料，找人裁好，就拿到王天兰家请她做新衣服。王天兰不急着做，母亲看她整天玩就催促她，但她还是不着急。缝纫机旁放了一个箱子，里面盛着人家送来等着加工的布料，快到年底时，布料摞得和桌子一般高。腊月二十三，王天兰看着越摞越高的布料才开始着急了。大人小孩放了年假就到处串门，王天兰却只能坐在缝纫机前做衣服，一直到除夕夜衣服都做不完。王天兰就在家里抹眼泪，最后只能把布料再还回去。

刚买缝纫机时，弟弟们都觉得新鲜，就偷偷地去蹬。王天兰不让他们动，回家后就问："谁动了？"过了一段时间，她发现弟弟们都会用缝纫机跑直线了。1986年王天兰结婚，父亲就让她把缝纫机当嫁妆一起带走。到如今，这台缝纫机跟了她将近40年了。现在丈夫的裤脚开了，他自己就会用缝纫机"匝"好。有一次，

她看见儿子也在用缝纫机，还是站着"匝"，不过他挤了线，把针扯断了。家里的每个人都会用缝纫机，王天兰也纳闷他们是什么时候学的。

现在，缝纫机还放在王天兰的卧室里，而且还是一个常用的工具。王天兰喜欢自己缝个抱枕、坐垫什么的，她觉得有台缝纫机很方便。家里的服饰有点小问题自己就可以解决，比如衣服、床单开了线，用缝纫机"匝"一下就好了，闲着没事时还能给小孙子做件衣服。

谈起陪伴了她将近40年缝纫机时，59岁的王天兰好像又回到了青少年时代：缠着父亲买缝纫机；母亲站在一旁怪父亲太宠她；三个懂事的弟弟从不和她攀比……缝纫机代表的是一段与家有关的记忆，是一家人曾经生活在一起的温暖。

撰文 / 王尉伊

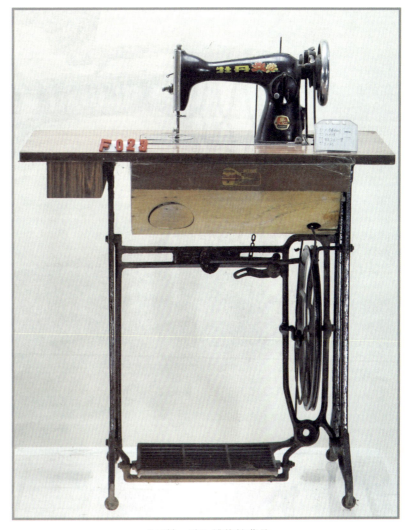

"三转一响"博物馆藏品

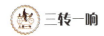

美国"胜家"牌工业缝纫机（摄影：王岩、张霞）
"三转一响"博物馆藏品

针头线脑话缝纫

缝纫机一般由机头、机座、传动和附件四部分组成。机头是缝纫机的主要部分，它由刺料、钩线、挑线、送料四个主要机构和绕线、压料、落牙等辅助机构组成，各部分的运动合理地配合，把布料缝合起来。不少家庭现在还保留甚至仍然使用缝纫机，只要留心，还能见到。

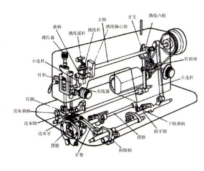

自行车和缝纫机都能转，而且都靠脚蹬。不同之处在于，蹬上自行车需要出家门才能干活挣钱，而缝纫机则是坐在家里蹬，风刮不着雨淋不着，比蹬自行车轻松惬意。男人有了自行车，可谓如虎添翼；而女人有了缝纫机，不但能解决一家人的穿衣问题，还能给四邻八乡的人加工衣服来补贴家用，甚至比男人挣得还多。

与自行车曾经叫作"洋车子"不同，缝纫机从一开始就叫作缝纫机，私下以为并非它不"洋"，而是因为它太适合当时老百姓的需求了，乡民对它有一种天然的亲近感。那时候每家大多有三四个孩子，穿的又都是棉布衣服，不耐磨，上山拾柴下地干活，不出三两个月衣服就撕开了缝、磨出了洞。老母亲光补衣服还补不过来呢，更别说一针一线地给孩子缝制新衣服了！

缝纫机的出现大大缓解了针头线脑的烦琐劳累，从而有更多的时间下地干活或操持家务，生活从此有了改观也有了希望。孩子们为了年底能有一件缝纫机做的新款衣服而格外听话和卖力，以往男人发火、老婆哭孩子叫的场景也变少了。可以这样说，对于家庭的和谐稳定，缝纫机的功劳大着哩！

年轻人结婚，一般来说男家要准备自行车，女方则买缝纫机做嫁妆。要是娶个媳妇，陪嫁一台缝纫机，新媳妇还带着较高的缝纫手艺，那会让人十分羡慕。孟家三姑就是带着缝纫机和手艺嫁过来的，成为全村乃至周围几个庄子里最好的裁缝。

其实对于做衣服，缝纫只是最后一道工序，真正的技术在于前面的"量体裁衣"，尺寸量不好，做出来就不合身，衣料裁不好甚至裁瞎了，不但挣不着钱，说不定还得陪人家钱。孟家三姑心灵手巧，能做出各种最时兴的款式，什么中山装、风雪衣、燕尾领、喇叭裤、萝卜裤，并且从未出过错、闹过什么纠纷。三姑的高明之处在于能最大限度地满足"客户"的各种要求，比如一块很小的六尺面料，她能做出七尺的效果来，还能根据家长的要求，把小孩子的衣服袖子、裤腿尽量做得长一些。因为小孩子长得快，尤其是胳膊、腿儿，今年合身的衣服说不定来年开春就露着手腕脚腕了。家长满意不等于小孩子满意，好不容易盼着过年穿身新衣服，结果又肥又大，袖子还那么长，袖口处要挽好几圈儿，一点都不好看，他们会觉得挺丢人的。

不知不觉中，缝纫机那"噔噔噔噔"的声音离我们越来越远，乃至终于听不到了。现在穿衣服早已不是什么难事，只要不刻意追求名牌，随便百儿八十块地买一件，穿过几次随手就丢箱子底了。家家户户最难处理的就是旧衣服，扔了可惜，留着没用，当真成了"鸡肋"。同样成为"鸡肋"的还有这缝纫机，可怜兮兮地杵在老家灰暗的角落里，落满了灰尘，安静而寂寞。有时想，缝纫机要是会说话，怕是有一肚子的哀怨不满呢！

摄于北京服装学院（摄影：张维杰）

撰文／王书敬

我家的缝纫小史

作者中国《日记》杂志总编、齐鲁书画院院长
自牧先生近照

在 20 世纪 60 年代中期的周村区大姜公社固玄店村，我家是第一个拥有缝纫机的家庭，这在当时的鲁中乡下，是很让人羡慕的事情，尽管它是从周村大集上买回的二手货，但丝毫不影响它所存在的唯一性。这是因为，当年的全国范围内的三年经济困难时期刚刚结束，人们的温饱问题还没有真正解决，所以一般家庭是没有能力去购置当时还十分稀罕的缝纫机、手表一类高档生活用品的。我们家之所以在全村第一个购置了缝纫机，这是和大姐基芬有直接关系的。1963 年秋天，大姐从当时的淄博二十四中学毕业回村后，在省妇联行政科工作的父亲和带着五个孩子在老家生活的母亲经过多次商量，最终决定利用冬闲时间，送大姐到济南市东风缝纫学校学习服装裁剪和缝纫技术。大姐随父亲到了省城济南后，为了省出当天的生活费，她从趵突泉附近的父亲住处步行七八里地去道德街上的缝纫学校上学，一天一个来回，跑了整整一个冬天。据大姐回忆，当时父

亲每月工资是 54 元，但他自己一个月的开销还不到 14 元，因为家中六口人，有三个孩子在上学，还要接济奶奶和正在上学的小叔，所以每个月的工资就剩不下多少了。转眼到了 1964 年，大姐从缝纫学校毕业回到了村里，为了让她及早熟练《裁剪讲义》上服装裁剪样式和缝纫技术，父母拿出仅有的一点现金积蓄，从周村大集旧货市场上花了 75 块钱买了一台青岛缝纫机厂出品的"鹰轮"牌缝纫机。75 块钱，在当时绝对是一笔大钱，但为了女儿能够学以致用，他们也真是豁出去了。唉，可怜天下父母心啊！父母的用意，做子女的当时未必能够完全理解，但有了缝纫机，大姐就可以依照《裁剪讲义》上的服装样式裁剪布料做成衣服了。

20 世纪 60 年代中期，农村人是没有闲钱添置衣服的，只有到了春节前，家里把圈里的肥猪或粮食卖了，才到供销社扯几块布料给家人做几件新衣服穿着过年，所以平时找大姐做衣服的人并不多，只有进了腊月，上门要求做衣服的才会多一些，但做上衣的极少，大都拿着用纸包着的成卷的布料要求做裤子。当时连裁剪缝纫加钉纽扣才收一块钱，而裁剪一条裤子才收两毛钱。由于春节前活多，缝纫机使用频率高，出现机器故障的频率也高，尤其那条圆圆的长皮带，上油多了就沾线绒绒，上油少了就干磨打滑，还有就是接口处不知什么时候就断裂了，所以当时出问题较多的一是断皮带，二是皮带松垮，坏了就得修，一修就耽误活，后来父亲回家休探亲假时听到了大姐的埋怨，便与母亲商量，又花 120 元钱为大姐买了一台新出厂的"工农"牌缝纫机。"工农"牌缝纫机也是青岛缝纫机厂生产的，这在当年就是山东地面上最好的缝纫机了，当然它还比不上上海东风缝纫机厂生产的"蜜蜂"牌缝纫机和天津缝纫机厂生产的"牡丹"牌缝纫机。自从买了新缝纫机后，大姐的缝纫活也随之多了起来，进了腊月就几乎排满了。有一年离春节不几天了，本家的鸿玖叔拿了块布料要做条裤子，大姐一算

时间实在做不出来了，就未答应他。鸿玖叔感到既委屈又不甘心，便找了母亲通融，母亲心软，便和大姐商量，她帮大姐多干些钉扣子、撩边烫缝的活，大姐插空挤时把鸿玖叔的裤子给做了，因为春节时穿不上新裤子，鸿玖叔这个年肯定是过不好的！后来，大姐把收订的缝纫活一一按时做完后，已到了年三十下午了，当家人们坐在一起喝酒吃饺子守岁时，大姐还在熬夜为鸿玖叔赶做新裤子呢。甭管早晚，反正第二天天不亮开始串门拜年时，鸿玖叔是穿上了新裤子的。

因为有了新的"工农"牌缝纫机，那台旧的"鹰轮"牌缝纫机就闲置在了一边。大姐有一个同学叫吕培华，出嫁前刚学了裁剪和缝纫，但却没有缝纫机练习做活，因为她的父亲吕则敬是一位医术医道都颇不错的乡医，所以手头上的钱便活泛一些，就以原价把大姐弃用了的那台"鹰轮"牌缝纫机买走了。

1968年大姐嫁给在淄川火车站电务工段工作的姐夫后，并没有立即到婆家去住，所以她的大女儿小霞就一直住在姥娘家，此时，基庆兄早已毕业回乡，也跟着大姐学会了裁剪和缝纫。

1973年，基庆兄和嫂子朱丽富结婚时，嫂子托她在大连海军舰艇部队服役的大姐夫王大哥买了一台天津缝纫机厂生产的"牡丹"牌，缝纫机作为嫁妆带了过来。大姐也回到了淄川婆婆家，她不但带走了被邓家视为掌上明珠（当时邓家胡同里就小霞一个小孩儿，都稀罕她）的女儿小霞，

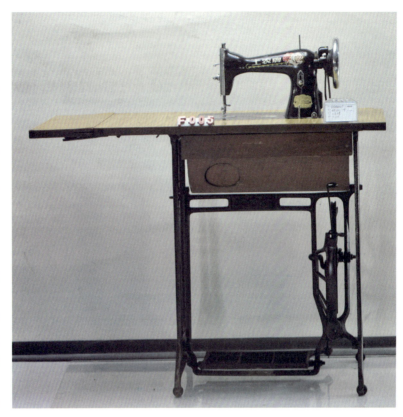

"三转一响"博物馆藏品

也带走了那台不知为固玄店村多少村民缝纫过衣服的"工农"牌缝纫机！

由于大姐会裁剪缝纫技术，我家除了我以外，也都掌握了这门技术，基庆哥和嫂子朱丽富不但能裁剪也会缝纫，二姐基莲和小妹基华虽不精通裁剪，但缝纫是没有问题的，就连小脚的母亲，虽然大字不识一二，但也是会裁剪和缝纫的，尤其别人做不了做不好的绸缎活，母亲也都能做得熨帖合体。哦，一截缝纫缘，一段家庭史啊……

从"鹰轮"牌，到"工农"牌，再到"牡丹"牌，这便是我家的缝纫小史！

撰文／自牧

"三转一响"博物馆藏品

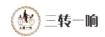

缝纫机的记忆

母亲是名裁缝，缝纫机是她生存的"饭碗"，也是她的"生活伴侣"。

1952年，博山城里的几家亲戚朋友，合作成立了明光服装门市部。

门市部实行的是合伙股份制，一台缝纫机作一股。

那年，我的云秋姐三岁（五岁因病去世），升珍姐刚出生几个月，奶奶70多岁，身体多病。母亲上有老、下有小，生活担子极其繁重。为了长久生活之计，母亲还是变卖了部分家产，筹得150元，购买了一辆青岛联华生产的"鹰轮"牌缝纫机，入股明光。

同时入股的还有二姨。二姨于两年前由老家的进城，与我母亲相伴。那年二姨19岁，也得寻个出路。于是，姥姥出卖了家里的一亩口粮地，筹得100多元，为二姨买了一台上海产的"无敌"牌缝纫机，姐妹俩一块加入了明光。

像我母亲、二姨这样的初级缝纫工，一个月的工钱是七八元钱。按此折算，一台缝纫机，相当于现在的一台中档轿车。在物质普遍贫乏的年代，寻常百姓，只能望"机"兴叹。

1964年，一个初秋的早晨，小雨菲菲。清晨，母亲拿出昨晚伏于缝纫机前为我赶制的蓝布小书包，装上铅笔盒、写字本等几件文具，领着我，迈出家门，走出胡同，走在青石板路面的大街。母亲一路为我撑着伞，不时俯身低头说着自己编的、押韵的、像诗歌样的语言。具体内容模糊不清了，只记得母亲将我的名字编入她的诗歌，对我轻声细语，亲昵地念叨。这天籁般的声音，至今挥之不去。母亲送我入学的情景，时常浮现于我的眼前。

家里的窗台下，记事起就有一台"鹰轮"牌缝纫机。母亲用这台缝纫机，为我们家人、亲朋好友、街坊邻居，究竟缝制了多少件新衣，数也数不清了。我引以为傲的是，无论生活多么艰难，每年的大年初一，母亲必能让我们姊妹三人都穿上新衣。有一年，除夕夜的爆竹响彻了全城，母亲才将最后一件新衣从缝纫机上扯下，用牙咬断

作者刘升翔母亲（左）父亲（右）

线头，给我穿在身上。这时，母亲的脸上，露出的是满足的笑容。

阳光射进窗户，洒在母亲的脸上，照在"鹰轮"乌黑的机头。母亲右手一转机器上的小轮，两脚随着踏板前后一上一下地摇摆，针头随即起起落落，跟着发出嗡嗡的机轮声……母亲的这一形象，定格于我的脑海中。

1970年，母亲所在的淄博被服二厂成立子弟中学。作为子弟，我自然成为该校的学生。第一课，是到车间学工，到机械轰鸣的缝纫车间体验生活。学工结束，每个学生要交学习心得，这也是初中第一篇作文的主题。

我有一个要好的同学叫赵增安，人很憨厚，数学突出，作文也不错。他写的作文，被老师点名在课堂上朗读。"车间里的缝纫机，滴滴滴，哒哒哒，像能工巧匠，摘来漫天白云，一点点，一片片，织成美丽的衣裳。"增安的作文，一时成为同学中的笑资。"滴滴滴、哒哒哒，一点点、一片片"，见了增安，就摇头晃脑吟诵搞笑，闹得增安动怒要与大家抢拳头。今天想来，增安的作文很有诗意，只是在那个缺少诗意的时代，难觅知音。

还有一个有关缝纫机的故事，发生在农村。初中一年级的寒假，我随父亲到了太河水库。那时父亲在太河农机厂担任技师，虽是临时工，却是周围村庄闻名的能人。一日，下班后，乘着暮色，父亲用自行车带着我，骑行半小时，到了一个山村农户的家中。这是一对新婚夫妇，新娘二十出头，新郎比新娘小三岁。在油灯昏暗灯光的扑闪中，新婚小夫妻端正的脸庞，透露着含蓄而甜蜜的微笑。父亲是应新娘父亲的邀请，为新郎家修理缝纫机的。很快，父亲排除了故障，缝纫机恢复了欢快的节奏。然后，新娘脸露微笑，摆上酒盅碗筷，端上备好的菜肴，新娘的公公与新郎陪父亲喝了几杯。饭后，父亲带我，借着夜光，踏上回程的山路。

50年过去了，寂静的山村，昏暗油灯里，新娘新郎甜蜜的笑容依然在我眼前映现。幸福指数，有时就是一种感觉，与物质没有太多的关联。

作者刘升翔二姨（左）母亲（右）

最后一个故事，与缝纫机有关也无关。2012年，母亲已八十多岁，跟随母亲多年的缝纫机，锈迹斑斑，结束了历史使命，迁居时随风而逝。这年6月初，母亲脑血栓复发，按照医嘱住院治疗。我在青岛，听此消息，决定请假回淄博探望母亲。想到母亲60年前，带着一台缝纫机入职，含辛茹苦几十年，将我们拉扯长大成人，又帮助我们把她的孙子养大，母恩重如泰山，如今，什么样的礼物才能让母亲高兴呢？反复琢磨，我决定给母亲买两套新衣。

我到商场，第一次为母亲挑选了两套夏装。

次日，我回淄博后直接到了母亲病房。母亲打完吊瓶，立刻换上了新衣。我搀扶着母亲，走到了梳妆镜前。老人家对着镜子，脸上露出开心的笑容。同病房的一位大姐发出由衷的赞美："老人家，您穿上这套衣服，又好看，又有气质，看上去年轻了十岁！"

母亲笑得合不拢嘴，整个病房，顿时充满欢乐的气息。高兴之余，我却想到：母爱恩重如山，而我对母亲的回报，如滴水之于涌泉，自感羞愧。

如今母亲已离开了我们，母亲的缝纫机早无踪迹，然而母亲的形象，永铭刻于心，难以忘怀。

撰文／刘升翔

奶奶的陪嫁

正在上大学的我，寒假回到家中，把做饭、洗碗、拖地、擦桌子的活儿全包了，从早忙到晚，把自家的三室两厅擦拭得一尘不染，整理得井井有条。奶奶高兴得合不拢嘴，逢人便夸："俺孙子又孝顺又勤快，真是百里不挑一啊！"

一天，奶奶跟着父母赶年集去了，我一人在家，把全家的旮旮旯旯又重新审视了一遍，觉得奶奶房间里横放着一台又老又旧的缝纫机，看着别扭，进出也不方便。于是，我自作主张把缝纫机放进了储藏室。

始料不及的是，奶奶回家后异常生气，大声喊道："家里进小偷了吗？我的缝纫机哪去了？"我笑嘻嘻地说："奶奶，你那缝纫机又老又旧，送人人都不要，谁能偷呢！""什么，又老又旧？你买台新的，都休想跟我换！"

爸爸说："那是奶奶的钟爱之物，赶快把它放回原处吧！"我还想解释，妈妈阻止说："甭说了，赶紧搬回来吧！"我只好又把缝纫机放回原处。奶奶对着缝纫机看了又看，摸了又摸，仿佛见到了久别重逢的亲人，眼里满是欢喜。

我见奶奶转怒为喜，便趁机问道："奶奶，你那么喜欢这台缝纫机，其中一定有故事吧！能给我讲讲吗？"奶奶于是借着好心情，一五一十地讲述了事情的原委——

原来，这缝纫机是奶奶的陪嫁。陪嫁，本应是娘家掏钱给女儿置办嫁妆，但在20世纪六七十年代的鲁中地区，却多由婆家出钱购置，不然的话，儿子就很难娶上媳妇。那时，姑娘们梦寐以求的陪嫁是"三转一响"，也叫"三转一提溜"，就是手表、自行车、缝纫机和收音机。

可奶奶的陪嫁，却没有一件是婆家买的。奶奶认识爷爷的时候，爷爷还是个穷学生。奶奶的

"三转一响"博物馆藏品

陪嫁也不是她出嫁时才买的，而是从她参加工作时起，她父亲给她陆续添置的。

奶奶中学毕业后，就到医院学做护理。给病人测脉搏、服药、打针什么的，都需要比较准确地掌握时间。于是她就给在部队工作的父亲写了封信，父亲很快就给她寄来一块手表，还是瑞士"英纳格"牌的呢。

这件事就连奶奶的奶奶也看不过去了。她说："一拃没有四指近哟！你小姑三年前就把买表的钱一分不少地给了你爹，可你爹总是说，没有表票，到哪里去买？而你一说要表，你爹二话没说，就把自己正戴着的手表摘下来，钉了个小木盒子，把手表放进去，又用水果糖把小木盒子塞结实，跑到邮局就给你寄来了……"

那块"英纳格"手表奶奶戴了三年，后来认识了爷爷，爷爷当老师，更需要准确掌握时间，奶奶就把手表送给他了。

奶奶的父亲还先后给她买过两辆自行车。第一辆是天津"飞鸽"牌，女式的，时髦又漂亮，车把上的铃铛是只好看的小飞机，一摁声音很特别，从大街上骑过，会招来许多羡慕的眼光。

那时，医院的大夫、护士经常出诊。奶奶有了自行车后，谁出诊就让谁骑，俨然成了一辆公车。出诊下农村，走的都是沙子路，路况极差。高高低低，坑坑洼洼，泥里水里，只骑了一年多，车子就废掉了。父亲得知后，又给奶奶邮来一辆天津"双喜"牌弯梁坤车。

奶奶的父亲也给她买过两台收音机，先买的是"东方红"牌收音机，后又更换了一台收录放三用机。奶奶结婚时，父母把这些时髦的玩意儿都给她做了陪嫁，让她风风光光地嫁到了婆家。但随着时间的流逝，那显耀一时的"三转一响"陆续被淘汰了，在不知不觉中消失了，唯有这台"工农"牌缝纫机一直保留到现在。

在生活困难时期，布票不够用，亲戚家的孩子退下来的衣服，奶奶就靠着这台缝纫机大改小，肥改瘦，缝缝补补，让孩子们夏有单，冬有棉，生活得清苦却舒适。近20年来，生活虽然好多了，但奶奶也很少买新衣，别人退下来的质地较好的衣服，她就留下来，改一改自己穿。虽然是旧衣，经她的巧手一翻新，穿上也很体面。

"奶奶，老爷爷为什么总给你买好东西？"我忍不住问道。奶奶说："我刚工作时工资低，你老爷爷是老革命，工资高些。他又极疼爱我，只要我张口，当父亲的还有什么不肯舍得！现在，父母都已不在世了，这台缝纫机就是我对他们的唯一念想，有它在，就像父母还在，看着它心里就踏实！"

奶奶的一席话，终于解开了我心中的疙瘩。

撰文／李世远

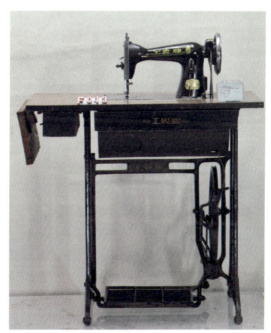

"三转一响"博物馆藏品

"匝衣裳"

　　"匝衣裳"，缝缝补补，在20世纪八九十年代的日常生活中很常见。缝纫机作为家庭制衣和缝补的"现代化"针线活工具，颠覆了做针线活的手艺。衣服上缝个补丁，家里的碎布头做成一个书包，"匝"成几双袜子，农忙季节加工几个麻袋，有个缝纫机是很方便的事。细密的针脚、流利的针线，在"嗒嗒嗒"的声响中，让织物获得了新的生命。

　　过年时，有钱人会买一块称心的布料找人做衣服。裁缝拿出皮尺给人量身，按照图样，用画粉在布料上画出样板，裁剪下来加工好就是一件衣服。陈红梅的母亲心灵手巧，自己就能做出时髦的衣服来。家里有人会做衣服，不仅可以解决全家人的穿衣问题，还可以挣钱养家。到后来，量体裁衣这种纯手工活日渐衰微，学裁衣还要花钱跟人学。这时已很少有人会裁衣，大多数是替人把裁好的布料加工成衣服。

　　陈红梅家在淄川区洪山镇马家庄，20世纪70年代，家里花100多块钱托人买了台缝纫机，这在当时是一笔巨大的开销。国家处于困难时期，买东西需要布票、粮票、肉票，缝纫机也是凭票供应，一般人根本买不到。1988年前后，买缝纫机不再受限制，又加上淄川服装城的带动，周边一带几乎家家户户都买上了缝纫机。农民们在农闲时就做加工衣服的活，村里的人都管这叫"匝衣裳"。

　　淄川服装城成立于1988年，到1991年总占地面积达10万平方米，建筑面积5万平方米，共有摊位6250个，从业人员1.3万余人，一度是我国北方地区面积最大的服装批发市场，自2002年起连年被评为全国服装专业市场十强之一，并连续5年成为全省最大的服装专业批发市场。

如此规模的大市场，带动了本地各行各业的发展。特别是牵起了服装加工和销售的整条产业链。拥有缝纫技术的人成为服装加工个体户或小型企业的抢手人才。有些人不愿出去给人家当工人，便用自己家的缝纫机给别人加工衣服。陈红梅就成了这种专门"匦衣裳"的人。

陈红梅开始"匦衣裳"前，小学老师手把手地教她蹬缝纫机。她端坐在椅子上，伸直脊背，两脚平放在踏板上，姿势有模有样。1986年闰女满一岁时，陈红梅开始独立"匦衣裳"。已经剪好的布料是陈红梅从三嫂家拿来的，每天傍晚陈红梅拎着十几套捆好的布料用自行车带回家。加工一件长袖褂子挣5分钱，加工一条裤子挣3分钱。做一般活做熟了，村里的几个人开始做西服，做西服的要求高、工艺难，一天也就做3件，不过利润也高，一件可以赚3块钱。

从几块布料加工成一件完整的衣服，全部布料加工完后送回三嫂家，就会有人直接去把衣服收走，拿到淄川服装城去卖。服装城里各种样式的褂子、长裤、夹克服、西装应有尽有，有陈红梅她们加工的衣服，也有从外地贩运进来的，想买什么样式的衣服就去对应的几号厅。过年时，服装城被人塞得满满当当，根本挤不动。

陈红梅家的缝纫机是大连产的，"前进"牌，那时的缝纫机还没装电机。缝纫机不用电，用脚蹬踏板，用手转手轮，就可以带动缝纫机运转，属于人力驱动。后来，陈红梅托朋友帮忙给缝纫机装上了电机，做活的速度提高了不少。光有缝纫机还不行，还需要锁边机。家里没有锁边机，加工完后必须去三嫂家排队锁边。考虑到去锁边要花钱还浪费时间，陈红梅狠了狠心，自己也买了一台。一台好的锁边机比缝纫机还要贵，当时

"三转一响"博物馆藏品

花了300多块钱，是家里一笔重大开支，可以和现在买汽车相提并论。村里有了陈红梅打头阵买锁边机，家家户户都开始跟着买。

陈红梅的眼上长期挂着黑眼圈，就是当年熬夜"匦衣裳"留下的"纪念"，直到这几年睡觉多了才有所好转。20世纪80年代末，有个月她"匦衣裳"赚了700多块钱，当时她公公一个月的退休金只有57.53元。那个月为了"匦衣裳"她天天熬夜，缝纫机"嗒嗒嗒"的声音在寂静的深夜显得格外清晰。晚上她连衣服也不脱，干完活倒头就睡，几个小时后爬起来就继续做，最猛的时候一天只睡半个小时。

这批货需要"匦"上花边，陈红梅以前做过"匦"花边的活，再做就比其他人顺手，加上她公公帮忙缝扣子，活就做得快，赚的钱就多。当时村子里传她一个月赚了1000多块钱，村子里的人眼红，都争着"匦衣裳"。但陈红梅做活利索，很少有人能比得上她。整天坐在缝纫机前忙活，不少人都落下了颈椎病，偏偏陈红梅没有。累了就变换一个姿势，没有其他人的那种发木的感觉。

商品化大潮袭来后，服装厂机械化的流水作业逐渐取代缓慢的个体加工，缝纫机逐渐成了"靠边站"的老古董。大街小巷到处都是时装店，淄川服装城失去了从前的活力。2000年以前，陈红梅觉得加工衣服不再赚钱，就停止加工衣服了。现在很少有人能穿上妈妈亲手做的衣服，甚至有些妈妈根本不会拿针。时代一步一步地向前走，缝纫机逐渐被抛在了时代发展的后边，关于缝纫机的记忆慢慢远去。

撰文／王尉伊

天津城市大钟（摄影：张维杰）

三转一响

钟

表

篇

我珍藏的"全国棉花抗病品种区域试验奖"奖品

此表由王家宝提供。当年获得此奖项的是吴夫安，与提供者是师生关系。

我的老师吴夫安于1984年代表山东省棉花研究中心参加"全国棉花抗病品种区域试验奖"大会，领的奖品是上海生产的"钻石"牌闹钟。吴老师鉴于我工作需要，特把如此厚重的奖品赠送予我，至今仍是我的家中宝。

一、奖品简述

厂家：上海钟厂

品牌：钻石牌

时间：20 世纪八九十年代出口商品

特色：手动机械，日历自动翻，不用手每天翻，早教功能。

尺寸：20x10 厘米

出口型闹钟

上海是新中国轻工产品基地，闹钟生产最主要的生产厂家，所采用 N1 型机芯是最好的机芯，闹钟制作精细走时准确，大量出口，为国家创汇做出重大贡献，此款闹钟就是当时主要出口产品。

做工精细，走时准确，定时闹铃，自动日历。

二、奖项简述

山东棉花研究中心是在原山东省棉花研究所（1959 年建立，向前可追溯至 1918 年的山东省立棉业试验场）的基础上，于 1986 年由联合国开发计划署援建的综合性棉花专业科研单位，隶属于山东省农业科学院，是山东省棉花专业研究单位，也是国内规模最大、实力棉花专业科研机构之一，拥有山东省棉花栽培生理重点实验室，是国家棉花改良中心山东分中心建设项目依托单位。

棉花品种区域试验是棉花新品种选育和审定、繁殖、推广的重要中间环节。通过区域试验对新育成的品种进一步鉴定其丰产性、早熟性及其纤维品质，确定其最适宜的推广地区，并为制订新的育种目标、探讨引种规律以及生态研究等提供科学数据。

山东省棉花研究中心参加 1984 年全国棉花抗病品种区域试验获得此奖。

三、奖品得主简介

吴夫安，1929 年 10 月生，江苏锡山人，大学毕业，山东农科院棉花中心主任、副研究员。主要学术成果："鲁棉 1 号"棉花品种培育者主要成员之一，获国家创造发明一等奖；"棉花一年多代离体培养"获省名誉奖（主持人）；主持"棉花抗黄萎病新品种""棉花高强新品种"培育成功。

撰文 / 王家宝

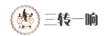

五块手表 一世情缘

■自述：李金海，淄博师专原党委书记

李金海近照（摄影：张维杰）

任何一个老物件，背后都藏着自己的故事；几个老物件组合起来，就能讲述一个人的一生。对于我来说，一块手表，象征着一份情谊、一缕相思，也是一个时代的缩影和一个人珍贵的过往。

我一生曾戴过五块手表，这五块手表就如同一串珍珠，串联起一个个珍贵而美好的记忆。

1959年，我在淄博市博山区担任文书一职。在报考中国人民大学前几日，我的好友、打字员刘可培主动借给我一块瑞士产的"英纳格"牌手表，嘱咐我一定要考好，并为我送去祝福。那时我的家庭条件不如同事，无法支付一块手表的费用，拿到同事借给我的手表后，又惊讶又激动，心中充满了温暖。

人生中第一次戴手表，我感到浑身是劲儿，戴着手表召开了家庭会议，又戴着手表赶往位于济南的考点参加考试，一切都那么顺利。但到了

第三天，我突然发现手表的指针不动了，这可把我吓坏了：人家好心好意借给我这么贵重的手表，我却不小心把它弄坏了，这下怎么向同事交代？

由于这是我第一次戴手表，没有任何经验，面对这种情况束手无策，只能战战兢兢地回到淄博向同事承认错误。同事看了看被我"弄坏"的手表后哈哈大笑说："哎呀，金海，你没上弦这表怎么走啊？"得知手表没坏，我才感到心里的石头落了地，长长地吁了一口气。

第一次戴手表就给了我一个"下马威"，但我深知，这块手表记录的不仅仅是"虚惊一场"，更是同事间情谊的象征。此后不久，我顺利地考上了中国人民大学。

在中国人民大学读大三时。作为班级党支部书记，出任下乡工作队队长，要带领队员下乡。伍连连是我的同班同学，为了让我掌握时间，便

李金海与夫人张春香合影莫忘戴手表

把自己家里的一块手表借给我佩戴。我喜出望外，在工作中更加严谨卖力。直到工作结束后，我完璧归赵，把手表交还给同学，并向同学表达了谢意。这是我佩戴的第二块手表，它象征了同学之间珍贵的情谊。

后来，我曾奉命南下。临行前，我的未婚妻将自己的"上海"牌手表借给我佩戴。未婚妻每月挣 40 块钱，攒了好多年才买下一块手表，她妈妈说她傻，还没结婚就把手表送给人家戴。但未婚妻很坚决，一定要把手表借给我，不管我何时回来，能不能回来。

从这之后，我对未婚妻的爱意和感激又多了几分。1967 年春节前，我和未婚妻正式举行了婚礼，给我们的爱情一个圆满的交代。这块向爱人借来的手表，象征着一份坚贞不渝的感情。

我真正拥有一块属于自己的手表是在 1970 年。当时我已经被调到淄博市工作，每月工资只有 43 块钱，想要买一块手表仍是一件难事。妻子知道我的心思后，一方面为了让我工作更方便，另一方面为了满足我的愿望，便拿出自己积攒下来的钱，总共花 120 元为我置办了一块"上海"牌手表。这是属于我自己的第一块手表，我一戴就是 30 年。

退休后，我到北京参加大学毕业 40 周年聚会，我的老同学从香港地区订制了 37 块手表，每位同学一块。在这之后，我把自己的"上海"牌手表换成了中国人民大学毕业 40 周年的纪念表，并把那块佩戴了 30 年的"上海"牌手表作为"文物"送给了"三转一响"博物馆馆长张维杰先生。

从参加工作到退休，我总共佩戴过五块手表。通过这一块块手表，我体会了友情，见证了爱情，收获了亲情。无须多言，一块手表便能说明一切，这或许就是我们那一代人表达情感最真挚朴实的方式吧。

整理 / 岳家锦 王尉伊

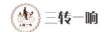
"沉重"的手表

照片由作者提供

1975年初，我响应毛主席的号召，报名下乡。9月，我接到了周村区革命委员会知青办下发的"上山下乡通知书"，到周村区萌水公社东李大队安家落户。

我和其他17个城市娃，高举着红旗，意气风发，步行20多里路到了东李大队，开始了新的生活。我很快就和贫下中农打成了一片，和当地青壮年劳力一起，挥镰扬锨，推小车，拉牲口，修大寨田……由于表现出色，被生产队委以重任，当上了保管员。

我在农村生活了一年零三个月，就被推荐回城当上了工人。回城时一结算，竟然分到了100多块钱，再加上粜粮的20多块钱，合计120多元。这个数字在1976年算得上一大笔钱，我还挺知足的。因为我听说在其他知青点上，每个工分才几分钱，一年下来才分几十块钱。

我怀揣这么多钱，心中打起了"小九九"。手表，手表，手表……我的脑海里不时浮现出年轻人抬手看表的潇洒动作及得意神态，手表就像一块巨大的磁铁紧紧地吸引着我。

我怀着忐忑不安的心情回到家中，鼓起勇气说："爹，娘，我分了120块钱。想买块手表上班用，行吧？"我说话的声音很低，还带着一丝怯意。因为我十分清楚家里的底子，一家7口人主要靠爹41元的工资来维持。我提出的要求这么高，这不是给爹娘出难题吗？我低下头，不安地等待着。"好，咱就买手表！"经过一阵难耐的沉默后，爹终于坚定地表了态。我的心就像一块石头落了地。

买表的承诺就像千斤重担压在了父亲的肩上。那时物资稀缺，买什么东西都要票。买粮要粮票，买油要油票，买布要布票，买煤要煤票，买肉要肉票，买糖要糖票，买副食要副食票……而要买手表，就必须要有工业券。这就相当于取得一个买手表的资格，然后再按交工业券的时间顺序排队等待。要搞到这种工业券，对于普通群众来说，是极其困难的事情。但为了满足我的要求，自尊心极强、轻易不求人的父亲只好先找熟人想方设法弄到工业券，再托关系在周村百货大楼悄悄留下一块人情表。

当父亲终于兴高采烈地把手表交到我手中时，我又惊喜又不安。惊喜的是终于圆了手表梦，21钻的"上海"牌手表代表了当时普通百姓所戴手表的最高档次；不安的是为了这块手表，给父亲增添了那么多麻烦。

戴上这块手表，我并没有想象中得意，而是平添了几分沉重。一看到手表，首先想到的就是怎么才能报答父母的养育之恩，怎么才能不辜负父母的殷切希望。我暗下决心，一定好好工作，为父母增光添彩；工资全部上交，为父母分担忧愁……

时光荏苒，物资紧缺的那个年代终于一去不复返了。现如今，手表早已不是什么稀罕物，但父亲为我买的"上海"牌手表，我一直小心翼翼地保存着。因为它代表着一段着历史、一种着乡愁，也代表着父母的一颗拳拳爱心。

撰文／李孔涛

那美妙的 "叮叮" 声

我自幼好奇心特重，看到一点新鲜玩意儿，就忍不住观察琢磨一番。刚上小学的时候，放寒假到姨母家过年，看到大表哥手腕上戴了一个明晃晃的东西，就立即跑上前去，用手摸一摸，还想戴一戴，没想到被大表哥严词拒绝。

原来，那是大表哥大学毕业参加工作后，添置的一件最贵重、最心爱的物件——一块南京生产"锺山牌"手表。那块手表共花了30元钱，是大表哥省吃俭用3年多，从牙缝里攒钱买下来的，自然万分珍惜。

姨母家非常贫穷，姨夫老早就去世了，姨母一个人又当妈又当爹把两个表哥拉扯成人。好在两个表哥都非常争气，双双成为1960年代的大学生，让整个村子的人都震惊了。但他们只看到姨母家的风光，却不知道为了让两个表哥读大学，姨母在背后付出了多少艰辛。

在这样的背景下买来的宝贝，咋能让小孩子随便戴呢！大表哥把戴表的手高举过头顶，我使劲跳，也够不到。最后在我的软缠硬磨下，大表哥才勉强同意把手表贴到我耳朵上，让我听手表走动时发出的"叮叮"声。

从此，那美妙的"叮叮"声经常萦绕在我耳边，鼓励我向大表哥学习，争取考上大学，早日买一块属于自己的手表。

1975年，我在周村大姜农机厂参加工作。有一天吃过中午饭后，几个同事聚在一起闲聊。司机李师傅掏出一块聊城手表厂生产的"泰山"牌手表炫耀，同事们像见到宝贝一样凑向前去，争相观看，询前问后。原来，这是李师傅托张店土产公司的邓经理购买的。

"三转一响"博物馆藏品

李国经工作照（作者供）

我抓住机会说："李师傅，能不能托邓经理也给我买一块手表？"李师傅带着怀疑的口气说："你能拿出65元现金？能拿出来的话这表就让给你了！"他不相信我能拿出这笔"巨款"。我毫不含糊地说："当真？""说话算数，绝不反悔！"我随即掏出65元钱，抢过了手表。李师傅懊悔地说："没想到你还真能拿出这么多钱！"

一次偶然的机会，终于让我圆了童年的手表梦。

那块表，陪伴了我多年。虽然不算高档，但在当时也很时髦。在家庭成员中，是第一个戴上手表的。我也常常把手表贴在别人耳朵上，给人听那美妙的"叮叮"声！"叮叮声"，是时光的脚步，是一曲催人奋进的进行曲，它提醒世人要争分夺秒，绽放自己的人生梦想。我为拥有了此表骄傲了好几年。

撰文／李国经

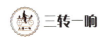
中国的手表之最

全国最大的手表厂
——上海手表厂

全国最早统一机芯的手表
——"宝石花"牌手表

中国第一名表
——"海鸥"牌手表

全国手表质量评比获奖率最高
的手表——"钻石"牌手表

中国生产的第一只手表
——"五一"牌手表

全国最早的薄型手表
——"双菱"牌手表

20 世纪 90 年代无一库存手表
——青岛手表厂

全国最便宜的手表
——"钟山"牌手表

《洗耳恭听》（摄影：张红霞）

收
音
机
篇

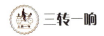
"喇叭头子"

■自述：王书敬，淄博职业学院稷下研究院副院长

作为一名"60后"，我的心里始终保存着一份独特的记忆。每逢阴雨天气，我总会想起青少年时期在农村老家大队书记在"喇叭头子"里讲话的情形。

那时的乡镇叫作人民公社，村叫作生产大队，大队下面还有小队。每个大队都有三五个"喇叭头子"，作为大队书记发布上级指示、领导生产运动、褒贬村民的重要工具，发挥着"喉舌"和"主渠道"的作用。

"喇叭头子"一般都挂在大队院子里的电线杆子上，或者挂在高高的杨树上，大一些的村子在离大队较远的地方也会挂几个。根据电影《手机》改编的同名电视剧中，严守一陪着嫂子去镇上打电话，电话那头的煤矿上，挂在电线杆子上的就是"喇叭头子"。老王在里面可着劲地喊："牛三斤，牛三斤，你的媳妇叫吕桂花。吕桂花叫问一问，最近你还回来吗？"那种大嗓门，那种居高临下不容置疑的口吻，我觉得跟大队书记在"喇叭头子"里讲话一模一样。

《阔别已久》（摄影：张维杰）

周村区北郊镇的固玄庄村大喇叭仍在发挥作用（摄影：张维杰）

我记得，每天早上，"喇叭头子"总会突然响起，具体响起的时间要随大队书记起床的时间而定。一般是先放音乐《大海航行靠舵手》："大海航行靠舵手，万物生长靠太阳。雨露滋润禾苗壮，干革命靠的是毛泽东思想。"偶尔也会放一段豫剧《朝阳沟》："亲家婆，你坐下，咱俩唠唠那知心话啊，啊—啊。"

等音乐放够了，大队书记才在播音设备前坐下来，用手指头敲敲系着红绸子的话筒，试试音，然后佯装咳嗽一声，算是开场白，我便知道武书记要正式开始讲话了……

改革开放初期，我身边的农民街坊纷纷进城打工，生产队和自留地皆被村民冷落，地瓜地里的草老高了也没人去拔。武书记忧心忡忡，在"喇叭头子"里讲话，强调挣钱也不能荒了地。我清楚地记得他还作了一首打油诗："远看白茫茫，近看一片荒，扒翻扒翻仔细看，里面才是地瓜秧。"

20世纪80年代初，鲁中地区全面实行了包产到户，打的粮食都是自己的，下地劳动不用督促村民也干劲十足。大队书记没有以前那么威风了，"喇叭头子"的地位也进一步下降，有时好几天听不到书记在里面讲一次话。再后来甚至没人愿意当大队书记，"喇叭头子"好几年不响，村民也没耽误了种地、打工、生儿育女。一些村里的"喇叭头子"年久失修，加之风吹雨淋，陆续松动脱落掉下来。村民经过时，将这摔得咧开嘴的老物件一脚踢得老远，早先对它既敬且畏的神圣感觉怕是再也找回不来了。

一杆两用（摄影：张维杰）

"戏匣子"

著名评书艺术家刘兰芳与原淄博杂技艺术团团长李忠俊先生合影（李忠俊提供）

20世纪70年代的鲁中乡村，大队里广播有大喇叭，而每家每户都有一个收听广播的物件——"戏匣子"。这东西四四方方，形状像个匣子，而且能唱戏，于是就有了"戏匣子"这个形象的名称。

"戏匣子"除了能唱戏之外，还能唱流行歌曲，还能播新闻、放大队书记的讲话。从大队的大喇叭主线上拉一根电线到家里来，接上"戏匣子"就能听了，不费油不耗电，因此人人都喜欢它。"戏匣

"三转一响"博物馆藏品

子"一般挂在北屋正门上面，从里面再接出一根地线，埋到土里，浇上点水，"戏匣子"就可以响。孩子们对"戏匣子"尤其喜爱，时常好奇地寻找里面说话的人到底藏在哪里。"戏匣子"几乎是那个时代农村孩子了解外部世界的唯一途径，小小的眼睛透过方方的匣子仿佛看得到大千世界。

"戏匣子"播送的节目最吸引人的莫过于长篇评书。那时农民的文化水平很低，加上文艺娱乐的成本较高，他们的"业余"生活非常单调。而广播评书的出现给他们单调的生活画上了浓墨重彩的一笔。

最早播出的评书是刘兰芳说的《岳飞传》。这部评书在当时产生了极大的反响，每到播出时间，几乎到了万人空巷的地步。在老百姓看来，刘兰芳说评书的水平真是绝了，包袱套包袱，疑问接疑问，吊着你的心，勾着你的魂，叫你支棱

"三转一响"博物馆藏品

便找几个高中毕业生，说着土味十足的普通话播报节目。淄川有个罗村镇，依靠陶瓷、陶管业，经济比较发达，因此也是较早开办乡镇广播站的镇。广播站有一男一女两个播音员，你一句我一句主持节目。他们总想向省里、市里的播音员学，处处模仿人家，只不过把山东、淄博换成了罗村。结果有一次，男播音员一上来就把"罗村人民广播站"说成了"罗村人民广播电台"，县、乡一级只有广播站，哪来的广播电台？这件事在当时被人津津乐道。

起耳朵，聚精会神地生怕错过任何一段。每每听到关键时刻，心快提到嗓子眼了，刘大师却来一句："要知后事如何，且听下回分解！"

再后来，刘兰芳还播出过《杨家将》。但《杨家将》的受欢迎程度，就比《岳飞传》差了一些。《杨家将》里面的"水分"有点多，动不动就学马蹄子响"卜零零哗哗哗哗"。要不就是阵中冲出一员小将，正准备听他怎样一枪把敌人挑下马来，刘大师却开始描述小将的打扮，从头说到脚，什么"白盔白甲白丝绦，足蹬虎头战靴，得胜勾鸟噬环挂着一杆五虎烂银枪"。直到现在我也没弄明白这"得胜勾鸟噬环"是个什么东西。这一通铺垫下来，需要好几分钟，而整个评书时间就30分钟，因此每晚说不了多少内容。从3月就说穆桂英出山，到5月了，天门阵还没有破呢！

但无论如何，听评书是那时鲁中农村一道独特的风景。评书老幼皆宜，人人爱听，而播出传统曲艺节目时，就只有大人爱听了。有时放京东大鼓，邻家吴老爹会摇头晃脑地跟着唱："火红的太阳刚一出山，朝霞就布满了半边天。打路上走来了人两个啊，一个老汉一个青年——唵。"一个"唵"字拐好几道弯儿，年轻人对于这种腔调大都不太喜欢。同样，老年人对年轻人喜欢的节目也不敢冒，《小城故事》《血染的风采》等流行歌曲，在老年人看来，唱歌的人就是有"神经病"。正所谓一人难称百人心。

"戏匣子"除了转播上级广播台的节目外，还播出当地自办节目。各乡镇开始办广播站时，

当"戏匣子"走进每家每户时，收音机也开始进入家庭。因为收音机跟"戏匣子"样子、作用都有些相似，有些地方也管收音机叫"戏匣子"。当时一台收音机十分昂贵，要五六十块钱，对一般人家来说是件奢侈品。那时谁家要是有一台"红灯"牌收音机，绝不亚于现在有一辆"宝马"。

收音机、自行车、缝纫机还有手表，在当时被称为"三转一响"，成为年轻人结婚时的标志性彩礼。但要想把这"三转一响"都置办齐了，绝对不是一件容易的事呢！

撰文 / 王书敬

"三转一响"博物馆藏品

收音机的记忆

作者张丰俭近照（作者提供）

我的家在鲁中莱芜的一个小乡村。

我出生在 20 世纪 60 年代，小时候，乡村里没有多少娱乐活动。公社的电影放映队一年也难得来村里几次，每次来，我们都是中午就去放映场占座位，到了晚上，全村人过大年似的挤满场院，没有占到好位置的，就去荧幕的后边看。记忆中，每家每户都有广播匣子，大都是些时政新闻，也播放一些革命歌曲。但村里经济条件好一些的，家里就有收音机。收音机比广播匣子好多了，频道多，内容丰富，播出时间也长，而且能移动。我跟着人家去听了几次，心里羡慕得不得了，但我们家里是不买的，没有钱。

我上五年级的时候，公社组织数学竞赛。在我们村小学，我可以说是学习最好的。学校选了我们三个组成集训队，放学后老师再单独对我们三个进行训练。参加学区的比赛，我获得了第一名，奖励了个讲义夹。公社的比赛，老师说奖品就是收音机，这可是我梦寐以求的啊。我暗下决心，希望通过自己的努力，获得这个奖品。你想

啊，一个小孩子考个试就能得个收音机，还不把小伙伴们羡慕死。那时，我哥哥已经考上徐州的大学了。我的班主任贺老师对我说："丰俭，好好考，拿到了第一，得了收音机，我就给你哥哥写信报喜。"年少的我自然高兴万分，动力十足了。平时的学习和训练，我更是不遗余力，常常学习到很晚。在公社竞赛的考场上，我认认真真审题，小心翼翼作答，工工整整书写，自信十拿九稳。可成绩公布后，我竟与一等奖失之交臂。"哎，怎么回事啊，我都做对了啊！"那颗幼小的，充满希望的心一下子凉透了。我失望、悲伤，偷偷哭了好几回，一度情绪极度低落。后来，贺老师偷偷去查了我的试卷。原来，我自作聪明的在一个算式后边加了个括号，造成了两个算式相乘的结果，自然就错了。我的收音机梦就这样破碎了。

上初中的时候，正是刘兰芳的评书《岳飞传》《杨家将》风靡的年代。每天放学后，放下书包，就跑到有收音机的人家听评书。岳飞、岳云、岳雷、杨令公、佘太君、杨宗保、穆桂英等一个个英雄形象让青年的我热血沸腾。但每天要跑到人家去听也太不方便了，而且，好多时候人家家里没有人呢。我软磨硬泡要父亲给我买一个，但父亲也没有满足我的要求。后来，参加工作的哥哥说，只要我考试得了全校第一，就奖励我一个。我自此加倍学习，寒假考试，果然得了第一。哥哥没有食言，奖励我一台书本大小的绿色收音机。

照片摘自《无线电》杂志

我如获至宝，学习之余，收音机就成了我最亲密的朋友。除了听评书，我也听歌曲，听故事，听新闻，小小收音机丰富了我的生活。听完之后，我就眉飞色舞地讲给家人听，讲给同学听。我的视野更开阔了，我的知识更丰富了。但好景不长，第二年的春天，父亲请了人来帮忙盖厨屋，我也在脚手架上帮忙端泥递瓦。为了调节劳动气氛，我把收音机挂在脚手架上，选择歌曲让大家听。在一支歌结束后，我去调台，选择新的节目，一不小心，收音机从好几米高的地方掉了下去，"哎呀！"我惊呼一声，眼看着收音机摔在地上，成了八瓣。我的收音机就这样摔碎了。

大学毕业后，我在莱芜五中当老师。不几年，儿子呱呱坠地。随着儿子渐渐长大，妻子说买台收录机，让儿子听听音乐，学学英语吧。那时，在乡镇，也没有什么特色辅导班。我花500多元从莱城买了台收录机，功能很多。由于我年年教高三，教学任务很重，没有多少时间陪儿子学习。再说，儿子似乎也没有多大兴趣学音乐、学英语，收录机在书桌上成了摆设，也显得碍手碍脚的，

逐渐就被束之高阁。再后来，搬了好几次家，收录机就"下落不明"了。

高度信息化的今天，一部智能手机几乎解决了所有的问题，收音机真正走进了历史，成了我永远的记忆。

撰文／张丰俭

《触景生情》（摄影：张维杰）

237

淄博的有线广播大会

正在收听广播的村民们（摄影：张维杰）

广播是指通过无线电波或导线传送声音的新闻传播工具。通过无线电波传送节目的称无线广播，通过导线传送节目的称有线广播。

真正的广播诞生于20世纪20年代。世界上第一座领有执照的电台，是美国匹兹堡KDKA电台，于1920年11月2日正式开播。中国的第一座广播电台建于1923年1月，由美国的奥斯邦公司创办，隶属于中国无线电广播公司，首先在上海播出。

1940年12月30日晚，延安新华广播电台开始播音，这是中国共产党领导创办的第一座广播电台。这一天被定为中国人民广播事业的诞生日。

中华人民共和国成立伊始，社会的整体发展还处在比较落后的水平，信息的传播速度比较慢，很多国家大事和政策规定得不到有效传达。在这种情况下，有线广播凭借其分布范围广、一次性受众多等特点迅速成为官方发布消息的重要渠道，

有线广播大会的会议形式也得以开创。官方通过一个小小的话筒，把声音顺着千丝万缕的线路送到每个群众的耳朵里。这种方式省时省力，曾经风靡一时。

淄博作为中国电子工业发展较早的城市，有线广播也出现得比较早。政府通过有线广播实时号召，民众通过有线广播获得信息，双方达成一种有效的互通方式。淄博史志办公室编写的《淄博四十年大事记（1949—1989）》，较为完整地记载了淄博有线广播大会的开展情况

1953年3月5日，苏联部长会议主席斯大林逝世。9日下午，淄博专区追悼斯大林大会在博山举行，专区所辖10个县、市的机关、企业、学校、部队等各界代表参加了悼念斯大林同志有线广播大会。

1954年11月22日至24日，中共淄博特委

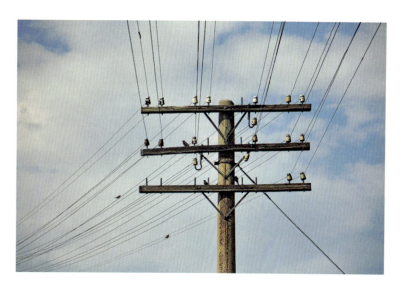

宣传部与淄博工矿区工会联合召开广播收音工作会议，专职和兼职广播收音员45人参加会议。当时全区已建立有线广播站44处，扩大器56部，收音机51部，喇叭275个，并配备专职广播收音员30人。会议要求依靠群众，报道及时，处理好同党、工会、行政的关系，保证广播工作的思想性和战斗性，并运用多种形式推动职工群众的文娱活动。

1962年11月1日，中共淄博市委发出《关于制止收听敌台广播的通知》。

1964年8月，中央广播事业局在临淄召开九省一市有线广播现场会，参观了孙娄公社永流等村的广播网络。

1970年，全市广播专线架设工程竣工，实现了广播专线化。

1971年，1月1日，淄博市有线广播电台建成正式播音。除转播中央、山东省人民广播电台节目外，还自办全市联播节目。4月20日，淄博市有线广播电台改名为淄博市广播局。

1971年11月16日，淄博市召开有线广播大会，动员全市农村大搞农田基本建设。会议指出，农田基本建设规划要坚持以深翻改土为主攻方向，把"土"字放在第一位，水利建设要贯彻"小型为主、配套为主、社队为主"的方针。

1976年9月18日，淄博市暨张店区党政军机关及各界群众5万多人，冒雨在张店体育场隆重举行毛泽东主席追悼大会，收听了中共中央在北京天安门广场为毛泽东主席举行追悼大会的实况广播。

1979年6月19日，中央广播事业局在淄博市召开"中波台自动化"鉴定会议，对山东省广播科学研究所和张店转播台共同承担的"小功率中波发射台自动化"科研项目进行了技术鉴定，认定完全符合要求，确定向全国推行。

1982年2月26日，市委、市政府召开的全市有线广播大会号召，全市人民积极行动起来，投入"全市文明礼貌月"活动。3月份，全市各行各业各条战线立即行动，全民动员，掀起开展"全市文明礼貌月"活动的热潮，以治理"脏、乱、差"为主要突破口，经过一个月的奋战，取得了显著成绩。

1983年5月13日，市委、市政府在张店召开学习张海迪有线广播大会，有1万多名干部、群众收听。市委副书记、市长王韬宣读了中共中央对共青团中央、中共山东省委《关于进一步开展学习宣传张海迪活动的报告》的批复及党和国家领导人为张海迪的题词，市委书记孙志瑷做了动员报告，号召全市广大干部群众热烈响应党中央号召，迅速掀起深入学习张海迪同志先进事迹的热潮。

1983年7月15日，淄博市人民广播电台、淄博电视台建立。

1985年5月1日，淄博人民广播电台、淄博电视台正式开播。

至此，淄博市无线广播正式开始，有线广播逐渐退出历史舞台。

整理／曾高

1970年太河水库会战誓师大会，摘自《淄博日报五十年 1952-2002》68 页

1960年街头宣传站，摘自《淄博日报见证淄博 60 年》50 页

淄博无线电十一厂的文体活动

此照片由吉庆祥和提供

　　淄博无线电十一厂属于淄博市电子工业局骨干企业，厂址坐落在博山区山头西头园。20世纪八九十年代淄博电子行业兴旺发达，各下属企业一派欣欣向荣的景象。随着改革开放的不断推进和深化，21世纪初全市电子行业逐步消失在了人们的视野中！

　　20世纪80年代中期，工厂发展相当红火，在文化、体育、旅游等各个方面开展的各种活动也是丰富多彩、轰轰烈烈。

　　那时我的个子长得高，就参加了厂里的篮球队，不管是中午吃饭的时候，还是下午下了班的时间，天天训练着打球。夏天天长，几乎隔三岔五联系附近厂家（链条厂、美术一厂、美陶、山头陶瓷厂等）打个友谊赛什么的。厂级领导和工会也非常重视和支持我们，打球穿的行头，还有外面的罩衣，从上到下装饰的全是品牌。有一次

和博山建材机械厂打友谊比赛，大家努力打拼、汗流浃背，发挥出了应有的水平，全场打出了友谊，打出了风格。打球不光是体力活，关键是要有熟练的技巧。我们从打球中找到了娱乐。

　　记得那时西冶街上还有聚乐村饭店，打完球全体球员凑钱去美美地吃一顿。那菜吃起来津津有味，至今还令我回味无穷。后来在博山灯光球场又参加了博山区企业篮球赛，功夫不负有心人，终于夺得了前六名的奖杯！

　　在文艺方面，厂领导和工会也是大力支持。1986年上半年，经淄博市电子工业局提议，电子厂家要联合搞一支代表区域的文艺演出队，参加市电子工业局举办的文艺汇演。博山区有我厂及无线电一厂、瓷件厂、八厂、九厂，要在有限的时间内，联合建一个演出团队，也不是一件容易的事情，但是各单位的工会非常重视，拿着当

头等大事来办，团结一致，通力合作。经过一个多月的精心准备，反复挑选，反复彩排，最后终于敲定了参加演出的节目。

演出的日子到了，同志们穿上统一配发的演出服，单位派人派车把我们送到了张店的演出会场（原淄博电业局大礼堂）。演出开始了，各区县文艺队信心百倍，准备的节目丰富多彩，表演者多才多艺。歌曲、舞蹈、朗诵千姿百态，百花齐放。在五颜六色的灯光照射下，整个演出会场呈现出一派欢乐、澎湃的景象。台下观看者无不欢欣鼓舞。

这次文艺汇演我的个人节目获得了二等奖，集体节目获得一、三等奖，还有好几个荣誉奖项，总算是没有辜负厂里的希望和大家付出的心血。

撰文 / 吉庆祥和

本文照片由吉庆祥和提供

后 记

"我和我的祖国，一刻也不能分割。袅袅炊烟，小小村落，路上一道辙。"这是共和国同龄人执着的心声。时光流逝，往事历历在目。随着年龄的增长，对旧情和往事的追忆成为我们这代人生活中的主旋律。一个没有行业之别，没有地域之分的名字——"三转一响"经常成为我们这代人回忆乡愁、追忆往事的主旋律。

"三转一响"是一个时代的名词，遍布广袤的祖国大地，情系痴情的华夏儿女，贯穿沧桑的时局节点。同时也是当年人们日常生活的主要家当，那个年代对"三转一响"无人不珍视、无人不追求，人人有故事。基于此，我们选择了这个课题，编纂了这部《三转一响》，献给那些经常凝视老照片、抚摸老物件、回忆老故事，还依然感觉年轻的老同志。

《三转一响》分为《记》和《忆》两部分。《记》主要对"三转一响"历史回顾。我们拜访了淄博市部分经历过"三转一响"产业、行业的决策者或亲历者及对社会的奉献者，形成了本书的《记》。在《记》中我们尽量采用被采访者的原话或原意，少一点的"加工"，多一点的自述和写实。《忆》主要立足于齐鲁，收集了部分过来人对"三转一响"亲历的述说或具有个性化色彩的人物记忆，形成了本书的《忆》。在《忆》中我们尊重作者的文风，尽量保持文章的原汁原味。我们虔诚地向接受采访的行业元老们致以崇高的敬意！衷心感谢为本书提供稿源的各界人士！

感谢时代的弄潮儿为"三转一响"事业做出贡献。正是由于这些人搏击风浪创造世界奇迹，在当年的不懈努力中，研制生产出众多的"三转一响"产品，实现了由"洋货"向中国造的转变，奇迹般地在近30年的时间内生产出世界拥有量和出口量第一的"三转一响"产品，孕育了独特的"三转一响"文化，为本书的编写提供了丰富

的资料和生动的案例。

国家工信部工业文化发展中心、全国工业博物馆联盟、全国纺织工业博物馆联盟、山东理工大学、淄博市工业和信息化局、山东轻工职业学院、周村区委、区政府、周村区古商城保护发展中心、齐鲁书画院等单位的领导和有关人士在博物馆的展陈和本书的谋篇筹划中给予了很大的支持和帮助。感谢领导和同志们，在你们的支持和帮助下，淄博盛康"三转一响"博物馆作为唯一一家非国有博物馆进入全国工业博物馆联盟首届理事单位。

工信部文化发展中心的罗民主任高度关怀"三转一响"博物馆的发展，亲临"三转一响"博物馆调研并委派中心副主任孙星、专职副理事长兼秘书长唐明山、主任助理马翔、政策规划部副主任付向核等几次到访"三转一响"博物馆，给予切实的指导和政策支持。全国纺织博物馆联盟主席、上海纺织博物馆馆长蒋国荣、副馆长贾一亮，都以不同的形式关注支持"三转一响"博物馆的发展与成长。上海纺织博物馆还择机以"三转一响与大上海文化展"为专题在上海展出"三转一响"博物馆藏品，为上海人提供了一个回味乡愁的文化大餐，赢得了极好的社会反响。

山东理工大学党委书记吕传毅教授亲自前往博物馆调研，协调解决博物馆发展过程中遇到的困难和问题，并为《三转一响》撰写序言；校长胡兴禹教授、副校长刘国华教授、副校长易维明博士、纪委书记监察专员张金生、副校长苏守波教授都亲临现场为博物馆展陈和开展"三转一响"文化学术研究提供了多方面的支持。山东省老教授协会副会长都光珍教授力推"三转一响"，在全省的老教育工作者中产生了很大的影响。山东理工大学关心下一代工作委员会副主任杜瑞成教授将"三转一响"的时代记忆纳入大学生教育工

作日程，收效良好，同时还在馆藏建设和文化成果拓展等多方位支持"三转一响"的文化发展。山东理工大学党委宣传部、社会科学处、科学技术处、资产管理处、离退休工作处、奥星科技发展有限责任公司等部门负责人和有关人员，为本书的编辑出版付出了政策支持和人力及物资赞助。山东轻工职业学院党委书记牛圣银教授、校长孙志斌教授、副书记袁雷及有关部门、系室的同志密切关注博物馆的发展，并将博物馆作为该校大学生党员活动基地、社会实践基地。还破例在疫情最吃紧的时候为"三转一响"的展陈和文化研究提供库房和人力物资支持。

山东省、上海市的广播、电视、报纸等媒体以"三转一响"为题对社会进行广泛报道，引起了广泛的社会关注，使得"三转一响"纳入了社会主义文化建设的主渠道，给人们追忆乡愁提供了实物承载，给社会带来了正能量。

我们在淄博市工业和信息化局、淄博市审批局的支持下正在筹备成立淄博市"三转一响"文化研究会，这将为开展"三转一响"文化学术研究搭建较好的平台。

《三转一响》这本书的立意与策划是山东理工大学党委宣传部原部长张子礼教授统筹协调完成的，山东理工大学马克思主义学院王雁教授设计写作框架并编辑文字稿件，淄博盛康"三转一响"博物馆提供部分资料。山东理工大学文学与新闻传播学院领导高度重视本书的编纂，并指派高水平本科生曾高、岳家锦、王尉伊、向谊萱等参与采访相关人物并整理相关资料。在出版过程中得到了山东理工大学社会科学处、奥星科技发展有限责任公司、中国海洋大学出版社大力支持，衷心感谢给予支持和帮助的领导和同事们！

在本书文章的排序中，上篇《记》以文章表述对象姓氏笔画为序，下篇《忆》以文章撰写人的姓氏笔画为序。

由于对这段历史的研究没有前车之鉴，加之研究水平有限，书中难免有错漏之处，敬请读者指正。

编著者
2020 年初冬

本图设计：宋二钊